MARCEL DASSAULT
OU LES AILES DU POUVOIR

Guy Vadepied
avec la collaboration de Pierre Péan

# Marcel Dassault
## ou les ailes du pouvoir

Fayard

*À Frédérique*

# Prologue

## Une corbeille de fruits confits

Par un matin pluvieux de janvier 1978, voici qu'on livre une somptueuse corbeille de fruits confits ! L'envoi porte la marque du meilleur confiseur de Nice, dont il provient directement. Présentation appétissante et raffinée : posée sur le guéridon du salon de l'hôtel de madame de Guermantes, l'offrande eût assurément pu inspirer quelques autres belles pages de la *Recherche* à Marcel Proust. Mais son opulence encombre le petit bureau rectangulaire du premier magistrat de la mairie de Méru, dans l'Oise, que j'ai conquise au printemps précédent. Diable : quel électeur, quelle électrice déjà reconnaissants ? Quel inestimable service ai-je rendu ? Quelle affection me vaut un si somptueux et succulent présent pour commencer l'année ?

Une discrète carte de visite : « *Avec les meilleurs vœux de Marcel Dassault.* »

Étonnement mêlé de confusion : depuis mon élection au conseil général, en janvier 1977, puis à la mairie, trois mois plus tard, je ne l'avais jamais rencontré. Comme tout le monde, je savais qu'il était député de la circonscription du nord du département depuis 1958. Je connaissais aussi les pratiques du vieil avionneur pour fidéliser ses électeurs, notamment sa légendaire propension à distribuer des billets de 500 francs à ses concitoyens dans certains lieux publics… Mais pourquoi m'envoyer, à moi, une telle corbeille de fruits ? Attention délicate pour saluer la présence d'un nouveau maire d'opposition dans l'Oise ? Démarche de séduction ou… provocation ?

J'appris quelques jours plus tard que les 683 premiers magistrats du département avaient tous fait l'objet, en ce début d'année, d'une attention comparable.

Une ou deux semaines passèrent, et lors de la réception de début d'année dans les salons de la préfecture, je vis apparaître Marcel Dassault tel que je l'imaginais : en pardessus gris clair, foulard en cachemire autour du cou, un peu ramassé sur lui-même, légèrement penché, prenant appui sur son conseiller politique, le Dr Jean Natali, gaulliste de la première heure, ancien chef du service de santé des forces navales de la France libre. Le député de l'Oise avance à petits pas feutrés, aux lèvres un sourire un peu figé, légèrement ironique : sans doute l'expression d'un homme timide et las plus que celle du politicien et homme d'affaires cynique dont on parle. Il salue tout un chacun d'un mouvement de tête, serre peu de mains. Le vieux monsieur de 86 ans est l'objet d'attentions respectueuses, quelquefois obséquieuses, mais aussi attendries de la part des élus de sa sensibilité politique. Puis il s'en retourne comme il était venu après avoir trinqué d'un verre d'eau claire…

Marcel Dassault est mort en 1986.

Depuis lors, j'ai continué à batailler sur le terrain contre mes adversaires politiques avec plus ou moins de succès et je n'ai pas cessé de penser à ce doyen qui avait lui aussi choisi l'Oise pour se faire élire. L'homme m'a toujours intrigué. Pourquoi ? Sûrement pas en raison de son affection pour Jacques Chirac ou Chantal Goya… À cause de ma passion pour les avions ? À moins que ce ne soit pour avoir « hérité », aux élections législatives de 1988, deux ans après sa mort, d'une partie de sa circonscription électorale grâce au savoir-faire de Charles Pasqua en matière de découpage ? J'eus en tout cas envie de le connaître mieux et de suivre pas à pas ce personnage singulier, infatigable et frêle, tout au long de ses deux vies : celle de Marcel Bloch et celle de Marcel Dassault.

# PREMIÈRE PARTIE

## De la rue Blanche
## aux passeurs de la renaissance

## Chapitre premier

# Le fils du bon docteur Bloch et les parents des Camondo

> « Je suis né 47, rue Blanche, d'un père alsacien et d'une mère marseillaise. »
>
> Marcel Dassault, *Le Talisman.*

Un beau jour de 1900, quelque part aux environs du Trocadéro, Marcel, encore petit garçon, serre très fort la main de son oncle, le comte Moïse de Camondo. Tous deux arpentent les allées de l'Exposition universelle que le président Loubet vient juste d'inaugurer. Cette visite, riche en découvertes et en émerveillements, marque le commencement de son ouverture au monde : enchanté par la fée Électricité, Marcel se tient tout ébloui devant le moteur à explosion comme devant la machine à vapeur. L'oncle, qui est aussi commissaire du pavillon de Serbie, est à la fois ému et intrigué par la curiosité débordante et l'imagination de son neveu.

Il y a toujours de l'arbitraire à vouloir reconstituer une vie en y ajoutant une cohérence qu'elle n'a peut-être jamais eue. Le biographe amateur prend déjà conscience de sa toute-puissance en choisissant pour commencer cette première scène symbolique, mais elle marque à la fois l'importance de la célèbre famille Camondo et la première rencontre du fils du docteur Bloch avec l'univers de la connaissance et des innovations techniques. 1900, c'est aussi la fin (ou presque) de l'affaire Dreyfus qui, depuis six ans, a coupé la France en deux et profondément meurtri la communauté juive à laquelle appartient la famille du garçonnet. Connaissant la destinée de cet autre personnage hors du commun, on n'aura aucune peine à reconnaître que tout est en germe dans cette scène située près du Trocadéro par un beau jour de 1900.

Marcel Bloch est né à Paris, rue Blanche, le 22 janvier 1892, d'un père alsacien et d'une mère marseillaise. De leur mariage célébré à la synagogue en 1878, ils ont eu quatre fils. Le premier a disparu tout jeune. Puis sont nés Paul-Darius, solide et corpulent, et René, élancé et élégant. Le dernier, Marcel, est sensible et fragile comme une porcelaine.

La famille Bloch vit modestement. Adolphe, le père, est médecin d'une société mutualiste, l'Union du commerce. Dévoué à ses patients, il parcourt jour et nuit le quartier. « Il devait se déplacer à pied ou en omnibus, et monter chaque jour de nombreux étages, les ascenseurs n'existant pratiquement pas à cette époque[1]. » Il jouit de la sympathie et de la confiance des patients de l'arrondissement, mais

1. Marcel Dassault, *Le Talisman*, éd. « J'ai lu », 1970, p. 13.

ne fera pas fortune. Des quatre immeubles successifs où la famille a logé, seul celui de la rue Blanche est d'un certain standing.

Le D^r Bloch est originaire de Fénétrange, petit chef-lieu de canton de Moselle situé à 15 km de Sarrebourg aux confins de l'Alsace-Lorraine. Du côté paternel, ses aïeux étaient, avant la Révolution française, brocanteurs. Il « monte » à Paris faire ses études de médecine et ne retournera pas dans le pays de son enfance, passé sous la férule allemande à la capitulation de Sedan, en 1870. Il choisit alors de conserver la nationalité française. Comme bien d'autres familles juives alsaciennes, les Debré, les Dreyfus, les Weil, la sienne est profondément attachée à ce pays et à ses valeurs, celles de la République.

La prime enfance de Marcel Bloch a été marquée par les discussions de ses parents sur l'affaire Dreyfus, Juif alsacien comme son père. Le capitaine Dreyfus, qui appartenait à l'état-major, a été accusé d'avoir trahi la France en espionnant au profit de l'Allemagne. Cassé de son grade, il a été condamné à perpétuité. Puis on a découvert que la seule pièce à conviction – une lettre adressée à l'attaché militaire allemand, Schwartzkoppen, et censée l'avoir été par Dreyfus – était un faux ! C'est un autre officier, Walsin-Esterhazy, qui est le coupable. Le commandant Picquart, responsable du contre-espionnage militaire, est convaincu de l'innocence de Dreyfus. Il le dit tout haut. Il est muté en Tunisie. Pendant six années, la France est coupée en deux. En 1897, Clemenceau, le républicain, commence à se battre pour faire réviser le procès. L'année suivante, Émile Zola lance son « J'ACCUSE » à la une du journal *L'Aurore*. Zola est poursuivi et condamné pour diffamation. Jean Jaurès, le tribun socialiste, entre à son tour dans la bataille. Après quelques hésitations, le socialiste Léon Blum devient lui aussi un dreyfusard inconditionnel et passionné.

Une vague d'antisémitisme submerge alors le pays. Ainsi Jaurès paie-t-il au prix fort son combat : il perd son siège de député de Carmaux. Et malgré l'évidence, l'innocence de Dreyfus[1] n'est pas reconnue par la Justice[2]. Le président de la République lui accorde la grâce pour ne pas compromettre le succès de l'Exposition universelle qui ouvre ses portes. Quelque temps plus tard, « quand le succès de l'Exposition fut assuré, la vérité se fit enfin jour. Tous ces apaisements tactiques étaient aux dépens des dreyfusards. La motion en faveur d'une révision fut rejetée par 425 voix contre 60, et même le gouvernement de Clemenceau, en 1906, ne put changer la situation : il n'osa pas confier la révision à un tribunal régulier[3] ».

L'« Affaire » marquera Marcel Bloch à jamais.

---

1. Esterhazy avoue en août 1898 qu'il était bien l'auteur du bordereau falsifié. Le colonel Henry, convoqué par Cavaignac, alors ministre de la Guerre, a également avoué avoir falsifié des pièces du dossier. Il est arrêté et se tranche la gorge dans la prison du mont Valérien.

2. La Cour de cassation casse l'arrêt de 1894, mais le nouveau jugement prononcé à Rennes n'innocente pas Dreyfus ; « sa peine est seulement commuée en dix ans de détention pour intelligence avec l'ennemi avec circonstances atténuantes. »

3. Hannah Arendt, *Les Origines du totalitarisme : Sur l'antisémitisme*, Calmann Lévy, 1973.

Le jeune garçon aime son quartier qu'il explore avec ses frères. « Mes débuts dans la vie eurent pour théâtre le square de l'église de la Trinité, bordé par la place du même nom (aujourd'hui place d'Estienne-d'Orves), la rue Blanche et la rue de Clichy. C'était l'époque des barres et du chat perché[1]. » Il lit la comtesse de Ségur : *Un bon petit Diable* restera longtemps sa lecture favorite. Un peu plus tard, il découvre Paul d'Ivoi et un certain « Dr Mystère » dont il se souviendra de nombreuses années plus tard.

Le chat perché et le Dr Mystère intéressent davantage le petit Marcel que l'école primaire, puis que le lycée de la rue d'Amsterdam. L'enfant inquiète ses parents : il n'est pas un cancre, mais sa curiosité et son intérêt s'orientent plus vers des découvertes techniques de l'époque que vers la grammaire latine. Jusqu'à ce que survienne en classe de cinquième un événement mémorable : « Je fus un jour premier en dessin et en récitation. » Puis : « Je tombai en arrêt devant une boîte d'expériences électriques [...]. Edison avait pu enregistrer la voix humaine dans un sillon plus ou moins profond creusé dans un cylindre de cire ; il devait être possible de l'enregistrer sur un fil métallique[2]. »

Aurait-il eu alors l'intuition du magnétophone, ou a-t-il, comme je suis en train de le faire, reconstitué à la fin de sa vie, dans une autobiographie, une belle histoire qui va le conduire inéluctablement à son métier d'avionneur ?

Les yeux écarquillés levés vers le ciel, le voici, de fait, qui découvre, émerveillé, son premier avion : « Un jour, lors d'une récréation dans la cour de l'école, j'ai vu pour la

---

1. Marcel Dassault, *Le Talisman*, *op. cit.*
2. *Ibid.*

première fois passer un aéroplane : c'était le Wibur Wright du comte de Lambert qui doublait la tour Eiffel[1]. » Ce jour-là serait donc née sa vocation.

Après le lycée, il intègre l'école Breguet, située rue Falguière. Après les cours, il peut se rendre facilement au terrain d'aviation d'Issy-les-Moulineaux tout proche : « J'allais souvent y voir voler les premiers avions : la Demoiselle de Santos-Dumont et bien d'autres[2]. » Il reçoit son diplôme d'ingénieur électricien des mains de Louis Breguet : « J'avais dix-neuf ans et j'étais loin de penser qu'un jour je deviendrais le principal actionnaire de la société Breguet-Aviation[3]. »

Sa passion pour les avions ne le quittera plus. À moins de vingt ans, il entre à Sup'Aéro (l'École supérieure d'Aéronautique). C'est alors un technicien aux allures de poète. Il se lie avec Henri Potez qui a été admis à l'école dans la promotion précédant la sienne. Le jeune Henri est le fils d'un minotier picard installé dans la petite ville de Méaulte, près d'Albert, dans l'Aisne, et conseiller d'arrondissement. Marcel se lie également avec Louis Coroller, qui sera major de sa promotion. (Un autre étudiant se trouve sur les mêmes bancs que lui : Meyer Gourévitch, futur constructeur du Mig soviétique, avec qui les relations furent, semble-t-il, sans lendemain.) À cette époque, d'humeur joyeuse, il sourit de tout et de rien, et affiche une certaine légèreté. « Il tient plutôt de sa mère », dit-on dans son entourage. Une mère qu'il vénère.

1. *Ibid.*
2. *Ibid.*
3. *Ibid.*

Marie-Noémie Allatini est née à Salonique dans une illustre famille juive dont le berceau connu a été Modène (Italie). Sa fortune, considérable, s'y est bâtie naguère sur des activités de négoce, de minoterie, de manufacture de tabacs et de banque. Fuyant les incendies ravageurs de Salonique[1], les Allatini se sont installés à Marseille au début du siècle. Ils se sont montrés soucieux de s'intégrer pleinement à cette région proche de l'Italie, dans un pays dont ils apprécient la langue et la culture : « Mécènes particulièrement prodigues, ils contribuèrent à la fondation d'écoles et à l'établissement du réseau de l'Alliance israélite qui a tant fait pour la propagation de la langue française[2]. » Admiratifs de la culture de leur pays d'accueil, ils entendent néanmoins préserver la leur. C'est une famille juive respectueuse des traditions « qui sont autant de vœux solennellement formulés. Chaque génération d'Allatini devra avoir un médecin parmi ses fils, nommer l'un d'eux Darius en souvenir d'un enfant de Lazare, le fondateur de la dynastie. Adolphe et Noémie Bloch ne failliront pas à la tradition : leur fils René sera un brillant chirurgien, et ils appelleront leur second enfant Paul-Darius[3]... »

Sophie Allatini – la tante de Marcel – épouse Gabriel Milhaud, issu d'une très ancienne famille juive du Comtat Venaissin dont elle aura un fil en 1892, Darius, du même âge que son cousin. Darius Milhaud, le futur compositeur,

1. L'Europe du Sud se déchire. La guerre des Balkans et le grand incendie de Salonique en 1912 les font émigrer en France.

2. Pierre Assouline, *Monsieur Dassault*, Balland, 1983.

3. *Ibid.*

deviendra l'ami de Paul Claudel et de Jean Cocteau, et s'exilera aux États-Unis en 1940 pour fuir le nazisme…

Les Camondo, parents pourtant plus éloignés, marqueront également beaucoup Marcel. C'est par Élise Allatini, la tante de sa mère, qu'il pénétrera dans l'univers opulent, raffiné et tragique de cette famille. En épousant le comte Nissim de Camondo, Élise est en effet installée dans le somptueux hôtel de la plaine Monceau. La majesté et la splendeur du lieu impressionneront durablement la psychologie du jeune Marcel Bloch tout en contribuant également à modeler chez lui une certaine exigence esthétique, et surtout son ambition.

Pour exposer les traits dominants de l'enfance de Marcel qui permettent de mieux comprendre sa destinée, j'ai largement puisé dans l'œuvre remarquable de Pierre Assouline, *Monsieur Dassault*, publié en 1983 chez Balland, et dans *Le dernier des Camondo*, édité chez Gallimard en 1997 : leur lecture est d'une irremplaçable richesse.

L'histoire des Camondo passe par l'Empire ottoman, les tumultes de l'Unité italienne, les Années folles, la Belle Époque et la Grande Guerre. Ils ont été intégrés à Paris par la grande bourgeoisie amoureuse des arts et des lettres, qui fut largement antidreyfusarde mais sut néanmoins cultiver ces « Juifs d'exception[1] » et ouvrit ses exquis salons du faubourg Saint-Germain à Proust et à maints intellectuels qui revendiquaient et assumaient leur judéité.

Moïse de Camondo, qui fait visiter en 1900 l'Exposition universelle au petit garçon – il est le père de Nissim et de Béatrice, les contemporains de Marcel Bloch –, est né à

1. Selon l'expression d'Hannah Arendt.

Constantinople où il a passé une partie de son enfance avant que son père, Abraham Behor, futur comte de Camondo, ne décide de venir s'installer en France pour fuir le marasme économique catastrophique où est plongée la Turquie. Leurs préparatifs de départ auront duré près de neuf années : le temps d'acheter l'hôtel particulier de la rue de Presbourg, à Paris, de recruter la domesticité, de choisir les dépendances et de fixer le nombre des écuries.

Toute la famille va donc se trouver de nouveau réunie, le 13 octobre 1869, y compris le patriarche, Abraham Salomon, qui fête ses 80 ans. C'est lui qui est devenu le premier comte de Camondo et a donné à sa famille l'impulsion première, la fortune et la renommée. Le petit Marcel a probablement été initié très tôt à l'épopée des Camondo, tout particulièrement à la destinée d'Abraham Salomon.

De nationalité autrichienne, ses origines et ses attaches étaient italiennes. Depuis le début du XVIII^e^ siècle, ses ancêtres avaient vécu à Trieste ou en Vénétie, alors sous domination autrichienne. Le 18 novembre 1865, il se fait naturaliser italien ; bienfaiteur de l'orphelinat de Turin, c'est un fidèle soutien de Victor-Emmanuel II. Le souverain l'anoblit et le fait comte de Camondo, titre transmissible « par progéniture mâle ». La gratitude de Victor-Emmanuel II s'étendra jusqu'à la branche cadette : le 15 septembre 1870, Nissim sera fait comte à son tour[1].

1. Les informations concernant les Camondo sont puisées dans les deux ouvrages de Pierre Assouline déjà cités, mais aussi dans l'ouvrage sur *Le musée Nissim de Camondo*, édité par les Musées et monuments de France, par Nadine Gasc et Gérard Mabille, ainsi que dans celui de Philippe Erlanger, *La Nuit sans étoile*, publié chez Plon.

Bien longtemps après, Marcel Bloch, devenu Marcel Dassault, songera sérieusement à récupérer ce titre alors sur le point de disparaître et qui lui rappelait l'univers merveilleux de son enfance, les visites mondaines, les « thés » raffinés et familiaux chez la tante de sa mère, la comtesse de Camondo, installée dans l'hôtel particulier du 63 de la rue de Monceau, que le comte Moïse avait fait construire après la mort de son père. Il y avait là de quoi enflammer l'imagination du jeune Marcel : non seulement par la riche collection d'œuvres d'art du XVIII^e^ siècle[1] qui avait été patiemment accumulée, mais aussi par les histoires qu'il entendait raconter dans les luxueux salons. Des conversations qui évoquaient tour à tour la Renaissance italienne ou le développement immobilier de Constantinople, dont le patriarche Abraham avait été l'un des artisans. Celui-ci, ainsi que sa femme Clara, apparaissaient comme des personnages éminemment romanesques qui faisaient le bien autour d'eux. Abraham se souciait d'offrir un toit aux plus démunis, fondait les premières écoles juives pour favoriser parmi eux l'apprentissage de l'italien et du français. Cet entrepreneur avait bâti une fortune à la fois financière et immobilière sur plusieurs continents. Le 1er avril 1873, cent mille personnes suivirent sa dépouille dans les rues de Constantinople.

C'est dans le palais de son enfance, devenu musée Nissim de Camondo, que Marcel Bloch vient exprimer sa

1. Tableaux et chefs-d'œuvre d'ébénisterie du XVIIIe siècle, marqueteries admirables, tapisseries d'Aubusson, des Gobelins, de Beauvais, etc. Mais aussi l'inscription sur bronze doré : *Liberté et Égalité*, daté du 16 pluviôse an II. Chez les Camondo, malgré la particule, on n'oublie pas la République française. Une et indivisible.

douleur et son affection à son grand-oncle, brisé par le chagrin après la mort de son fils Nissim, le 5 septembre 1917, aux commandes de son avion, dans un combat aérien. Marcel avait le même âge que Nissim.

Il n'a pas été le seul à être fasciné par les splendeurs de l'hôtel Camondo. Jules de Goncourt, Émile Zola y ont consacré de nombreuses pages. Marcel Proust, qui l'a fréquenté lui aussi, envoya à Camondo une lettre émue, conservée aujourd'hui au musée, à la mort de Nissim : « Je ne sais même pas si mon nom vous dira quelque chose. Je dînais autrefois avec vous chez madame Cahen, et plus récemment, quoique que ce soit bien lointain encore, vous m'avez emmené dîner avec ce cher Charles Ephrusi que j'aimais profondément. Tous ces souvenirs sont bien anciens. »

Ces Camondo qui ont tant marqué le jeune Marcel Bloch ont connu un destin tragique. Après la mort de Nissim avec qui s'est éteint le nom, sa sœur Béatrice fut déportée avec son mari Léon Reinach et ses deux enfants. Tous quatre périrent à Auschwitz.

En ce jour de 1900, il serre encore la main de son grand-oncle Moïse de Camondo et revient enthousiaste de la Grande Exposition par le métropolitain tout juste inauguré[1]. Ils succombent l'un et l'autre à l'émerveillement des premiers jours de la Belle Époque.

1. La première ligne, Porte Maillot-Château de Vincennes, fut inaugurée le 19 juillet 1900 par son concepteur, Fulgence Bienvenüe, et par le président de la République, Émile Loubet. L'aller et retour coûtait 20 centimes en seconde classe, et 25 centimes en première.

Dreyfus, c'est fini ! Enfin presque... La Cour de cassation ne le déclarera innocent que six ans plus tard, le 12 juillet 1906.

Mais lui, Marcel Bloch, n'oubliera pas les lourdes interrogations familiales, les tensions, les angoisses perceptibles par son âme d'enfant, quand on abordait le douloureux et permanent sujet de l'antisémitisme. Trente ans plus tard, en 1936, n'est-ce pas l'une des raisons qui lui feront emboîter le pas à Léon Blum ?

# CHAPITRE II

## Sup'Aéro, Hélice Éclair et coup de foudre...

La naissance de l'aviation coïncide avec les premiers pas de Marcel Bloch. C'est en effet deux ans avant sa naissance qu'en France, le 9 octobre 1890, Clément Ader effectue son premier saut de puce de cinquante mètres sur l'Éole, appareil « plus lourd que l'air ». L'inventeur le nomme « avion » et signe avec le ministère de la Guerre la première convention secrète pour réaliser « un appareil plus lourd que l'air, capable de voler[1] ».

Aux États-Unis, Orville Wright transforme l'essai, le 17 décembre 1903, sur un avion à deux hélices en décollant pour « un second vol mécanique ». Quelques années plus tard son frère Wilbur étonne l'Hexagone en accomplissant au camp d'Auvours, près du Mans, une magistrale démonstration de vol. La notoriété des frères Wright

1. Avant de construire son prototype, Ader étudie de près le vol d'un animal appelé roussette, grande chauve-souris frugivore d'Afrique et d'Asie.

s'établit durablement et naît alors en France une passion populaire fulgurante pour l'aviation : il suffit de consulter la collection de *L'Illustration* du début du XXe siècle pour s'en convaincre. C'est aussi le début d'une nouvelle industrie et les prémisses de la grande aventure de la conquête de l'espace.

Sous l'impulsion de Gambetta s'était déjà créé en 1876 un « établissement central aérostatique » dépendant du Génie, dans le dessein d'améliorer l'observation militaire. Le rôle joué par les ballons lors du siège de Paris en 1870-1871 et l'équipée du chef du Gouvernement provisoire de la République, passant les lignes ennemies par voie des airs, avaient contribué à dessiner pour ce « nouveau moyen de transport » de vastes perspectives[1].

Dès la première décennie du XXe siècle, les progrès de l'aviation seront rapides et spectaculaires. Les pionniers intrépides, les premiers aviateurs-constructeurs – Blériot, Breguet, Esnault-Pelterie, Voisin... – aménagent les ateliers, équipent les premières usines. L'épopée des premiers vols « intercontinentaux » devient possible en deux décennies avec Couzinet et l'Aéropostale, Didier Daurat et Latécoère, le début des lignes aériennes régulières, en particulier de « la ligne » entre la France, l'Afrique et l'Amérique du Sud. Les pilotes les plus illustres y laissent souvent la vie : Guynemer pendant la Grande Guerre, Nungesser et Coli (qui s'envolent pour l'Amérique

1. Fuyant Paris assiégé à bord d'un ballon, Gambetta avait atterri dans l'Oise entre les communes de Clermont et d'Estrées-Saint-Denis, avant de gagner Amiens, Rouen et Tours où il « tenta d'organiser le sursaut national ».

du Nord le 8 mai 1927 et disparaissent dans l'Atlantique à bord de l'Oiseau blanc), Mermoz (la Croix du Sud s'abîme dans l'Atlantique-Sud à 700 kilomètres de Dakar, le 6 décembre 1936), pour ne citer ici que quelques-uns des plus illustres.

Tous ces héros de l'aviation naissante ont battu en quelques années des records de distance, de temps de vol, de vitesse. Ils ont stupéfié le monde. Folle témérité de ces pilotes qui souvent périrent au cours de leurs épiques voyages : « Ce don des hommes à l'aviation l'a grandie et l'a métamorphosée en même temps[1]. »

Dieudonné Costes[2] et Maurice Bellonte, ce dernier natif de Méru, survivront quant à eux à leurs exploits : à bord du Point d'interrogation, construit par Breguet, ils atterrissent à New York le 2 septembre 1930. J'aurai le plaisir d'accueillir Bellonte à son retour dans sa ville natale, cinquante-deux ans plus tard, et d'inviter pour l'occasion son ami Marcel Dassault...

À sa sortie de Sup'Aéro, Marcel Bloch avait été appelé pour effectuer son service militaire au laboratoire de Chalais-Meudon où il retrouva Henri Potez qui avait déjà conçu à l'époque et fait breveter un projet d'avion métallique. La guerre contre l'Allemagne est déclarée le 3 août 1914 après l'assassinat de l'archiduc François-Ferdinand

1. *Entre deux guerres*, par Olivier Brast et Pascal Ory, éditions François Bourin.

2. Dont Marcel Bloch aura fait la connaissance lors de leurs classes communes au service militaire, à Reims.

de Habsbourg. Les deux amis sont mobilisés et affectés à la construction aéronautique de guerre : Marcel Bloch chez le légendaire Blériot[1], qui dirige la Société pour l'aviation et ses dérivés (la SPAD) ; Potez chez Caudron, l'autre avionneur-constructeur. Les deux amis sont chargés de mettre de l'ordre dans les liasses (les plans de construction) et d'assurer une meilleure coordination entre les deux avionneurs à qui l'État a conjointement confié la construction d'un avion de reconnaissance, le Caudron G3.

Après la première bataille de la Marne, en 1914[2], Bloch et Potez se retrouvent donc à Lyon pour travailler à la fabrication du Caudron. Puis, quelques mois plus tard, Marcel est muté à la réception des essais en vol de l'entreprise Farman, à Buc, en région parisienne. Il est chargé d'assurer les comptes rendus techniques des essais en vol, qu'il effectue le plus souvent avec Maurice Farman lui-même. Chez Farman, il n'a pas oublié pour autant l'insuffisance des performances des hélices du Caudron G3 (son ami Potez y travaille toujours, à Lyon) et décide d'y porter remède. Il dessine une nouvelle hélice et invente la technique du « lamellé collé[3] ». Mais où réaliser le premier exemplaire ? Il songe au père de son ami Marcel Hirch Minckès, un bon artisan ébéniste du faubourg Saint-

1. Louis Blériot avait effectué sa première traversée de la Manche, de Calais à Douvres, le 25 juillet 1909.

2. La première bataille de la Marne, du 5 au 12 septembre 1914, fait échouer une tentative allemande de percée vers l'ouest. La seconde bataille de la Marne se déroulera en juillet 1918.

3. Pièce formée de lamelles de bois assemblées par collage. Beaucoup plus simple, beaucoup plus solide que l'hélice taillée dans la masse. Les modèles peuvent aussi être modifiés, adaptés à l'aide d'un gabarit.

Antoine. Hirch Minckès accepte et met à sa disposition un compagnon et quelques planches de noyer pour fabriquer le nouveau modèle. Marcel Bloch convainc ensuite Blériot, qui construit lui aussi le G3, de l'équiper de la nouvelle hélice. Les essais sont concluants. L'hélice Éclair est née. Marcel Bloch crée la Société des hélices Éclair avec Henri Potez.

Henri Potez précise les raisons du succès de leur « création » : les deux hommes vont en fait révolutionner les conditions de fabrication des hélices[1] en les adaptant à chaque type d'avion dont ils étudient eux-mêmes les caractéristiques. Les commandes affluent. La maison Hirch n'y suffisant plus, les fabricants de meubles du faubourg Saint-Antoine sont mobilisés. Bloch commence à être connu et reconnu.

L'élu de Picardie que je suis ne résiste pas à l'envie d'évoquer ici un enfant de Compiègne qui a écrit lui aussi de belles pages de l'histoire de l'aviation naissante : Georges Guynemer, à vingt ans, s'est retrouvé en 1915 dans l'aviation de chasse, chef d'escadrille des Cigognes, à Vauciennes, chargé de défendre la ligne de front au-delà de Noyon. À chaque mission, il effectue des loopings au-dessus de la maison paternelle. Le 5 juillet 1917, il effectue sa dernière mission – et remporte sa cinquantième victoire – à bord du nouvel avion sorti de chez SPAD et équipé de l'hélice Éclair... Malheureusement pour la beauté de notre récit, je n'ai pas trouvé trace d'une rencontre entre l'enfant de l'Oise et le futur député du département à l'usine SPAD qu'ils

1. Henri Potez, archives orales, et SHAA.

fréquentaient tous les deux pour mettre au point le nouvel avion doté de l'hélice Éclair…

Marcel Bloch, mon futur collègue à l'Assemblée, est déjà prospère. Les royalties tombent comme à Gravelotte. Ce n'est pas encore la grande fortune, mais il peut, en 1917, envisager de réaliser ce rêve qu'il partage avec son ami Potez : construire leur propre modèle. « On sait faire des hélices ? On peut maintenant faire des avions[1] ! » Il demande donc à son ami de devenir son associé au sein d'une nouvelle société, Anjou aéronautique, qui accueille bientôt un troisième partenaire et conseiller, Louis Coroller, sorti major de promotion de Sup'Aéro (et des Arts et métiers).

Après deux projets infructueux naît le biplace de chasse SEA 4, qui sera commandé à mille exemplaires. Deux cents kilomètres-heure, deux heures d'autonomie de vol, plafond : 2 500 mètres. L'usine vétuste de Puteaux est remplacée par une plus moderne et plus vaste à Suresnes. Mais celle-ci est encore insuffisante pour honorer la commande. Henri Potez est très lié à Bessonneau, un industriel d'Angers dont l'entreprise est florissante ; celui-ci met un grand espace à disposition des deux associés qui édifient une troisième usine angevine pour faire face à la demande[2].

Le premier biplace de chasse est réceptionné le… 10 novembre 1918, veille de l'Armistice ! L'état-major annule alors la commande.

---

1. Henri Potez, *id.*

2. Bessonneau, aux multiples activités industrielles, fabriquait entre autres des hangars démontables en toile.

« Douchy, un as de la guerre, mis au repos chez nous, qui avait réceptionné l'avion, faisait une drôle de gueule, au café *Ralliement*, à Angers, où nous étions réunis pour la circonstance : “Ah, monsieur, la guerre finit trop tôt ! – Non, c'est nous qui arrivons trop tard”, lui répondis-je. Il ne parut pas avoir saisi la nuance », se souvient Henri Potez[1].

Que vont faire maintenant les trois associés ?

Henri Potez et Coroller ne baissent pas pour autant les bras et vont se lancer dans l'aviation commerciale et de tourisme. Quant à Marcel Bloch, désenchanté, il tire (provisoirement) un trait sur l'aviation.

« Il avait perdu confiance, se souvient Potez. “Je vous abandonne. Tu rachètes mes parts”, m'a alors dit Bloch. Et j'ai racheté ses parts[2]. »

Il s'oriente vers l'immobilier. Avenue Ledru-Rollin, dans le quartier de la Bastille, il achète trois petits terrains et construit des immeubles à usage commercial, loués à des marchands de meubles du quartier du faubourg Saint-Antoine. Si les varlopes de la maison Hirch ne lissent plus les lignes harmonieuses des hélices, les liens entre l'encore jeune ingénieur et la famille ne sont pas distendus pour autant. Marcel ne vient plus seulement revoir son camarade de classe, mais aussi la douce Madeleine, sa sœur, dont il est tombé éperdument amoureux.

Amour partagé : Marcel épouse Madeleine le 3 juillet 1919 à la mairie du III^e^ arrondissement. Les témoins des mariés : pour Marcel, Paul-Darius Bloch, le grand frère,

1. Henri Potez, *id.*
2. *Ibid.*

officier de cavalerie, décoré de la Légion d'honneur à titre militaire, plusieurs fois cité à l'ordre de l'Armée, et le comte Moïse de Camondo, son grand-oncle ; pour Madeleine, Adolphe et Maurice Seltz, tous deux industriels et oncles de la jeune mariée. Le mariage religieux est célébré le 7 juillet 1919 à la synagogue de la rue des Tournelles. Il pleut toute la journée, un signe de félicité !

« Ce fut le plus beau jour de ma vie », dira-t-il, soixante-treize années plus tard, dans un documentaire de Denis Pingaud présenté sur Antenne 2.

Après sa lune de miel, Marcel est embauché par son beau-père, le temps de faire fructifier ses affaires. Les premières opérations réussies, il s'associe à des banquiers amis et crée une nouvelle société : la Société industrielle du meuble, pour « construire, acheter, louer, vendre par appartements ». « J'étais à peu près le seul à avoir réussi ma reconversion[1]. » Il s'oriente ensuite vers la carrosserie automobile, crée une société, Bloch Carrosserie grand sport, et dépose quelques brevets.

La naissance de ses deux fils, Claude, le 24 avril 1920, et Serge, le 4 avril 1925, le comble de joie. Le jeune homme d'affaires aux allures de dandy devient un papa gâteau.

1. *Le Talisman*, *op. cit.*

## CHAPITRE III

# Pierre Cot, l'homme le plus haï par les droites des années 30, fait la fortune de Marcel Bloch

Voici donc Marcel Bloch promoteur immobilier et carrossier. Mais les avions lui manquent. Sa passion est intacte. Il s'intéresse au débat sur les rôles respectifs de l'aviation, des blindés légers, de l'artillerie et de l'infanterie dans la guerre moderne. Son frère Paul-Darius, qui croit à la supériorité des blindés légers et de l'aviation, le tient au courant[1]...

L'aviation civile se trouve également en pleine tourmente. Le débat porte sur la place de l'avion dans les modes de transport à venir. Questionnements et polémiques ont entraîné la désorganisation du secteur aéronautique naissant.

La mort dans un accident d'avion, à Toul, le 2 septembre 1928, de Maurice Bokanowski, ministre du Commerce, de

1. La crise de l'aviation est d'abord due chez nous à l'absence de ligne stratégique de l'état-major. Elle n'est encore que le moyen privilégié de l'observation. C'est le colonel Émile Mayer, polytechnicien, ami de Foch, qui engage en 1920 la grande campagne de sa vie en faveur de l'armée de l'air, arme de dissuasion et de destruction.

l'Industrie mais aussi de l'Aéronautique, est perçue parmi la classe politique et les milieux industriels comme l'expression tragique de cette crise. Douze jours plus tard, Raymond Poincaré, président du Conseil, crée le ministère de l'Air. Le radical-socialiste Victor Laurent-Eynac, ancien aviateur pendant la guerre, s'installe avenue Rapp, près du pont de l'Alma. La tâche s'annonce rude pour restructurer le secteur et produire des appareils plus fiables. Assisté de l'ingénieur Albert Caquot, Laurent-Eynac décide de lancer une série de prototypes. La scène est désormais prête pour voir revenir un ancien acteur. Caquot se souvient en effet de l'ingénieur Bloch, rencontré pendant la guerre, et lui propose de réaliser un modèle d'appareil dans le cadre d'un programme de trimoteurs postaux. Les conditions sont intéressantes : l'État finance l'investissement à 80 %.

« J'acceptai donc et je me mis immédiatement à fixer les caractéristiques de cet appareil ; ayant constaté que les avions en bois et en toile étaient de plus en plus démodés, je décidai que la construction de mon avion serait entièrement métallique et à aile épaisse[1]. »

Marcel Bloch retrouve là sa vraie vocation. Il mène à bien son projet. Mais ni Caquot, son protecteur, qui l'a encouragé, ni lui-même ne réussissent à convaincre le moindre client de se lancer dans la production en série. Deux avions expérimentaux seulement sont construits.

Ce semi-échec n'arrête pas Marcel Bloch. Constatant, sur le terrain d'essais en vol de Villacoublay, la médiocrité des appareils sanitaires, il décide de construire un modèle sur ses propres ressources. En six mois, il loue une petite

---

1. *Le Talisman*, *op. cit.*

usine à Boulogne-Billancourt, achète quelques machines, embauche deux collaborateurs qui deviendront les deux piliers de son futur empire et le suivront durant plus d'un demi-siècle : Bention Grebelsky[1], futur président-directeur général de la société Marcel-Dassault, et Henri Déplante, centralien, qui sera l'âme de la direction générale technique.

Bloch met au point cet avion métallique issu de la technique de son trimoteur postal. C'est un succès : commande de 26 exemplaires, nouvelle usine plus spacieuse à Courbevoie. Nouveaux crédits accordés aux prototypes. Commande de douze avions supplémentaires par le ministère de l'Air : cette fois, un trimoteur colonial « dont le trimoteur postal était en quelque sorte la maquette volante », écrira plus tard son inventeur.

L'avionneur-constructeur déploie ses ailes. Le jeune ingénieur quelque peu rêveur a entrepris sa mutation. Il marie passion et raison pour devenir un véritable entrepreneur : financier avisé, négociateur redoutable, homme d'affaires sans états d'âme.

En ce début des années 30, sa détermination est freinée par la résurgence de l'antisémitisme. Certains de ceux qui sont chargés d'instruire les dossiers ou de préparer les contrats reportent les rendez-vous et des réticences à peine voilées se font jour à l'évocation de son nom. Dans l'*Action française*, Charles Maurras se déchaîne alors contre les Juifs, et les feuilles d'extrême droite reprennent à l'unisson, talent

1. Bention Grebelsky deviendra après la guerre Benno Claude Vallières.

en moins, ses salissures. Marcel Bloch songe un moment à modifier le nom de ses avions et à les baptiser les « Bloch-Allatini ». La famille de sa mère s'y oppose.

Le ministre Laurent-Eynac travaille au double projet de création d'une armée de l'air et d'une compagnie nationale d'aviation. La restructuration du secteur avance bon train. Caquot exige des regroupements pour passer commandes. Le bilan est pourtant loin d'être positif. Historien de l'aviation, Emmanuel Chadeau fait le point sans complaisance : « Cette tendance au rassemblement fut parallèle au renforcement des moyens de production. Chez les motoristes, les installations furent renouvelées à concurrence des deux tiers des installations anciennes. [...] On tendait vers la concentration des moyens, mais la politique des prototypes eut l'effet inverse. Les 54 contrats de création de prototypes civils du programme Caquot furent passés avec 26 entreprises différentes [...]. En 1932, on hésita à investir et à gauchir davantage les structures des entreprises, en dépit du soutien apporté par les votes budgétaires. En outre, si Caquot impressionnait par sa constance, celle des dirigeants politiques pouvait être mise en doute[1]. »

1. À côté des constructeurs anciens (Caudron, Blériot, Farman, Schrameck, Hanriot, Nieuport, Breguet), des marques et des bureaux d'études lancés entre 1920 et 1928 (Béchereau, Les Mureaux, Wibault, Dewoitine, Couzinet, Latécoère, S.P.C.-Aé), on trouvait toute une série de nouveaux venus (Bloch, Bodianski, Douchez, Guinchais, Guillemin, Mauboussin, Poite, Viscaya, Weymann Romano, Bratu), et même une filiale de Nieuport qui, en principe, n'aurait pas dû fabriquer de prototypes (Société Aérienne Bordelaise). Cf. Emmanuel Chadeau, *L'Industrie aéronautique en France, 1900-1950. De Blériot à Dassault*, Fayard, 1987.

La constance des hommes politiques est souvent déterminée par les circonstances elles-mêmes. Le président Paul Doumer est assassiné. Albert Lebrun lui succède et le chef du gouvernement, Édouard Herriot, nomme Paul Painlevé au ministère de l'Air. Ce dernier conserve huit mois sa charge puis, malade, est remplacé en janvier 1933 par Pierre Cot, auparavant sous-secrétaire d'État aux Affaires étrangères dans le gouvernement d'Édouard Daladier. Une nouvelle page de l'histoire de la construction aéronautique s'ouvre avec cette nomination.

Jeune et brillant avocat de la nouvelle génération des radicaux-socialistes, Pierre Cot est un intellectuel idéaliste et pacifiste. Il a combattu en 14-18 dans l'artillerie et, fasciné par l'aviation, s'est initié au pilotage, après la guerre, dans un aéroclub[1]. Élu député, il a suivi les questions aéronautiques au sein de la commission de l'Air. Il croit en l'avenir de la SDN (la Société des Nations) pour préserver la paix dans le monde. Chargé de mission auprès de Paul-Boncour qui a conduit la délégation française à Genève, il a suivi assidûment les travaux de la nouvelle institution internationale.

Le jeune ministre entend moraliser l'industrie aéronautique et considère que les pionniers ont fait leur temps : « Du moment qu'ils avaient été des pionniers, tout leur était dû, ils avaient pris des manières de luxe qui allaient très loin[2]. » Il montre en revanche de la sympathie

1. Ce sont aussi ses connaissances juridiques qui le mettent en relation avec l'aviation après la guerre. Il suit pour le ministère de l'Air le scandale de l'Aéropostale dont les dirigeants sont accusés d'escroquerie.

2. Pierre Cot, cité par Emmanuel Chadeau, *op. cit.*

pour les jeunes ingénieurs de l'aéronautique. Il connaît Henri Potez, président de la Chambre syndicale, et a entendu parler du talent et des qualités de Bloch. Ces deux hommes se sont d'ailleurs rapprochés et collaborent épisodiquement[1]. Pierre Cot entend s'appuyer sur la jeune génération pour développer sa nouvelle politique. Dès qu'il prend ses fonctions, il convoque Potez et l'écoute pendant deux heures.

Le nouveau ministre de l'Air nomme le général Denain chef d'état-major des forces aériennes. Une aubaine pour Marcel, car ce général est très proche de son frère et il entretient lui-même de bonnes relations avec lui. Les circonstances sont décidément favorables à ce que Marcel donne libre cours à son génie d'industriel et à son sens des affaires. N'est-il pas de la même couleur politique que le nouveau ministre ?

Je comprends l'étonnement du lecteur qui associe volontiers Marcel Dassault au gaullisme en général et à Jacques Chirac en particulier : il a du mal à croire que l'avionneur était avant guerre un homme qui se classait lui-même à gauche. « J'avais ma carte au parti radical-socialiste », écrit-il pourtant dans *Le Talisman*. Bloch a été familier de cette famille politique dès 1920, puisqu'il s'est

1. L'aviation classique est en effet rudement concurrencée en ces années 1930-32, ce qui incite les deux anciens de Sup'Aéro à se retrouver. On assiste ainsi au développement des hydravions géants lancés par catapultes. La marine française se dote d'un porte-hydravions de 10 000 tonnes, avec 40 hydravions à son bord ; 19 catapultes y sont installées et les hydravions sont hissés à leur retour à bord de leur « base flottante ». En 1935, Latécoère met à l'eau le Lieutenant de vaisseau de Paris, un hydravion de 37 tonnes équipé de 6 moteurs. Henri Bouché le présente dans sa chronique de *L'Illustration* du 18 mai 1935.

adjoint dans la Société industrielle du meuble, comme premier associé, François Binet, député radical-socialiste de la Marne avant de devenir ministre de l'Agriculture au sein du gouvernement d'Aristide Briand en 1926. Bloch et Binet se sont également associés en 1924 dans la Carrosserie grand-sport. Les idées de Binet, il est vrai, n'avaient pas de quoi effrayer Marcel. Aux élections législatives de 1919, sa profession de foi était : « Je ne suis pas pour la lutte des classes, mais pour l'union des classes[1]. » Thème qui sera repris cinquante ans plus tard, dans l'Oise, par le candidat député Dassault à travers les campagnes du Beauvaisis.

Marcel Bloch est en tout cas un homme ouvert sur le plan social. Un an avant le Front populaire et à la suite d'un rude affrontement avec le délégué syndical CGT Lucien Ledru dans son usine de Courbevoie en grève, n'a-t-il pas accordé les congés payés ? Bien des années plus tard, interviewé sur TF1, il racontera non sans malice avoir accordé cette mesure à ses ouvriers avant même les lois du Front populaire, et proposé dans la foulée un intéressement de 20 % sur les bénéfices : « Ils m'ont répondu qu'ils ne tenaient pas à avoir les responsabilités d'une gestion et que, par conséquent, les bénéfices ne les intéressaient pas [...]. La difficulté venait du fait que je ne parlais pas avec les ouvriers, mais avec les délégués. Or les délégués ont des doctrines... »

« Nous ne voulons pas de vos bénéfices, mais de l'usine, et l'on vous prendra comme directeur », aurait, selon l'avionneur, répliqué Ledru[2].

1. Pierre Assouline, *Monsieur Dassault*, *op. cit.*
2. D'après Marcel Dassault dans *Le Talisman*, *op. cit.*

Radical-socialiste comme son ministre, ami de son directeur de cabinet, conforme à la figure emblématique des constructeurs, Marcel Bloch a tous les atouts pour accompagner les grandes réformes qui se préparent.

Le projet d'une armée de l'air est en gestation depuis cinq ans. Le nouveau ministre prend la décision de la créer. Il entend réorganiser et développer les capacités industrielles, lancer un véritable plan d'équipement de la nouvelle armée. Le 27 février 1933, il s'exprime sur sa conception de l'aviation militaire. Il juge sévèrement les forces aériennes françaises, inadaptées aux nouvelles données de la guerre, « tant du point de vue technique et de la doctrine que de l'organisation ». Pierre Cot, pacifiste, veut empêcher les ennemis potentiels de la France de lui faire la guerre. L'Allemagne, il ne l'ignore pas, fabrique des prototypes civils transformables en avions de guerre. Elle contourne ainsi les engagements du traité de Versailles. Pierre Cot est alors un des rares responsables politiques conscients de l'imminence du danger nazi[1]. Sous son autorité, la France amorce en 1933 son réarmement aérien. En adaptant la théorie du général italien Douhet[2] favorable aux bombardements massifs, Pierre Cot propose la mise sur pied d'une aviation lourde et d'une aviation légère uniquement défensives. Ce n'est

1. Voir Pierre Péan, *Vies et morts de Jean Moulin*, Fayard.

2. Depuis quelques années, l'« école italienne » fait couler beaucoup d'encre en France. Le général Giulio Douhet émet avant l'heure une sorte de théorie hardie de la dissuasion, ou du moins de la frappe décisive. Le bombardement massif des sites stratégiques et des villes importantes de l'agresseur portentiel ne laisse pas à l'ennemi le temps de se reprendre.

plus la dissuasion fondée sur l'attaque foudroyante et paralysante, mais sur des représailles massives, donc dissuasives. La rupture est consommée avec l'armée de terre. Son plan d'équipement, le Plan I, constitue une révolution stratégique. La ligne d'actions combinées armée de l'air/armée de terre, le privilège qu'il accorde à l'aviation de bombardement provoquent une levée de boucliers dans les vieux états-majors. Les généraux de l'armée de terre menacent de créer leur propre aviation, ce que fera la Marine nationale.

Pierre Cot ne cède pas. « L'aviation a l'impression d'avoir un chef » : un pilote dans l'avion !

Albert Caquot, maître d'œuvre de la politique des prototypes, est éreinté au Sénat par un rapport accablant du redoutable Joseph Caillaux. On lui reproche le coût exorbitant de sa politique et sa façon de privilégier l'aviation civile. Il doit démissionner. Il reviendra.

Hormis le départ de Caquot, il n'est rien, dans la nouvelle politique, qui puisse déplaire au général Paul-Darius Bloch non plus qu'à son frère. Au contraire : c'est la même ligne novatrice. À fond derrière Pierre Cot !

Les bureaux d'études de Marcel Bloch se mettent au travail dans l'attente du lancement du Plan I.

Pendant six ans, la construction aéronautique va être le lieu de violentes batailles qui ne seraient qu'anecdotiques s'il n'y avait urgence à bâtir une armée de l'air puissante. Vont s'entremêler les jeux de l'industrie aéronautique militaire vis-à-vis des pouvoirs publics, ceux d'un pouvoir politique décidé à contrôler les industries d'armement[1], sous la conduite de républicains appartenant à une droite rigide conduite par Caillaux, eux-mêmes sous l'œil d'une extrême droite dont l'influence s'amplifie et qui ne cesse de vilipender « la République pourrie, vendue aux industriels »... juifs !

Marcel Bloch va devenir l'un des acteurs centraux, éminents et retors, de ces jeux complexes dont, dans un premier temps, il tirera bénéfice.

> « *Daladier vous mène comme un troupeau de foire aux Blum, aux Kaiserstein, aux Schweinkopf et autres Zyromski dont le nom bien français est tout un programme.*
> *Voilà vos maîtres, les patriotes !*
> *Voilà la dictature qui t'attend, peuple de France !*
> *Ton Parlement est pourri.*
> *Tes politiciens, compromis.*
> *Ouvriers, intellectuels, votre situation est assaillie par les étrangers !*
> *Ni les uns ni les autres n'êtes plus chez vous.*
> *La France aux Français*[2] ! »

Le temps de Pierre Cot est compté. La tension monte. Le gouvernement Daladier, auquel il appartient, ne survivra pas aux événements du 6 février 1934. En effet, Solidarité française, la plus active des ligues, mobilise l'extrême droite après le départ de Chiappe, préfet de

---

1. Mais, pour des raisons d'efficacité et par crainte de démobiliser les énergies, le pouvoir politique, quand il nationalisera en 1936 les industries d'armement, laissera au privé les bureaux d'études (nationaliser la fabrication, pas la conception).

2. Affiche de la ligue « Solidarité française », cité par Jean Lacouture, *Léon Blum*, Le Seuil, 1977.

police un peu trop tolérant aux factions d'extrême droite, congédié par Édouard Daladier.

Manifestations et violences se multiplient depuis quelques mois. Le 6 février, l'Action française a lancé ses militants dans les rues qui entourent le Palais-Bourbon. Mobilisation générale des Camelots du Roy, des Jeunesses patriotes, des Croix de feu du colonel de La Rocque, de l'Union nationale des combattants : des milliers de manifestants envahissent ce jour-là la place de la Concorde et assiègent le Palais-Bourbon en concertation avec certains députés d'extrême droite qui les soutiennent de l'intérieur.

Daladier, malgré l'exhortation de Léon Blum, faiblit. Il remet « piteusement sa démission au chef de l'État[1] ». Gaston Doumergue « le radical d'eau douce, autoritaire bonasse qui vivra sous la coupe du ministre d'État André Tardieu, patron de la droite la plus proche des émeutiers[2] », le remplace, et Cot s'en va.

Marcel Bloch est vite rassuré : le successeur de Cot n'est autre que son ancien directeur de cabinet et l'ami de son propre frère, le général Denain. Celui-ci va tenter de mettre en œuvre le Plan I. Deux années durant, il va s'évertuer à faire respecter le premier plan de réarmement et à poursuivre l'organisation de l'armée de l'air.

Le plan prévoit la construction de 1 010 avions. Voilà du grain à moudre pour Marcel Bloch ! Bien informé par son frère, il sait que le général Denain est favorable à l'action opérationnelle de nuit, pour laquelle un programme d'urgence est prévu. Il s'engouffre dans ce

1. Jean Lacouture, *op. cit.*
2. *Ibid.*

créneau en adaptant le MB 120, l'avion de transport qu'il vient de construire. Ce MB 120 est lui-même issu, comme le trimoteur colonial, de son trimoteur postal : toujours le même principe des « petits pas » et des évolutions progressives qui propulseront un jour les avions de Marcel à Mach 2[1] ! La méthode Bloch ne variera plus : ce sera toujours le changement dans la continuité, l'adaptation en fonction des sauts technologiques rendus possibles par les avancées des trente premières années du siècle.

« Chez nous, quand on a réussi un prototype, on ne le bouleverse pas, on le peaufine par touches successives », aimait à répéter le futur Marcel Dassault.

Puis les projets se bousculent. La dynamique engendrée par le Plan I et la nouvelle politique s'amplifie. Bloch l'accompagne. Il propose le MB 200, bimoteur métallique, avion de bombardement capable de transporter une tonne de bombes à 1 000 kilomètres, à 285 kilomètres/heure. Les essais en vol sont concluants : le jeune avionneur a séduit le ministère qui lui passe une première commande de 30 appareils. Il est incapable de les construire seul dans l'usine trop exiguë de Courbevoie. Potez, là-haut dans la Somme, à Méaulte, fabrique un avion concurrent. Pourquoi ne pas retravailler ensemble ? Potez accepte. Chacun pense tirer au mieux profit de cette nouvelle collaboration.

Depuis leur séparation en 1917, l'entreprise de l'ex-associé de Bloch connaît une expansion continue. L'usine de Méaulte construit de nombreux modèles. La série des Potez

1. Mach : rapport de la vitesse d'un mobile (projectile ou avion) à celle du son dans l'atmosphère où il se déplace.

a débuté par le Potez VII et le Potez VIII, surnommé « le Zizi », qui avait alors enregistré ses trente premières commandes. L'usine compte alors près de 3 500 salariés que le patron recrute et forme sur place – « les arracheurs de betteraves formaient un esprit de corps ahurissant[1] ».

Dans la Somme, on a ensuite construit l'illustre Potez 25, biplan monomoteur d'observation. L'avion s'est posé dans toutes les capitales européennes, les deux pilotes, Arrachat et Carrotaux, se relayant aux commandes pour parcourir en 65 heures près de 7 400 kilomètres[2]. En tant que conseiller régional en Picardie, il m'est arrivé plusieurs fois de me rendre à Méaulte, sur les traces émouvantes d'Henri Potez qui fut maire d'Albert, commune importante située près de sa ville natale. Les bâtiments de son usine appartiennent aujourd'hui à EADS[3] et sont utilisés pour fabriquer le « nez » d'Airbus.

Aux temps de l'entente scellée entre les deux avionneurs, 26 appareils seront fabriqués dans la Somme, et 4 à Courbevoie. Mais voici une nouvelle commande de l'armée de l'air : 188 appareils. Cette fois, le défi est considérable. Les délais de livraison (qui ne seront pas respectés) imposent de se réorganiser. Potez et Bloch décident de créer la Société aéronautique du Sud-Ouest (la SASO) en rachetant à son prix les actifs de deux sociétés mori-

1. Henri Potez, *op. cit.*

2. Le « Zizi » fut l'avion le plus construit entre 1919 et 1939. « Il fut vendu à plus de 7 000 exemplaires dans le monde entier, et l'usine de Méaulte employa, entre 1931 et 1932, 3 200 ouvriers : c'était de loin la plus importante usine aéronautique du monde. » (*Albert et ses environs*, par Jean-Michel Declercq, Mémoires en image.)

3. Ces usines appartenant à l'Aérospatiale sont intégrées aujourd'hui dans le géant européen de l'aéronautique EADS (European Aeronautic Defence and Space Company).

bondes. Puis, persuadés des bienfaits de la concentration verticale, ils prennent la majorité dans la Société des moteurs de Lorraine. Antagonistes à bien des égards, concurrents dans leurs projets respectifs, ils vont néanmoins se compléter admirablement, par exemple dans l'action commerciale. L'un, Henri Potez, personnalité pleine d'une autorité courtoise et directe, bouscule cordialement les chefs de bureau dans les ministères ; l'autre, Marcel Bloch, l'ingénieur timide, subtil et téméraire, parle peu, pas très bien, et s'abrite volontiers derrière son associé qui a préparé le terrain. Ensuite, lui, Bloch, concède les compromis et signe les contrats.

Un an auparavant, la Société générale d'aviation, créée plus tôt sous l'égide de Laurent-Eynac pour concentrer l'industrie, a connu de graves difficultés. Sa trop forte dépendance vis-à-vis de la Banque nationale de crédit l'a mise en danger. La banque d'affaires a trop prêté et n'a pu résister aux faillites en chaîne d'importants clients comme le Comptoir Lyon-Allemand et la Banque Bauer-Marchal. Après le scandale de l'Aéropostale[1], l'État, comptable des fonds publics mal utilisés, ne s'oppose pas au démembrement de la SGA : Henri Potez accepte de reprendre à prix « très concurrentiel » 5 000 actions de la société, et Marcel Bloch suit son ami.

---

1. L'Aéropostale est l'illustre compagnie des hommes de la « Ligne », dont Mermoz fut l'une des figures emblématiques et René Couzinet, ingénieur polytechnicien, le fondateur, concepteur du fameux avion l'Arc-en-ciel. La compagnie était tombée en déconfiture et les procédures judiciaires avaient été suivies par Pierre Cot pour le compte du ministère.

Les deux hommes se livrent alors avec talent à leur première opération de meccano industriel et deviennent, en cette année 1934, les propriétaires du plus important groupe français de construction aéronautique[1]. L'homme fort du tandem est Potez : président du Syndicat de l'aéronautique, il anime le comité d'organisation le 24 septembre 1934.

Marcel Bloch, lui, est l'homme du marketing. Il a compris l'importance d'une « stratégie de communication ». Présentée dans *Les Ailes*[2], sa publicité pour son trimoteur postal ou pour son avion sanitaire (survolant fièrement les populations de Madagascar ou des terres africaines à l'occasion de missions humanitaires) a fait sensation. Pour le Salon, il s'accorde avec Henri Potez (ils installent leurs stands l'un à côté de l'autre) pour présenter grandeur nature, à l'entrée de l'exposition, à l'emplacement réservé à l'armée de l'air, le Bloch 200 dont on dit grand bien – comme on dit déjà grand bien des Bloch 210, les « citadelles volantes ».

Le Salon est inauguré par le président de la République, Albert Lebrun, le nouveau ministre de l'Air, le général Denain, et tout ce que l'armée de l'air et l'aviation comptent de personnalités. L'heure de gloire a sonné pour Marcel Bloch. Celle qui précède la montée des difficultés, des rivalités et les attaques de l'extrême droite...

---

1. Voir en annexe l'importance de ce groupe.
2. Journal des constructeurs aéronautiques avant la guerre.

Le bombardier de nuit, le MB 200, baptisé « l'Oiseau de nuit », a les faveurs de l'état-major et figure dans les commandes du Plan I. Sa présentation au fuselage plus long et au rayon d'action plus large (1 100 kilomètres au lieu de 1 000) est adapté en hydravion et prolonge la gamme. Les essais effectués à Marignane par le jeune ingénieur Bention Grebelsky, qui travaille depuis quelque temps avec les frères Déplante, se révèlent concluants. L'armée de l'air et la marine, séduites, commandent 298 appareils ! Air France n'est pas en reste et commande une version civile, le Bloch 220[1], qui transportera 18 passagers. Réussite éclatante : ce véritable précurseur des avions de ligne moderne sera exploité par Air France jusqu'en 1946 ! C'est à bord d'un MB 220, dernier fleuron de l'industrie aéronautique française, que Daladier s'envolera pour aller signer les accords de Munich en croyant impressionner Hitler…

Léon Blum, un des héros de la famille Bloch, faisait figure de rassembleur de la gauche après le rapprochement du Parti communiste et de la SFIO qui avait suivi les émeutes de février 1934. Il était devenu la cible préférée des journaux d'extrême droite antisémites. Charles Maurras voyait en lui un « homme à fusiller dans le dos ». Joignant les actes à la parole, quelques excités d'Action française commirent le

1. Un autre avion de transport, le Bloch 300, aménagé pour 30 passagers, effectue son premier vol le 16 novembre 1935. Il est évincé du marché du transport aérien par son concurrent, le D 338, et sera livré par des voies détournées aux républicains espagnols, tout comme son autre concurrent, le Breguet, construit la même année par Michel Wibaut.

13 février 1936, au lendemain de la publication du Programme du Rassemblement populaire, une odieuse agression contre lui, le blessant grièvement à la tête[1]. Le leader socialiste allait mettre de longues semaines à se rétablir. À peine sur pied, il mena campagne tambour battant et, le 3 mai 1936, remporta amplement le second tour des élections législatives[2].

On chante, on danse dans les rues, sur les chantiers, dans les usines occupées. Après Breguet aéronautique, les usines de Bloch et Potez sont à leur tour occupées.

Les négociations s'engagent. Marcel Bloch se rend sur place à l'usine « chez les 700 » de Courbevoie, accompagné de Germain Bloch, ami d'enfance du square de la Trinité, l'homme de confiance qui assure toutes les tâches administratives ; un accord est signé avec Ledru et les syndicats unifiés. Il accepte de payer les jours de grève[3].

Le 7 juin, les accords de Matignon, signés entre le patronat, les syndicats et le gouvernement, prévoient de substantielles augmentations de salaire. Trois projets de

1. Son chauffeur s'était engagé par inadvertance boulevard Saint-Germain où une assistance nombreuse se rassemblait pour suivre en cortège l'enterrement de l'historien et publiciste d'extrême droite Jacques Bainville. La foule attend là le corbillard et l'on distingue parmi elle les jeunes Camelots du Roy. Reconnu à l'arrière de la voiture, celui que Maurras et Léon Daudet exhortent « à fusiller dans le dos » ou à « égorger avec un couteau de cuisine » est à portée de main : « À mort le Juif ! »

2. 376 élus pour le Front populaire (147 sièges pour les socialistes, 157 pour les radicaux-socialistes et divers républicains socialistes, 72 pour les communistes). La droite conserve 220 sièges.

3. Les syndicats chez Bloch avaient déjà réalisé leur unité, anticipant sur la réunification de la CGT qui interviendra à son Congrès de Toulouse après 14 années de division. Cf. Pierre Assouline, *op. cit.*

loi sont déposés le 11 juin 1936, instituant pour tous les salariés les congés payés[1], la semaine de 40 heures et l'élaboration de conventions collectives.

Pour le socialiste que je suis, les images du Front populaire sont aussi vivantes et émouvantes que si je les avais vécues. Je suis capable de disserter sur la distinction que faisait Léon Blum entre l'« exercice du pouvoir » et la « conquête du pouvoir ». Sur son évaluation du « possible », sur son respect pointilleux du contrat qui impose d'engager des réformes mais contraint de gérer « honnêtement » la société capitaliste si l'on n'est pas à même, à l'issue d'une prise du pouvoir démocratique, d'en changer les règles et de permettre l'avènement d'une société socialiste.

Ma plume retrouve ici ses réflexes des années 70, quand, au côté de François Mitterrand et de mes amis socialistes, nous sentions la victoire au bout du chemin. Nous pensions alors souvent à Léon Blum. Nous eûmes tout loisir de reprendre les réflexions du grand ancien en 1981, en 1988, en 1995, puis en 1997. Confrontés aux réalités, nous dûmes mieux jauger le poids du réel et réaffirmer le choix d'un socialisme plus réformiste que révolutionnaire...

Cette longue digression pour dire que j'étais alors convaincu que je me battais dans l'Oise contre un homme, Marcel Dassault, qui était et avait toujours été aux antipodes de mes convictions, celles aussi du Front populaire, de Léon Blum, du Parti socialiste et de François Mitterrand. C'est dire à quel point je fus stupéfait, en

1. C'est ainsi que les billets de congés payés, créés le 3 août 1936, permettront à 600 000 salariés de partir pour la première fois en vacances.

avançant dans mes recherches, de découvrir que l'avionneur, le député, l'adversaire emblématique des socialistes dans l'Oise avait été un admirateur de Léon Blum – « un homme foncièrement bon[1] » –, qu'il avait été inscrit au Parti radical-socialiste, qu'il avait été proche de Pierre Cot – le « galopin sanglant », l'homme le plus redouté et le plus haï par la droite des années d'avant guerre – et même, nous le verrons ultérieurement, qu'il avait livré des avions aux républicains espagnols en 1937 !...

Il est vrai qu'un avionneur dont le client exclusif est l'État peut difficilement être en opposition frontale avec les responsables de cet État. Me revient ici cet article de *Libération* publié à la mort de mon « adversaire » : « Pendant plus de cinquante ans, Marcel Dassault fut toujours "en phase" : successivement radical-socialiste sous Pierre Cot, RPF, UNR et RPR sous de Gaulle et ses héritiers. Tout cela avec sourire, bonhomie, sans doute un brin de cynisme, mais jamais sans talent ni probablement une certaine sincérité... » Légitimiste par nécessité ? Il fallait néanmoins un certain courage à un industriel pour l'être en 1936-37...

Marcel Bloch partage donc avec Henri Potez[2] des préoccupations sociales. Ensemble ils approuvent le

1. Qualificatif donné à de nombreuses reprises par Marcel Dassault et repris dans l'article de Pierre Bénichou « Comment Marcel Dassault s'est payé le siècle » dans *Le Nouvel Observateur* du 26 avril 1986.

2. Henri Potez revendique les importantes avancées sociales qu'il accorde au cours de la même période : « En 36, nous avons fait les accords Matignon trois mois avant, et j'ai fait élire des délégués syndicaux ; le délégué CGT a demandé que ce soit moi qui lise l'accord. Ce fut ma plus belle époque de commandement », confie-t-il dans son interview au SHAA en 1977.

programme du Front populaire, la loi sur les 40 heures, les nationalisations. Mais Potez, qui représente la profession, pèse de tout son poids pour obtenir des conditions d'application favorables à leur secteur d'activité.

Le tranquille optimisme avec lequel Bloch et Potez accueillent le gouvernement de Front populaire résulte aussi du retour de Pierre Cot au ministère de l'Air. Ils se souviennent l'un et l'autre de sa volonté, déjà très affirmée à l'époque, de changer les mentalités et les équipes. Ils savent aussi la considération professionnelle que le ministre leur porte.

Cot, qui trouve l'ancienne génération d'avionneurs « frileuse et cupide », mise en effet sur les jeunes capitaines d'industrie, notamment sur Marcel Bloch et Henri Potez : « Une seule grande force montante se révéla dans les années 1933-37, devant Dewoitine, instrument de volontés qui les dépassaient : l'association Bloch-Potez. Tous deux devinrent les partenaires et les conseillers des ministres, des chefs d'état-major[1]. » Le ministre entend réparer ce qu'il considère comme la double erreur du général Denain[2] : « La commande pour trois, puis deux ans de 1 343 avions à une industrie que Pierre Cot estime mal préparée, mal organisée, mal outillée[3] », d'une part ; le manque de courage de l'état-major de l'armée de l'air, d'autre part. En effet, l'EMAA « n'a pas ressenti la nécessité de définir de nouveaux besoins de l'armée de l'air en matériel,

---

1. E. Chadeau, *op. cit.*

2. Thierry Vivier, *La Politique aéronautique militaire de la France de janvier 1933 à septembre 1939*, éd. L'Harmattan.

3. *Ibid.*

autrement dit n'a prévu aucun modèle d'avions et de moteurs ».

Cot renouvelle l'état-major et limoge le général Denain avec qui il entretenait pourtant des relations amicales. Il décide alors de mener tambour battant les nationalisations. Il entend garder les mains libres et agir avec pragmatisme et efficacité. Il s'appuie sur son directeur de cabinet, Jean Moulin, sur Louis Joxe, jeune conseiller d'État, et sur Fernand Hederer, contrôleur général de l'air.

Bloch et Potez sont les plus fervents partisans des nationalisations. Potez, patron de la profession et qui a l'oreille du ministre, explique à qui veut l'entendre que les nationalisations « affranchissent les inventeurs de la tutelle des groupes ».

Le contrôleur général de l'air Hederer, chargé par Pierre Cot et Jean Moulin de conduire les négociations dans le but de créer cinq sociétés nationales décentralisées, a six mois pour s'entendre avec les constructeurs[1]. Bloch se fait tirer l'oreille, alors que son associé Potez se montre plus rapide et plus avisé dans les négociations : « Oui, j'accepte les évaluations de vos experts sur mes usines, mais je veux être payé tout de suite », déclare-t-il, persuadé d'une dévaluation imminente. Pierre Cot donne son aval. Un chèque de 31 millions de francs est remis à Henri Potez[2]. Le 27 septembre, le franc est dévalué.

1. Les cinq sociétés nationales de construction aéronautique créées seront réparties dans autant de secteurs géographiques : ce seront la SNCE, la SNCAN, la SNCAO, la SNCASO, la SNCASE.

2. Pour se procurer cette somme importante, Pierre Cot devra emprunter au directeur de la Caisse des dépôts et consignations une avance sur son prochain exercice budgétaire.

Marcel Bloch n'est pas content, mais accepte finalement les évaluations du ministère et reçoit un chèque de 27 millions de francs[1] pour ses usines. De quoi acheter un prestigieux siège social sur les Champs-Élysées (vendu par Air France), un bel immeuble au 40, avenue Kléber, avec Henri Potez, et des terrains à Saint-Cloud pour une future usine.

Deux mois plus tard, le 16 décembre 1936, le père de l'hélice Éclair fonde une nouvelle entreprise : la Société des avions Marcel Bloch, dont le siège s'installe à Châteauroux. La société est autorisée à fabriquer des cellules[2] à l'intention des entreprises nationalisées. L'avionneur pourra en outre poursuivre son activité industrielle en dehors de toute fabrication de matériel de guerre, et conserver un bureau d'études privé. Marcel Bloch est de surcroît nommé administrateur de la Société nationale de construction aéronautique du Sud-Ouest (SNCASO).

Pour les constructeurs et notamment pour Marcel Bloch, les nationalisations furent une « affaire en or », comme l'explique le spécialiste Emmanuel Chadeau : « C'étaient à la fois des industriels actifs, poussant leurs bureaux d'études et leurs usines, mais aussi des esprits avisés sachant utiliser avec un art consommé les contradictions et les hésitations de leurs partenaires pour étendre leur influence et leur puissance ; la nationalisation fut pour eux une affaire en or. [...] Ayant racheté des usines plus

1. Soit 111 millions de francs 2001 ou 17 millions d'euros pour Potez, et 80 millions de francs ou 12,3 millions d'euros pour Bloch.

2. Ensemble des surfaces portantes d'un appareil volant.

ou moins bancales, ils les firent exproprier ou les louèrent aux nationales que Cot leur confia libéralement. En incluant la “nationalisation” si particulière de SMAL[1], ils perçurent 61 % des indemnités versées par l'État, un résultat remarquable. Ils restèrent à la tête des entités expropriées, ils y associèrent leurs propres affaires et les agrandirent des dépouilles de leurs concurrents[2]. »

Paradoxalement, l'État trouve aussi son compte dans cette affaire. D'abord parce qu'il peut mener à bien une restructuration industrielle de grande ampleur. Ensuite parce que celle-ci est en partie financée par la dévaluation.

Une fois les nationalisations réalisées, Pierre Cot se montre encore très généreux à l'égard des constructeurs qui jouent le jeu dans le développement des prototypes mais aussi dans sa politique clandestine d'aide aux républicains espagnols. En sus de la vente directe de leurs prototypes à l'État, Bloch et Potez perçoivent ainsi de substantielles royalties.

Marcel Bloch est donc devenu grâce à Pierre Cot un avionneur riche. Ses avions méritaient-ils de telles largesses ? Si son fleuron, l'avion de transport MB 220, préfiguration des avions de ligne, tient ses promesses, les Bloch 200 et 210 n'ont pas la même chance : plusieurs pannes de moteur au décollage endeuillent l'aviation militaire. Une enquête lancée sur plainte de l'état-major de l'armée de l'air établit la preuve de la défection des moteurs : insuffisance des essais à la réception, grippage des pistons d'un grand nombre d'entre eux, et surtout carence des deux moteurs Gnome et Rhône.

1. Société des moteurs et automobiles lorrains.
2. Emmanuel Chadeau, *op. cit.*

Pour équiper des avions métalliques très alourdis, ils auraient dû atteindre 1 000 CV chacun ; ils n'en déploient en réalité que 600. La perte de vitesse au décollage est alors souvent inévitable, et ses conséquences tragiques. À cela s'ajoutent des capots-moteurs mal conçus qui ne permettent pas un refroidissement satisfaisant. Les moteurs « grillent » pendant la montée. De nouveaux moteurs équiperont ces avions en 1937, mais la réputation des Bloch est alors largement compromise. Le général Villemain ne livrera les résultats définitifs de l'enquête que le 15 juillet 1938, lors d'une séance du Comité du matériel. Si notre avionneur est totalement mis hors de cause, la responsabilité des constructeurs de moteurs est clairement établie.

Marcel Bloch est devenu – avec Pierre Cot – l'une des têtes de turc favorites de la presse d'extrême droite aux yeux de laquelle il est le « Juif Bloch ». Si les pamphlétaires reviennent constamment et instamment sur ses « cercueils volants » et sur l'argent qu'il a touché et continue de toucher du ministère de l'Air, ils ont des raisons plus graves de lui en vouloir : Marcel Bloch s'est en effet engagé complètement aux côtés de Pierre Cot et Jean Moulin dans l'aide clandestine aux républicains espagnols, alors que la droite et l'extrême droite soutiennent plus ou moins activement les généraux putschistes à la tête desquels émerge rapidement le général Francisco Franco. Il partage l'analyse de Jean Moulin selon qui la victoire de Franco serait une catastrophe pour la démocratie en venant parachever en Europe celles de Hitler et de Mussolini : « Si les pays démocratiques et nous-mêmes ne portons pas secours aux républicains espagnols, ils ne tarderont pas à être écrasés. Les dictateurs, grisés par ce succès, poursuivront de plus belle leur politique d'agression, Hitler surtout. Il s'attaquera à l'Autriche, à la Pologne, à la Tchécoslovaquie, et ce sera à notre tour d'être menacés », écrit-il alors à son ami le D^r^ Mans.

Tous les observateurs savent parfaitement que, de Rome et Berlin, les deux dictateurs encouragent les putschistes en leur livrant des armes. Avant même que le gouvernement Blum ne prenne officiellement position sur le coup d'État du 18 juillet 1936, Marcel Bloch accepte de livrer clandestinement des avions au camp républicain[1]. La mort dans l'âme, Léon Blum, sous la pression de l'Angleterre et d'une virulente campagne de presse, accepte en revanche de signer, le 8 août, le pacte de non-intervention dans la guerre civile espagnole. Mais, derrière ce paravent officiel, deux hommes sont chargés par le même Blum de mettre au point ce qui sera appelé pudiquement la « non-intervention relâchée » : Gaston Cusin, un douanier CGT du cabinet de Vincent Auriol, et Jean Moulin, chef de cabinet de Pierre Cot, ont mission d'organiser la plus incroyable opération de contrebande soutenue par un appareil d'État. Une opération qui va agréger tous ceux qu'on appelait alors les « antifascistes ».

1. In *Arms for Spain*, de Gerald Howson, John Murray, Londres, 1998 : « En France, pour les achats d'avions, c'était le colonel Pastor ainsi que Godillot, un mécanicien d'aviation proche de Dutilleul, c'était Cottaropoulos à Marseille, également armateur, affrétant des navires pour France-Navigation, qui vendait des avions hollandais Fokker et des bombardiers français Amiot par l'entremise de sa société Sud-Maritime. Klaguinc, marchand international d'artillerie, Grimard à Liège pour les balles, la société suisse Oerlikon pour les mitrailleuses et les canons antiaériens, Zeiss Ikon, d'Iéna, pour le matériel d'optique et de pointage, les poudreries grecques ainsi que les constructeurs d'avions français que Dutilleul allait directement solliciter, dont un certain Marcel Bloch, plus connu après la guerre sous le nom de Dassault.»

Cusin et Moulin travaillent dès lors avec des agents soviétiques, des membres du Komintern, des communistes français, des « Rouges » espagnols, mais aussi avec des socialistes belges et avec des fonctionnaires français, triés sur le volet, notamment des douaniers. Un troisième homme, Frédéric Manhès, de retour d'Espagne, devient l'ami de Jean Moulin et rejoint l'équipe de Pierre Cot. Nous le retrouverons pendant la guerre.

Des journalistes du *Figaro*, de *L'Écho de Paris*, de l'*Action française* et d'autres journaux de droite et d'extrême droite vont tenter de traquer les mouvements clandestins mis sur pied par ces hommes qu'ils abhorrent. Ils ne réussiront cependant jamais à connaître l'important maillage déployé par Moulin et Cusin, où l'on peut néanmoins retrouver la trace de Marcel Bloch.

Faisait-il partie de la plus vaste organisation antifasciste de l'avant-guerre, le Rassemblement universel pour la Paix (RUP) dont le coprésident est Pierre Cot et le secrétaire général Louis Dolivet, agent du Komintern devenu un proche de Cot et Cusin ? Le RUP, créé à l'initiative de Moscou, a d'abord milité contre l'agression de Mussolini en Éthiopie, avant de s'engager contre les fascistes espagnols. Un certain Bloch était en tout cas membre de la commission des aviateurs présidée par Jean Moulin, à côté notamment de Joseph Sadi-Lecointe et Lucien Boussoutrot. Son engagement antifasciste est tel que, dans le cadre de la livraison d'avions aux républicains espagnols, il n'a aucun scrupule à négocier avec Émile Dutilleul, le trésorier du Parti communiste français[1].

1. Cf. *Les Brigades de la mer*, de Dominique Grisoni et Gilles Hertzog, Grasset, 1979 et *Arms for Spain*, *op. cit.*

Il est manifeste qu'une des raisons de l'estime réciproque qui existe entre le chef syndicaliste Ledru et son patron est leur commun engagement antifasciste. À l'usine de Courbevoie, les ouvriers travaillent une demi-heure par jour pour les républicains espagnols. Paul Nothomb, l'aviateur de la brigade *España* et ami d'André Malraux, publie une photo dans son livre : « Merci Bloch, merci aux ouvriers de chez Bloch pour les pièces de rechange. » La presse en eut connaissance[1]. Pas étonnant, donc, que *Gringoire* crie à la trahison à propos des livraisons aux « Rouges » espagnols de bombardiers MB 210 par les usines Bloch. L'avionneur paiera cet engagement au prix fort...

C'est dans cette période troublée mais exaltante que Marcel Bloch rencontre un homme dont le patronyme sera beaucoup cité à son propos une trentaine d'années plus tard : Chirac. Après les nationalisations, Bloch et Potez se retrouvent d'un seul coup à la tête de coquettes sommes d'argent. Les placer, mais où ? Les deux avionneurs ont confiance en François Chirac, directeur de la succursale de la BNCI de l'avenue Victor-Hugo, leur banquier et presque ami.

François Chirac est le fils d'un instituteur radical-socialiste et franc-maçon de Corrèze. À force de travail, il est devenu employé de banque, puis fondé de pouvoir, enfin directeur de succursale d'une importante agence située dans les beaux quartiers. Il suggère aux deux avionneurs de fonder leur propre banque. Ainsi naît la Banque commerciale de Paris. François Chirac est également nommé administrateur du groupe Bloch & Potez, ainsi que d'une entreprise

---

1. « Maréchal pose ici devant l'un de nos bimoteurs Bloch, appareils très modernes, mais pas faciles à réparer quand ils reviennent du combat en piteux état », tiré de *Malraux en Espagne*, Paul Nothomb, p. 87, Phébus, 1999.

d'Henri Potez qu'il dirigera pendant trente-deux ans, jusqu'à sa mort en 1968.

Les Potez, Bloch et Chirac sont désormais liés dans la vie comme en affaires. Les trois familles se retrouvent régulièrement au Rayol, dans le Var, où Potez a fait l'acquisition d'une belle maison. Proches du Front populaire, elles se rallieront à de Gaulle pendant la guerre.

Marcel Bloch, devenu Dassault, racontera une anecdote sur un certain Jacques Chirac, rencontré à Vichy à la toute fin des années 30 : « J'étais en cure à Vichy avec ma femme. Un jour, en nous promenant, nous rencontrons les Chirac à la terrasse d'un café. Avec son fils, on regardait passer les voitures pendant que les adultes parlaient entre eux de choses importantes. Il me disait : “Ça, c'est une Citroën ; ça, c'est une Renault.” Il ne se trompait jamais. Alors j'ai voulu le mettre à l'épreuve. À cette époque, j'avais une grande voiture assez rare, et j'étais sûr qu'il ne pourrait pas m'en donner le nom. Je l'ai donc conduit jusqu'à mon automobile et il s'est écrié : “Monsieur, c'est une Graham Paig !” J'avoue que j'ai été très étonné. On est entré dans un magasin de jouets et nous l'avons dévalisé[1]. »

Des liens forts vont se tisser entre Marcel Bloch et celui qui attendra, au cours de l'année 1945, au Rayol, le retour du déporté de Buchenwald élevé à la dimension d'un mythe par son entourage. Pour Jacques Chirac, « l'histoire de France ne commence pas aux Gaulois ni même à de

1. Anecdote racontée par Marcel Dassault et rapportée par Franz-Olivier Giesbert dans sa biographie de Jacques Chirac, Le Seuil, 1987.

Gaulle en 1940, mais à Marcel Dassault[1] ». C'est que, dans les années noires, le petit Jacques, « élevé comme un sauvage » au Rayol où les familles Potez et Dassault l'avaient accueilli avec sa mère, vivait là dans le culte du héros.

Dassault veillera sur le jeune Chirac avec affection et jouera plus tard un grand rôle dans l'orientation de son destin. Jacques n'a pas seulement reçu de Marcel le beau train électrique de son enfance, comme dit la légende, mais les conseils et les ouvertures qui guideront ses premiers pas en politique.

---

1. Henry Deligny, *La Fringale du pouvoir*, éditions A. Moreau.

## CHAPITRE IV

# « L'homme aux semelles de crêpe » dans l'œil du cyclone

La situation privilégiée de Bloch et Potez prend fin quand Pierre Cot quitte définitivement le ministère de l'Air, le 14 janvier 1938. Guy La Chambre le remplace boulevard Victor. Après les campagnes indignées de la droite et de l'extrême droite contre les deux avionneurs, l'heure est maintenant aux règlements de comptes, alors que la situation internationale s'est aggravée : Hitler se fait de plus en plus menaçant, avec notamment une capacité de production aéronautique qui progresse dangereusement.

Courtois, austère et passionné, fin politique, Guy La Chambre appartient à une riche famille d'armateurs malouins. De notoriété publique, il fait partie de ceux qui acceptent fort mal les conditions économiques très – trop – favorables qui ont été faites aux deux avionneurs. Bloch et Potez sont devenus administrateurs et dirigeants de « leurs » entreprises nationalisées ; leurs bureaux d'études sont restés privés ; ils ont créé une nouvelle société financée avec les capitaux provenant de la nationalisation. L'État leur verse également, sur leurs prototypes, des redevances considérées comme exorbitantes. Ces « facilités » accordées par Pierre Cot aux deux avionneurs par souci de réalisme industriel, d'émulation et d'efficacité avaient néanmoins été assorties de deux précautions : la nomination dans les entreprises d'État d'un administrateur délégué en la personne d'Henry de L'Escaille, connu pour son grand professionnalisme, et la présence d'inspecteurs des finances au sein des conseils d'administration. Mais ces mesures n'ont pas suffi à apaiser suspicions et critiques.

Le remplacement des équipes en fonction au ministère de l'Air depuis plusieurs années, jusque-là acquises au Front populaire, vont les exacerber. Guy La Chambre arrive en effet au ministère avec des fonctionnaires qui ont naguère été « épurés » par l'équipe de Cot, des anciens du 6 février 1934 et des militants antisocialistes. Certaines de ces « anciennes nouvelles » têtes sont de surcroît antisémites.

Hitler annexe l'Autriche le 12 mars 1938.

L'écart ne cesse de se creuser dangereusement entre les forces aériennes françaises et allemandes. La production mensuelle est de 300 appareils pour les Allemands, de 175 pour les Britanniques, de seulement 40 pour les Français. Pour contrer un maréchal Goering qui règne depuis cinq ans sur la Luftwaffe, il y a urgence à construire un avion aussi performant que le fameux Messerschmitt[1], puis à le produire en grande quantité.

1. L'Allemagne n'avait pas encore créé de véritable industrie aéronautique militaire, interdite par le traité de Versailles. Ce n'est qu'à partir de 1935 que les infrastructures furent mises en œuvre, le budget militaire multiplié par trois sur trois ans, rattrapant ainsi les budgets à peu

Le 15 mars, Guy La Chambre lance le Plan V, qui a été préparé par son prédécesseur. L'objectif est de construire en trois ans 4 739 avions, dont 940 chasseurs, pour rétablir l'équilibre des forces avec la chasse de Goering. Plus de 4 milliards de francs sont investis l'année même, chiffre sans précédent.

Le nouveau ministre de l'Air agit désormais sous les yeux vigilants des parlementaires, en particulier de la commission de l'Air du Sénat présidée par Paul Bénazet, au sein de laquelle l'ancien ministre Laurent-Eynac se montre très actif. Les deux hommes ont Marcel Bloch dans le collimateur et rencontrent Guy La Chambre le 16 mai 1938. Le ministre convient volontiers des retards importants intervenus dans la construction des avions de guerre et des difficultés causées par la pénurie de livraison des moteurs et des hélices. Il convient aussi de la médiocre qualité des alliages légers.

Le ministre, soupçonneux, se montre préoccupé d'avoir à composer avec Bloch. Devant ses interlocuteurs, il critique l'homme et ses comportements : « Il suit essentiellement une logique d'affaires, et privilégie les prototypes sur lesquels il touche les droits de licence les plus fructueux. Il a la réputation de freiner la production pour faire monter les prix. »

---

près équivalents de la France et de la Grande-Bretagne. Les avions construits jusqu'alors en « aéronautique marchande » étaient aisément transformables « en aéronautique militaire ». C'est ainsi qu'étaient nés le Junkers JU 52, le Heinkel He-70, le Dornier Do-F, aux redoutables performances. Mais le lancement d'une véritable politique d'aéronautique militaire sous l'impulsion de Goering ne semble pas avoir commencé avant l'année 1935, celle de la fabrication en série du Messerschmitt.

La commission de l'Air du Sénat préconise alors de financer davantage l'effort de guerre et reproche solennellement aux administrations et aux constructeurs de sous-estimer le danger. Elle entend mieux les cerner, déterminer davantage les responsabilités et, s'il le faut, décider de sanctions, imposer de rationaliser les méthodes d'évaluation et se donner les moyens d'investigation nécessaires. La commission des finances du Sénat est sur la même ligne. Son président depuis 1932, Joseph Caillaux (père de l'impôt sur le revenu), impose la création d'une nouvelle instance, la sous-commission de contrôle des travaux et fabrications du ministère de l'Air, dont l'objet est clair : « Contrôler la passation des marchés, la clarté des processus de production, lutter contre l'affairisme. » Les usines aéronautiques sont ainsi placées sous haute surveillance.

Guy La Chambre n'est pas en reste. Il s'attaque de front au principe du cumul des responsabilités et à celui des redevances, auxquels il s'est opposé dès son arrivée.

Les commissions d'enquête sur les constructeurs et leurs usines concernés par la défense nationale prolifèrent. Les sites industriels de Bloch, Potez, Dewoitine, Morane, Lieuré sont inspectés. Les interrogations les plus nombreuses, les critiques les plus vives se concentrent sur Potez et surtout sur Bloch, les deux entrepreneurs les plus importants. Le 20 décembre 1938, Lucien Lamoureux, député de l'Allier, adresse au ministre de la Guerre un véritable réquisitoire visant l'usine Bloch de Courbevoie.

En janvier 1939, l'état-major charge également un officier mécanicien, le capitaine Testas, d'inspecter les usines de Courbevoie, Suresnes, Villacoublay et celle de la SNCASO. Le capitaine-inspecteur reproche à Marcel

Bloch de faire travailler l'usine nationalisée à la mise au point d'un de ses prototypes, au détriment des commandes publiques. Il dénonce la crise d'autorité de la maîtrise, donc celle de Bloch. Il stigmatise les lenteurs de la production, le climat d'indolence, la démobilisation des ouvriers sur qui pèse le soupçon de sabotage : « Certains éléments troubles du personnel ont organisé cette usine en un modèle de résistance passive à la production... Au cours de ma visite dans les bureaux des délégués, le 3 janvier 1939 à 16 heures 30, en compagnie de M. Simon, directeur de l'usine, nous avons trouvé dans ces locaux deux délégués techniciens, MM. Servanty et Lasselot : ils étaient assis et discutaient, ils n'ont daigné ni se déranger ni se lever devant le directeur... Quant à l'autre délégué, M. Ledru, aucune sanction n'a été prise contre lui, bien que ses agissements au cours de la dernière grève aient été portés à la connaissance de M. l'administrateur délégué [c'est-à-dire Marcel Bloch]. »

Quelques semaines plus tard, c'est le même Ledru qui s'en prend violemment à son patron, en des termes fort proches de ceux de Lamoureux, cette fois pour dénigrer les modes de production et la qualité technique de l'usine. Les relations entre Bloch et les syndicats, il est vrai, se sont considérablement dégradées depuis 1936. La CGT critique désormais Bloch alors même que l'administration l'accuse de complicité avec la CGT...

Dans un pareil climat, les gazettes d'extrême droite s'en donnent à cœur joie : « Savez-vous pourquoi Bloch se promène dans les usines d'armement avec cette démarche au ras du sol, traînant les pieds ? Savez-vous pourquoi il porte sous ses chaussures d'épaisses semelles de crêpe ?

Pour mieux récupérer la poussière des alliages de métaux secrets utilisés par ses concurrents dans la construction des nouveaux prototypes[1] ! » Bloch est ainsi devenu « l'homme aux semelles de crêpe[2] ».

Ces violentes attaques contre Marcel Bloch sont-elles en quoi que ce soit justifiées ? La panoplie des Bloch (en projet ou réalisés) s'est considérablement élargie[3] – sans doute trop élargie au goût de certains. L'étude de la plupart des prototypes se situe à cheval sur son ancienne entreprise et la SNCASCO, nouvelle nationalisée dont il est administrateur et à laquelle il confie le soin de parachever le travail. L'un des Bloch, le MB 150, avec son fuselage et surtout son moteur en étoile Gnome et Rhône, est en fait un appareil révolutionnaire. Le Gnome et Rhône y remplace le moteur en ligne Hispano-Suiza qui équipe les Morane. La supériorité de ce moteur et la possibilité d'installer deux canons sur les ailes (au lieu d'un seul avec le moteur en ligne) confèrent au MB 150 une puissance de feu incomparable. Marcel Bloch a trouvé en lui le rival de l'avion de Goering. Du côté français, il est meilleur que le Morane 406 qui a pourtant les préférences de l'administration.

---

1. Rumeur colportée par les journaux d'extrême droite *Gringoire* et *Le Pilori*.

2. Claude Carlier, dans *Marcel Dassault, la légende du siècle*, fait état de ces « ragots sur l'homme aux semelles de crêpe » et apporte, après un entretien avec le professeur Milliez, des informations sur l'hypothermie de Marcel Dassault qui « souffrait depuis son enfance d'une hypothermie chronique, son corps étant à température constante de 36,5 degrés ».

3. La nouvelle gamme comprend les MB 120, MB 130, MB 131, MB 134 et MB 150.

Le MB 150 a accompli son premier vol d'essai à Villacoublay en 1936. Pas vraiment réussi : sa béquille de queue s'est brisée sur la piste au roulage. L'année suivante, André Curvale, le premier et grand pilote d'essai maison, a repris les essais en vol du prototype. Pas encore satisfaisant : sa vitesse était encore insuffisante. En septembre 1937, de nouveaux vols révèlent un avion bien meilleur, mais le directeur des constructions aériennes réitère son refus, quoique de façon beaucoup moins catégorique, la fabrication de l'avion préféré du ministère, le Morane, se trouvant quasiment en panne du fait de la pénurie des moteurs Hispano-Suiza qui l'équipent. Malgré la « mauvaise cote d'amour » du 150 et de son constructeur, le ministre finit par donner son feu vert : le 7 avril 1938, l'administration du boulevard Victor commande 3 appareils et prend une option sur 450 autres, qu'elle confirmera peu après.

Désormais, seul le MB 150 est en France dans la course pour rivaliser avec le Messerschmitt Me 109, qui dépasse les 500 kilomètres-heure.

Malgré les critiques, Bloch semble donc s'imposer par la qualité de ses avions. Ses bureaux d'études travaillent sur deux autres appareils « anti-Goering » : le Bloch 170 et surtout le 174, qui accueille un équipage de trois personnes. Des avions qui, pense-t-il, vont rallier les suffrages et peut-être faire oublier les graves réserves du ministère à son encontre. Au moment où sort le rapport du capitaine Testas, les premiers vols de ces nouveaux prototypes sont prometteurs. Dans *Le Talisman*, Marcel Dassault évoque le 174 comme la réussite en matière d'avions de chasse de l'avant-guerre. C'est le seul dont il parle.

La technique est une chose, la fabrication en est une autre. Marcel Bloch s'est engagé à livrer 300 appareils dans la série des MB 150 avant le 1er avril 1939, et 150 à la fin octobre. Il ne livrera à l'armée de l'air que 162 premiers spécimens à la fin octobre 1939, et le solde après le 10 mai 1940, date de l'offensive générale allemande aux frontières du pays[1].

Quant aux MB 170, 174 et 175 (dont une partie sera équipée de moteurs américains Pratt et Whitney[2]), le ministère commande 526 appareils de ce type le 22 mai 1939. La cadence de production est fixée à 50 exemplaires par mois. Devant la commission du Sénat, le 18 janvier 1940, Guy La Chambre répond à Laurent-Eynac qui s'inquiète : « Nous marchons à fond sur les Breguet et le Bloch 174. Nous arrivons à 20 par mois ! » On est donc loin du compte ! Un rapport de la base aérienne d'Orléans-Bricy, envoyé au général Barnier, à l'état-major de l'armée de l'air, précise : « Cet avion est au point. C'est un très bon appareil

1. Ce seront en réalité 532 MB 150 et 151 qui seront livrés en mai 1940 auxquels s'ajoutent 122 Bloch 174 et 175 (voir Annexe I).

2. « Guy La Chambre suggéra aux sénateurs Laurent-Eynac et Bénazet, au cours d'une réunion de la commission et à la surprise générale, de se tourner vers des productions américaines. Il évoque même un avion précis : le Nieuport 161. "Bloch, Potez et d'autres, réaffirme-t-il, suivent une logique d'affaires ! Ils invoquent la concurrence ! Pourquoi ne pas commander des avions aux Américains ?" Le président du Conseil, Édouard Daladier, reprend l'idée. La mission aux États-Unis sera conduite par Jean Monnet en octobre 1938. Celui-ci passera commande de 550 avions, au lieu des 1 000 projetés par le président du Conseil, au grand dam de la CGT et des constructeurs français, Marcel Bloch en tête. » Commission du matériel du Sénat après l'entretien du 16 mai 1938 avec les sénateurs Laurent-Eynac et Bénazet.

triplace de reconnaissance et de bombardement léger. D'après les déclarations du centre d'essais, la première patrouille de Bloch 174 sera au front d'ici une quinzaine de jours[1] » (soit 122 appareils, le quart de la commande). Ce rapport est daté du… 8 mars 1940 !

Marcel Bloch est-il responsable de ces retards dramatiques pour la défense nationale ? Laissons Emmanuel Chadeau répondre à cette grave question : « De septembre 1938 à mars 1939, en présence d'une forte demande, Potez et Bloch voyaient bien leurs nationales freinées par l'insuffisance des fournitures – en quantité, en qualité – de trains d'atterrissage, hélices ou instruments de vol. Les motoristes se plaignaient de la qualité des métaux et des alliages[2] fournis par quatorze usines différentes. Il fallait ensuite les retravailler longuement, selon des méthodes parfois artisanales qui donnaient des taux de rebut incompatibles avec une production de masse. Il y avait aussi des défauts de mise au point (hélices, trains d'atterrissage) qui devaient être corrigés tardivement, lors du montage[3]. »

Marcel Bloch a tenté de remédier à cette situation en proposant de construire lui-même moteurs et hélices. Il engage ainsi un bras de fer avec le ministère pour fabriquer lui-même les hélices. Il obtient satisfaction moyennant une majoration de prix de 25 %. Puis il obtient

1. Rapport d'inspection à la base d'Orléans-Bricy, le 8 mars 1940. Étaient présents MM. de La Grange, Brasseau et de Kergariou. Archives SHAA.

2. La course aux alliages performants, adaptés aux performances nouvelles explique le lancement de la détestable rumeur de « l'homme aux semelles de crêpe ». Voir *supra*.

3. Emmanuel Chadeau, *op. cit.*

également l'autorisation de fabriquer lui-même ses moteurs dans la Société anonyme des Avions Marcel Bloch, nouvellement créée. Ces victoires aggravent les ressentiments à son endroit.

Au-delà même des cadences de livraison inférieures aux engagements pris, le ministère de l'Air, le 15 janvier 1940, lui reproche la vitesse insuffisante atteinte par le chasseur MB 175 (le cahier des charges exigeait 530 kilomètres-heure). Une sanction financière est décidée.

Une fois de plus, Bloch se défend comme un beau diable. Ce ralentissement, explique-t-il, vient de la traînée exagérée des capots-moteurs fournis par Gnome et Rhône, et ce défaut n'a affecté que les 320 premiers exemplaires, sortis avant novembre 1939. Modifiés depuis lors, ils donnent une vitesse de 520/530 km/h. Mais ces arguments ne convainquent plus les responsables publics de l'aviation militaire.

Par lettre du 16 janvier 1940, Guy La Chambre informe Marcel Bloch de sa décision d'arrêter par ailleurs la fabrication des MB 152 pour les appareils qui n'ont pas encore atteint 50 % de leur construction. Le lendemain, il suspend toutes les redevances dues sur les 150, 151 et 152, sous prétexte qu'ils ne respectent pas les conditions stipulées par les contrats de fabrication. Le ministre n'exclut pas une réclamation de dommages et intérêts par l'État.

Bloch est vraiment dans la tourmente. Il fait l'objet d'une surveillance pointilleuse. Des « bretelles » sont posées sur les combinés téléphoniques qu'il utilise, y compris sur celui de sa maison de campagne à Saint-Aignan, à côté de Blois.

Le samedi 20 janvier 1940 à 19 heures, l'avionneur appelle Germain, secrétaire technique d'Aviation du Sud-Ouest et proche collaborateur, avenue Poincaré à Paris. Germain n'est plus à son bureau, ce qui n'est pas extraordinaire à cette heure tardive et en plein week-end. Bloch obtient finalement Vinsonneau, puis un certain Peronnet. L'état-major, déjà soupçonneux sur les agissements de Marcel Bloch, a de quoi s'interroger sur la signification de deux phrases prononcées entre l'avionneur et ses deux collaborateurs. Celle-ci avec Vinsonneau :

– Question d'essais chasse, essais du 134 : il est convenu qu'après la base, on dira que les bougies sont encrassées et on enlèvera le réchauffage.

Cette autre avec Peronnet :

– Je me suis débrouillé à Bricy ; ils ramènent le 176 à Villacoublay où on fera les modifications : j'espère qu'il n'y aura pas d'esclandre.

Des phrases jugées suffisamment graves pour que, dès le lendemain matin, le président de la commission de contrôle téléphonique de la 5e région, le commandant de Saint-Albin, en informe l'ingénieur en chef Vellay[1], directeur du Centre d'essais du matériel aérien d'Orléans-Bricy. Ce dernier comprend que, le jour suivant, le pilote du Bloch 134 qui doit effectuer à Villacoublay sa « base » – terme technique pour désigner un vol de contrôle destiné à vérifier certains paramètres, mais qui ne peut être effectué

1. Le récit de l'affaire du MB 134 s'inspire du rapport, classé secret, de l'ingénieur en chef Vellay, directeur du Centre d'essais du matériel aérien, daté du 26 janvier 1940, à monsieur le ministre de l'Air, Direction générale technique, archives SHAA.49 SD.

au centre d'essais – prétextera l'encrassage des bougies pour ne pas rejoindre immédiatement Orléans. Vellay avise donc le chef de l'annexe de Villacoublay du scénario établi entre Bloch et Vinsonneau, et lui dicte ses instructions.

Comme prévu, le 22 janvier, le pilote, après avoir effectué sa « base », refuse de conduire l'avion au centre de Bricy :

– Les bougies sont encrassées, objecte-t-il, il faut que je travaille sur l'avion.

– Je suis au courant, mais je vous demande de ramener immédiatement l'avion à Bricy.

L'appareil est aussitôt placé sous surveillance. Nul n'est autorisé à s'en approcher. Le chef de l'annexe de Villacoublay rend compte à Vellay, son patron, de ce qui vient de se passer. Vellay convoque Marcel Bloch qui arrive dans son bureau quelques minutes plus tard (il se trouvait au service technique du centre d'essais). Vellay passe un savon à l'avionneur, puis lui demande la véritable raison de sa mise en scène. Bloch se sent piégé. Il hésite, puis sent qu'il n'a d'autre issue que de dire la vérité. Il avoue donc avoir bien eu l'intention de modifier le réchauffage du carburateur avant le retour de l'avion au centre d'essais de Bricy. Il explique même la nature des modifications qu'il avait projeté de faire effectuer[1].

– Ramenez votre avion à Orléans afin que je puisse juger sur l'appareil des modifications que vous vouliez apporter.

1. Suppression des canalisations d'air chaud à l'intérieur de la manche d'admission.

Le Bloch 134 atterrit quelque temps plus tard à Orléans et est d'emblée très entouré. Deux jours plus tard, Vellay, de retour d'une conférence technique à Paris, fait ouvrir le capot de l'appareil. Surprise : les modifications décrites par Marcel Bloch avaient déjà été effectuées, bien que l'avion, sitôt posé, eût été gardé par des militaires et surveillé par les personnels chargés de la maintenance ! L'affaire met en émoi le ministère de l'Air. Vellay réclame des sanctions immédiates contre Bloch, Vinsonneau, le pilote du Bloch 134 et le chef de champ à Villacoublay. Une enquête est confiée à Ceccaldi, contrôleur général à la direction du contrôle du budget et du contentieux[1]. Même état d'esprit à la commission sénatoriale de l'Air, qui exige des explications.

Le 5 février, Bloch écrit au sénateur Bénazet pour « démentir formellement ces accusations [...]. J'ai donc téléphoné à [...] monsieur Vinsonneau [écrit « Vincenot » dans le rapport d'écoutes] d'avoir à demander l'autorisation de vérifier après la base si les bougies étaient encrassées et de se rendre compte en même temps que les manches à air étaient bien du dernier modèle [...]. Aurais-je dû, au lieu de demander à vérifier les bougies, demander au contraire à faire une modification au réchauffage du carburateur ? C'est certainement ce que j'aurais fait si j'avais été sûr que cette modification soit à faire. Mais, plutôt que de demander à faire une modification sans cause, avant de soulever cette question, n'était-il pas plus simple, à l'occasion de la vérification des bougies, de s'assurer du type de manche à air existant sur l'appareil ? Nous aurions constaté nous-mêmes que l'installation était correcte,

1. Service du contrôle des matériels de guerre.

et le cas se fût réglé sans même avoir été soulevé. Cela me paraissait tout naturel, la vérification des bougies étant faite chaque fois dans un cas analogue, quand un appareil quitte Villacoublay pour entreprendre un tel voyage.

« Devrai-je maintenant, avant de prononcer un ordre, réfléchir si le verbe doit être au présent, au futur ou au conditionnel ? [...] Pas un instant, Monsieur le Président, je n'ignorerai mon devoir au poste où la confiance du ministre m'a placé. Fier de mon avion 134, je continuerai à agir comme par le passé, prêt à prendre tous les risques à ma charge, si cela doit un instant avancer la mise au point d'un appareil ou la livraison d'un avion de série... »

Marcel Bloch croit-il vraiment pouvoir amadouer tous ces gens qui lui en veulent, en avouant ce qu'il considère comme un mensonge véniel ?

Le ministère de l'Air a donc chargé le contrôleur général Ceccaldi de mener une enquête. Celle-ci démarre avec le rapport de l'ingénieur en chef Vellay, qui n'est pas porté à l'indulgence. La direction de la Sûreté nationale du ministère de l'Intérieur a également été mobilisée pour traquer l'avionneur. Le policier chargé de rédiger le rapport ne verse pas dans la tendresse : « Cette fraude consistant en la réalisation, en dehors des règles normales, d'une modification à un appareil en essais [...]. Pratiquement, le résultat de cette fraude est sans intérêt du point de vue technique. Toutefois, étant donné les faits, en particulier que Bloch lui-même s'est mis dans le circuit, la fraude revêt un caractère de gravité exceptionnelle, car elle fait présumer que Bloch est capable de truquer n'importe quoi. »

Ceccaldi remet quant à lui son propre rapport à Guy La Chambre le 9 février 1940. Ses conclusions sont accablantes. Il demande des sanctions immédiates, notamment l'interdiction définitive faite à Marcel Bloch de paraître sur les champs d'essais du ministère de l'Air, car « les fautes établies contre lui ne permettent plus à l'administration de lui conserver la moindre parcelle de confiance ». Ceccaldi recommande également qu'il soit « chassé » de la société nationale qu'il administre : « M. le Ministre peut seul décider s'il y a lieu de l'inviter à démissionner ou s'il convient de demander à l'assemblée générale de prononcer sa déchéance », conclut-il.

La Chambre est pressé de toutes parts de prendre de lourdes sanctions contre Marcel Bloch. Le 9 février, au cours d'une réunion commune des commissions parlementaires de Défense nationale, le ministre de l'Air range Marcel Bloch dans le camp des industriels qui n'ont pas fait « les efforts suffisants ». Puis Guy La Chambre convoque l'avionneur, les 13 et 15 février. Le 13, il lui expose les problèmes posées par la vitesse insuffisante de ses avions et par ses retards de fabrication, puis il parle du rapport d'enquête « désastreux ». Quarante-huit heures plus tard, après avoir reconnu qu'il avait rendu d'« innombrables services » à l'aviation française, avoir souligné son « rôle éminent » et ses « talents exceptionnels d'ingénieur aéronautique », il lui demande de donner sa démission de la SNCASO. Marcel Bloch la lui remet sur-le-champ.

Il n'est pas à la rue pour autant. Ses principaux collaborateurs et lui se consacrent désormais exclusivement à la Société des avions Marcel Bloch. De nombreux prototypes sont à l'étude. Et malgré l'avalanche d'attaques dirigées contre lui, la coopération se poursuit entre sa société et la Société nationale du Sud-Ouest.

Mieux encore : après ces turbulences, le projet d'un premier turboréacteur révolutionnaire est conçu par l'ingénieur René Axionnaz[1], en relation avec Bloch. Le moteur est monté sur une cellule d'avion de chasse biréacteur dans le plus grand secret par la société Rateau, associée à Henri Déplante, et par Lucien Servanty (le syndicaliste), ingénieur à la SNCASO[2].

Le président du Conseil, Édouard Daladier, démissionne le 20 mars 1940, entraînant Guy La Chambre dans sa chute. L'inusable Victor Laurent-Eynac le remplace dans le cabinet de Paul Reynaud. La « drôle de guerre » continue, mais, à partir de mai, les combats aériens deviennent acharnés, cruels et souvent héroïques[3].

---

1. Mais c'est l'Allemagne qui réalisera le premier vol d'avion à réaction, le 27 août 1939. Le Henkel HE 17 volera pendant 8 minutes à la vitesse de 750 km/h.

2. Futur directeur technique de Sud-Aviation et l'un des pères de la Caravelle.

3. « Le total des pertes allemandes pour mai et juin 1940, connu grâce aux archives secrètes de la Luftwaffe, n'a pas dépassé 1 389 appareils, dont 539 détruits au cours des six premiers jours d'opérations. Ce sont ces chiffres qu'il convient de mettre en balance avec quelque 900 avions français et anglais : deux appareils "descendus" par les aviations alliées pour trois abattus par les Allemands. Sans qu'on puisse faire – sauf pendant la bataille de Dunkerque – le partage des succès britanniques et français. L'avantage allemand est resté limité, malgré la différence des moyens. La performance alliée est due à la chasse : elle a, par sa valeur, compensé une bonne part du handicap. Mais les aviateurs alliés ont fait davantage que "sauver l'honneur". Ils ont infligé à la Luftwaffe des pertes qui ont largement contribué à priver celle-ci de la supériorité aérienne massive dont elle avait besoin pour gagner la bataille d'Angleterre… » J.-L. Crémieux-Brilhac, *Ouvriers et soldats*, Gallimard, 1990. Voir en annexes I et II le nombre d'appareils construits en 1939 et les critiques de Maroselli.

Marcel Bloch peut éprouver quelque satisfaction en lisant un rapport remis au chef d'état-major de l'armée de l'air sur l'état des appareils militaires, qui compare un Messerschmitt 109 abattu au-dessus de la France avec le Dewoitine 520 et le Marcel Bloch 152 : « Entre le Messerschmitt et les avions de chasse français Dewoitine 520 et MB 152, aucune supériorité manifeste n'a été constatée d'un côté comme de l'autre. [...] Le Dewoitine 52 et le Bloch 152 modifié, chacun avec ses qualités propres, peuvent affronter avec confiance le Messerschmitt 109. [...] Le Bloch 152 a sur le Messerschmitt 109 une nette supériorité de maniabilité qui doit l'inciter à rechercher le combat tournoyant. » Quant au Bloch 174, « cet appareil s'est révélé excellent et le commandement reconnaît que ce type d'avion est à pousser dans le plus bref délai, car sa vitesse, sa défense et ses qualités de vol doivent en faire notre avion type de grande reconnaissance[1] ».

Ces *satisfecit* n'ont certes pas arrêté le flot de critiques qui submerge alors Marcel Bloch. Mais enfin, n'est-ce pas un éloge appréciable pour celui que les Allemands appellent déjà le « Junkers[2] français » ?

1. État des avions militaires – avions de chasse. Commission de l'air, sous-commission du matériel du Sénat. Audition de Guy La Chambre, 6 juin 1940, SHAA.

2. Hugo Junkers, industriel allemand qui construisit en Allemagne, en 1915, le premier avion métallique, et, avant et pendant la Seconde Guerre mondiale, de nombreux avions de combat dans ses usines de la région de Dessau.

## CHAPITRE V

# 1940, la traque incessante

La nomination de Laurent Eynac boulevard Victor, dans le nouveau gouvernement de Paul Reynaud, n'est pas une bonne nouvelle pour Marcel Bloch : les deux hommes ne se sont jamais appréciés. Mais son départ de la SNCASO n'a pas entamé sa passion pour les avions. Il n'entend ni y renoncer ni changer de cap.

Madeleine, sa femme, Claude et Serge, ses fils, et les avions suffiraient à son bonheur si la situation n'était si alarmante. Le 10 mai, Hitler déclenche une offensive généralisée de la Hollande à la frontière suisse. Les bombardiers Henkel 111, « lourds et lents[1] », déversent en priorité leurs bombes incendiaires sur les camps d'aviation de Montcornet, Sissonnes, Laon et Hirson afin de détruire les avions au sol. Soixante sont mis hors de combat sur les 579 entreposés. Les *panzerdivisionen* de l'armée allemande déferlent sur la Belgique qui capitule le 28 mai à 1 h 30.

1. Pierre Miquel, *La Seconde Guerre mondiale*, Fayard, 1994.

Le 14 juin, les troupes allemandes occupent Paris. Le 16, Paul Reynaud démissionne, Pétain le remplace. Le 18, Charles de Gaulle lance depuis Londres son appel historique. Le 22, l'armistice est signé à Rethondes. Pétain installe son gouvernement à Vichy. La France est coupée en deux[1] (et même en cinq). Le 10 juillet, le maréchal fonde l'État français. Par 569 voix pour, 80 contre et 17 abstentions, les députés lui accordent les pleins pouvoirs.

Avant l'arrivée des Allemands qui veulent récupérer le potentiel de production français, Henri Déplante, avec l'autorisation du général Villemain, tente d'évacuer les matériels des usines Bloch de Mérignac à bord de quatre navires. La manœuvre échoue. Le transfert de Villacoublay en zone Sud d'un prototype, le MB 157, est intercepté avant de franchir la ligne de démarcation.

Le 17 juillet, une délégation allemande conduite par un certain Kurt Tank se rend en inspection à l'usine de Mérignac. Tank dirige la firme allemande Focke-Wulf. Le MB 175, dont il prend lui-même les commandes lors de sa visite, l'impressionne par sa maniabilité, sa vitesse et sa fiabilité en vol. D'autres avions éveillent également son intérêt. Le MB 157 récupéré sur la ligne de démarcation a « atterri » à Mérignac. Les Allemands souhaitent reprendre la fabrication de ces avions et en doter la flotte aérienne de Goering.

---

1. La zone Nord représente 3/5 du territoire français au nord et à l'ouest d'une ligne de démarcation partant de la région de Genève et passant par Dole, Chalon-sur-Saône, Moulins, Vierzon, vingt kilomètres à l'est de Tours, puis Angoulême, Bordeaux et Mont-de-Marsan. D'un côté, 29 millions d'habitants en zone occupée, de l'autre 13 millions en zone libre.

Quant aux usines installées en zone Sud – pour Bloch, celle de Déols, près de Châteauroux, à laquelle il faut ajouter les bureaux d'études de Thiers –, le nouveau gouvernement affirme vouloir éviter qu'elles tombent pour de bon aux mains de l'armée du Reich. Les équipes d'ingénieurs et, avec elles, Henri Déplante, quittent la zone occupée et rejoignent Déols pour ne pas travailler pour l'occupant. Moins glorieux, les ingénieurs de Caudron-Renault acceptent de fabriquer 100 avions pour l'armée allemande, tandis que Gnome et Rhône et Schneider reprennent la fabrication de moteurs et de munitions.

Malgré les conseils de quelques amis, notamment de Henri Déplante, Marcel Bloch n'a pas voulu se réfugier aux États-Unis. Il recherche un point de chute dans le Midi pour sa famille, estimant qu'elle y sera plus en sûreté que dans sa maison de Saint-Aignan, sur le Cher, où il a résidé depuis les premiers mois de la guerre. Il achète le 18 juillet la villa Saint-Cyrès, à Cannes. Début août, Marcel, sa femme et leurs deux enfants, Claude et Serge, entassent les valises dans le coffre et sur le toit de la spacieuse Cadillac pour rejoindre en plusieurs étapes leur nouvelle résidence. Bloch pense pouvoir y travailler plus sereinement, imaginer de nouveaux prototypes et dessiner les avions de l'avenir ; oublier aussi l'odieuse campagne relancée par les journaux d'extrême droite – *Gringoire*, *Le Pilori*, *Je suis partout* – qui l'accablent, l'accusent, lui imputent toutes les responsabilités de la défaite, toutes les malversations, toutes les trahisons du monde…

Il apprend aussi que l'occupant souhaite utiliser ses compétences et l'avoir à disposition.

Le général Bergeret est nommé en septembre ministre de l'Air. Militaire d'extrême droite, antidreyfusard, il a le profil type du militant antisémite.

Le 3 octobre 1940, Pétain promulgue le premier statut des Juifs. Vichy anticipe sur ce qui n'a pas encore été demandé par l'occupant et que les gazettes d'extrême droite appellent de leurs vœux. Le but avoué est d'écarter les Juifs de France de la vie publique, des responsabilités dans l'administration, les entreprises, les métiers artistiques et le journalisme, et d'instaurer un *numerus clausus* dans les professions libérales.

« Le gouvernement entier, dans une absolue sincérité, s'est défendu de faire des représailles. Il respecte les personnes et les biens juifs[1]. » Comme beaucoup d'autres, Marcel Bloch se laisse abuser par ce double langage de Vichy et refuse longtemps de croire au pire.

Le matin du 5 octobre 1940, Bloch reçoit à la villa Saint-Cyrès une convocation du tribunal de Nice. Il se rend sans appréhension au palais de justice et comparaît devant un juge d'instruction. N'appartient-il pas depuis plusieurs générations à la patrie choisie par les Bloch d'Alsace en 1870, au pays des droits de l'homme, qui a institué la République « une et indivisible » ? N'est-il pas issu d'une famille dont les enfants ont servi la France pendant la dernière guerre ? Le juge lui signifie son inculpation comme « individu dangereux pour la défense nationale et la sécurité publique ». Il est poursuivi « pour

1. *Gringoire*, 4 octobre 1940.

n'avoir pas suffisamment construit d'avions… ». Et emprisonné sur-le-champ.

Le lendemain, encadré par la police, il traverse une bonne moitié du territoire et se retrouve « embastillé » à Pellevoisin, petite ville située à 30 kilomètres de Châteauroux et de la ligne de démarcation, dans un ancien hôtel appelé Notre-Dame de Pellevoisin et transformé en prison d'État. Située à l'entrée de la commune, sa haute et longue façade de quatre étages donne directement sur la route en provenance de Buzançais. À l'arrière s'étend une vaste cour bétonnée, en dénivelé, sur laquelle ouvrent les portes de service. L'ensemble est entouré de barbelés jusqu'au terrain de l'ancienne gare de chemin de fer.

Pour reconstituer la trajectoire du futur député de l'Oise, j'ai suivi son périple d'homme traqué par Vichy. J'ai consulté la brochure municipale consacrée à Pellevoisin et me suis aperçu qu'elle avait été rédigée par l'ancien maire de la commune, Amédée Renault, un ancien collègue à l'Assemblée nationale. Je le retrouve avec plaisir. Élu premier magistrat bien après la guerre, il était adolescent en 1940 et se souvient fort bien de l'hôpital transformé en prison. Féru d'histoire locale et d'histoire tout court, il me raconte avec humour celle de sa commune : Notre-Dame de Pellevoisin est devenu un lieu de pèlerinage après la guérison, en 1876, d'une jeune fille, Estelle Faguet, lors de la sixième apparition de la Vierge[1]. Un miracle reconnu officiellement par Rome.

1. La Vierge serait apparue six fois à Estelle Faguet, âgée de dix-sept ans et domestique de la famille La Rochefoucauld. Elle mourut en 1929 à 86 ans.

L'hôtel, qui accueillait les pèlerins, a été réquisitionné en 1939 pour hospitaliser des malades incurables. Le 20 septembre 1940, Vichy transforma cet hôpital en centre d'internement d'« individus dangereux menaçant la sécurité de l'État ». Deux « individus dangereux » y avaient précédé Marcel Bloch : Marx Dormoy, ancien ministre de l'Intérieur du Front populaire, et Jules Moch, ancien secrétaire général du gouvernement de Léon Blum. D'autres les y rejoignirent : Vincent Auriol, Paul Reynaud, Georges Mandel. Plus surprenante fut l'arrivée de Charles Pomaret, député de la Lozère, qui avait été ministre de l'Intérieur du premier gouvernement Pétain, mais fut envoyé en détention par son successeur, Marcel Peyrouton. À cette liste, il faut encore ajouter Abraham Schrameck, sénateur des Bouches-du-Rhône, le constructeur d'avion Émile Dewoitine, Paul-Louis Weiller, le motoriste, et six autres personnalités.

Dès l'annonce de l'arrestation de Bloch, la presse d'extrême droite exulte et salue « une mesure de salubrité publique ». Le collaborateur de *Gringoire* Michel Labruyère, antisémite notoire, signe depuis quelques numéros déjà une série d'articles intitulés « Lumières sur les scandales de l'aviation » : « Insuffisance de production, malversations de tous ordres, sabotages prémédités, détournements de personnel... » Ou encore : « Qui expliquera le complexe patriotique du gendre à Mourier : Paul Mazer, qui s'est imposé par trois fois des sudations oléagineuses pour légaliser le kidnappage par Bloch de vingt-neuf spécialistes de la SNCASO au profit de la Société Bordeaux-Aéronautique ? Qui dira les sanctions prises contre Bloch et son démarcheur pour cet acte inqualifiable ? [...] On a pu lire que Bloch, le sinistre juif, ayant construit l'usine de Châteauroux (1 200 ouvriers) et l'avion Bloch 152 aux frais de la SNCASO. [...] Faut-il préciser que le Bloch 152 était, du point de vue militaire, un loupé n'ayant bénéficié d'aucune mise au point [...], et que les hangars de Châteaudun étaient entièrement transformés en ateliers où l'on finissait les avions "pesés[1]" à Châteauroux et auxquels il fallait faire subir des modifications pour permettre aux armes de tirer, au moteur de refroidir, au pilote de ne pas être asphyxié par les gaz d'échappement[2] ? »

Marcel Bloch arrive à Pellevoisin emmitouflé dans son écharpe habituelle, le teint diaphane, épuisé par la route, rompu d'émotion. Parmi ses compagnons d'infortune, il connaît très bien Dewoitine et Weiller. Mais, timide et frêle, il ne se mêle guère aux autres internés. Il occupe une chambre-cellule située du côté du couloir opposé à celui où résident les politiques. Pomaret occupe la cellule en face de la sienne. Les deux hommes s'apprivoisent petit à petit. Quel contraste entre Bloch et un Mandel qui ose provoquer le gardien : « Le Maréchal est une vieille fripouille, avez-vous un crayon ? Non. En voici un, alors notez[3] !... » La femme de ménage, Mme Rabier-Baugé, se souvient encore de la gentillesse de Marx Dormoy et de celle de

1. Le poids d'un avion revêt une grande importance ; d'où l'expression « vendre les avions au poids ».

2. *Gringoire*, 10 octobre 1940, « Lumières sur les scandales de l'aviation », par Michel Labruyère.

3. Cité par Amédée Renault, ancien député-maire de Pellevoisin, dans un article d'histoire locale.

Marcel Bloch qui demeurait souvent allongé sur son lit et faisait preuve de bonne humeur…

Pomaret se lie d'amitié avec Bloch. Après la guerre, dans son livre *Le dernier témoin*, il décrira la détresse de l'avionneur : « Le plus malheureux de tous, en tout cas le plus mal traité, fut Marcel Bloch. […] L'administration de la maison s'appliqua à le brimer ; par exemple, quand son épouse venait le voir, le règlement était appliqué avec une telle rigueur qu'un policier s'asseyait sur une chaise au seuil même de la porte ouverte. » Et Pomaret de noter : « Marcel Dassault passait le plus clair de son temps à dessiner des modèles d'avions. On l'appelait le "Bricoleur solitaire". »

La vie de Marcel Bloch et de ses compagnons est rude, les humiliations quotidiennes exercées par plus de cent gardiens : « Nous étions au secret, et si nous pouvions parfois communiquer entre nous, c'était grâce à des policiers alsaciens qui ne faisaient aucun mystère de leurs sentiments d'indignation à l'égard de Vichy[1]. »

Grâce à un petit tunnel que Jules Moch creuse à hauteur du radiateur, dans le ciment friable du mur, pour correspondre avec ses voisins Vincent Auriol et Marx Dormoy, circule une feuille d'information maison, *Le Petit prochepelé*. Le système est étendu à tous les politiques logés du même côté du couloir. Bloch n'en bénéficie pas.

La surveillance est sévère, les consignes sans ambiguïté : « Dans les guérites était affiché un ordre du ministre de l'Intérieur et de la Guerre signifiant à tous les fonctionnaires civils et militaires que l'ordre de ne pas tirer sur les internés était annulé […]. Après une sommation unique,

1. Jules Moch, *Une si longue vie*, Laffont, 1976.

s'il n'est pas obéi à cette sommation, les fonctionnaires feront feu sans hésitation[1]. »

Les repas sont pris en cellule, le courrier est censuré, la délation s'organise. Le chef de l'établissement, le commissaire Courrier, fait chaque jour un rapport à Vichy. Il informe aussi *Gringoire* qui, dans un article intitulé « Pellevoisin House », décrit ainsi la vie des prisonniers : « Les internés de Pellevoisin organisent leur résidence forcée. Ils peuvent continuer à s'occuper de leurs affaires, c'est-à-dire travailler dans leur chambre. Mais tout ce qui leur est remis en tant que courrier, papiers ou paquets, est soumis à un contrôle rigoureux. Le café – du national ! – leur est apporté à huit heures, et certains l'attendent avec impatience. Une heure après, c'est l'eau chaude pour la toilette. Puis ils descendent pour une promenade d'une heure qui se renouvelle après le déjeuner qui leur est servi vers midi. »

« Il est interdit aux prisonniers de communiquer entre eux. Quand ils pouvaient se réunir, ils ont fait un si beau travail que l'expérience n'est pas à recommencer[2] ! »

À Thiers, les collaborateurs de l'avionneur interné tentent vaille que vaille de sauver la Société anonyme des avions Marcel Bloch. Ce dernier ne peut plus en être le patron. Henri Déplante lui rend visite à Pellevoisin en octobre et l'informe des pressions allemandes pour utiliser leurs compétences et leurs appareils. Depuis la visite de Kurt Tank, les officiers de la Luftwaffe manifestent un vif intérêt pour les avions Marcel Bloch. Ils veulent comman-

1. Brochure d'information locale.
2. Jules Moch, *op. cit.*

der à la SNCASO des MB 175 par l'intermédiaire de la société allemande Focke Wulf.

En décembre, une assemblée générale extraordinaire élit un nouveau conseil d'administration de la Société des avions Marcel Bloch. Auguste Le Révérend (qui se bat avec Madeleine Bloch pour faire libérer Marcel) et Georges Hennequin deviennent les deux nouveaux administrateurs…

La longue descente aux enfers de Marcel Bloch a commencé. Il croit cependant encore à l'avenir. Il conserve son talisman : un trèfle à quatre feuilles cueilli en 1939 lors d'une promenade champêtre et glissé entre deux buvards dans son portefeuille…

Quelques minutes avant la fin de l'an 1940, il règne une effervescence inhabituelle pour cette heure tardive. Dehors, le vent glacé souffle en rafales et la neige tombe à gros flocons. Une vingtaine de véhicules à gazogène stationnent devant la porte d'entrée, moteur en marche. Des ordres claquent. Les prisonniers sont entassés à bord des véhicules, coincés entre des policiers. Ils ont été priés de boucler leur maigre bagage à la hâte. Les douze coups de minuit de la Saint-Sylvestre ont tout juste sonné quand le convoi s'ébranle vers une destination inconnue, malgré le préoccupant état des routes. En fin de journée, ils atteignent Aubenas, en Ardèche. Huit jours plus tard, les détenus de Vichy sont installés à l'hôtel des Bains à Vals-les-Bains, petite station thermale recommandée pour le traitement des insuffisances hépatiques.

Craignant les réactions de Hitler à la disgrâce de Laval (18 décembre), Vichy a organisé à la hâte ce transfert loin de la ligne de démarcation. Les prisonniers constituent une trop précieuse monnaie d'échange. Leurs conditions de détention sont assouplies. Ils prennent désormais leur repas en commun et sont autorisés à écouter la radio... officielle. Mais le courrier est toujours ouvert et censuré, les promenades quotidiennes surveillées.

Le 16 janvier 1941, la décision d'internement administratif de Marcel Bloch est rapportée par le tribunal de Nice. Après une huitaine de jours passés à Vals-les-Bains, il est assigné à résidence à Thiers, où le nouveau siège de son entreprise est transféré depuis l'assemblée générale de décembre 1940. Les démarches de ses amis ont abouti. Auguste Le Révérend a réussi à rencontrer Peyrouton, ministre de l'Intérieur, qui a fait provisoirement fléchir Bergeret, le ministre de l'Air.

Marcel Bloch reprend ses activités. La joie de la liberté recouvrée, les rencontres plus faciles avec ses proches, les relations de travail renouées avec ses collaborateurs contribuent à améliorer sa santé physique et morale. Dans le même temps, en mars 1941, à Cannes, des ingénieurs de l'aviation qui ne veulent pas travailler avec l'occupant forment un « groupe technique ». Encouragés par Marcel Bloch, Jean Cabrière, Xavier d'Irirbane, Jean Rouault, Bention Grebelsky (devenu plus tard Benno Claude Vallières) et Henri Déplante vont commencer à travailler aux modèles de l'aviation à venir, constituer et préparer autour de l'ingénieur général Henri Mazer la future équipe Dassault d'après-guerre. Plus tard, en 1943,

Claude Bloch, le second fils de Marcel, travaillera plusieurs mois au sein du groupe technique[1].

Marcel Bloch ne va pas goûter longtemps aux joies de la semi-liberté. Son élargissement de Vals-les-Bains a en effet été salué par un tollé dans la presse d'extrême droite. Labruyère, dans *Gringoire*, revient sur toutes les accusations passées, sur le changement d'appellation de la Société des avions Marcel Bloch en Société anonyme de construction aéronautique et mécanique. Il accuse Bloch de « camoufler son or » : « Nous comptons sur la vigilance du gouvernement du Maréchal pour que cette tentative de camouflage n'aboutisse pas. Les biens de Marcel Bloch sont aujourd'hui trop précieux pour nous les laisser disperser benoîtement dans l'anonymat insaisissable ; il s'agit là d'un trésor confortable, de l'argent de notre pauvre défense nationale, des économies des contribuables. Cet or appartient au pays. On ne nous fera pas le coup du marché noir ! »

Et *Gringoire* de conclure : « Quoi qu'il en soit, la liberté recouvrée par le sinistre youpin nous paraît intolérable dans l'instant où deux millions de Français se morfondent dans les camps de prisonniers. »

*Le Pilori* va plus loin en lançant un véritable appel au meurtre : « Nous ne désespérons pas de le voir, lui et sa guenille, pendre au bout d'une branche ! »

---

1. Voir en annexe III les informations complémentaires sur le groupe technique de Cannes et son rôle dans la préparation de la construction aéronautique d'après guerre.

Connaissant les liens qui unissent cette presse-là à Vichy, Marcel Bloch subodore que les accusations sont puisées auprès de responsables qui ne lui veulent pas du bien. Il décide donc de préparer un mémoire pour répondre aux attaques qui pleuvent sur lui depuis l'arrivée du maréchal Pétain au pouvoir. Il rappelle sa compétence, ses références et titres d'ingénieur, l'invention de l'hélice Éclair, la richesse et le nombre impressionnant des modèles qu'il a conçus. Il insiste sur la fiabilité de ses avions pour répliquer une fois de plus au qualificatif de « cercueils volants » qu'on leur accole et qui le blesse assurément le plus : « Pas un de mes pilotes n'a eu d'accident grave. » L'assigné à résidence évoque longuement l'impressionnante et incontestable progression du potentiel industriel qu'il a créé ou contribué à créer en France, et celle des emplois induits. Il évoque son recours systématique à la sous-traitance, conseillée par l'administration et qu'il multiplie, quand elle ne peut plus faire face à la demande, en suscitant ou créant lui-même les moyens de production. Son ton n'est pas agressif ; tout au plus marque-t-il son incompréhension face aux violentes attaques dont il est l'objet : « Il va de soi que je ne saurais être indéfiniment soumis à une suspicion inexprimée. À l'heure où je rédige ce mémorandum, je n'ai pas été entendu par qui que ce soit, amené à m'expliquer sur quoi que ce soit. »

Il regrette que l'aviation française soit « une grande calomniée », mais accepte de prendre sa part « dans la charge collective qui procédait de la déception de la défaite ». Et il termine par une requête inattendue : « Il semble que le moment soit venu de régulariser le jugement de chacun en place de prolonger indistinctement la condamnation de tous. C'est dans cet esprit et en toute déférence que je saisis de cette requête les hauts pouvoirs auxquels il appartient d'arrêter ou de prolonger mon activité d'industriel et d'avionneur[1]. »

Marcel Bloch fait parvenir ce mémoire à tous les ministres concernés : l'amiral Darlan, vice-président du Conseil, le ministre de la Justice, Joseph Barthélemy, les généraux Bergeret et Huntziger, respectivement ministres de l'Air et de la Guerre.

Ce plaidoyer *pro domo* ne va pas améliorer sa situation. Le 10 avril, Bergeret répond et donne satisfaction à la meute déchaînée en portant plainte contre lui. Marcel Bloch est de nouveau inculpé et incarcéré à la prison de Thiers, à cette même date, avec les prisonniers de droit commun, puis transféré à Riom.

Sous le titre « Bloch en prison », *Le Pilori* exulte : « Après notre victoire, l'arrestation de Bloch, un jugement rapide s'impose. Notre saboteur d'aviation a été remis en cellule. Il ne s'agit plus, ce coup-ci, d'une mesure diplomatique. Le juif escroc est bouclé et bien bouclé. » Suit le réquisitoire : « Voici l'homme *(Ecce Homo…)*. Résumons-nous. Décortiquons encore un coup notre pendard. Voici Bloch, voici l'homme… » En quinze points, le journal reprend son réquisitoire : les avions livrés à l'Espagne républicaine ; Bloch l'artisan des grèves ; l'affaire des licences ; le Bloch 150 volontairement non mis au point ; et, suprême accusation : « Qui a pollué la Société nationale de construction aéronautique du Sud-Ouest avec

1. Archives nationales.

tous les juifs de sa famille alors qu'ils étaient indignes des emplois que des Français capables auraient pu remplir avec une foi française... »

La « Bête immonde » se meut et agit alors en toute liberté.

Marcel Bloch va croupir à la prison de Riom pendant plus de cinq mois. Ses amis et sa femme se démènent pour l'en faire sortir. Henri Déplante effectue une nouvelle démarche auprès de Barthélemy, ministre de la Justice. Embarrassé par la minceur du dossier et la santé chancelante du prévenu, le juge Sauret signe le 19 septembre 1941 une ordonnance de mise en liberté provisoire qui est immédiatement attaquée par Bergeret, ministre de l'Air. L'appel de ce dernier est suspensif. Mais Bergeret est finalement débouté par la chambre de mise en accusation de Riom, le 11 octobre, malgré les pressions du contrôleur général Ceccaldi[1] qu'il a dépêché sur place. La justice est donc obligée de libérer – sous caution – Marcel Bloch, au grand dam de Bergeret.

Le 13 octobre, Marcel Bloch retrouve sa femme à la porte de la prison de Riom, mais, brutalement, deux sbires de la police de Vichy se saisissent de lui et l'embarquent à bord d'un véhicule banalisé pour « l'établissement d'internement administratif » de Vals-les-Bains. À la demande expresse du ministre de l'Air, le Conseil des ministres a en effet décidé de contourner la décision judiciaire de Riom en traduisant Bloch devant le tribunal d'État de Lyon, juridiction d'exception aux ordres de Vichy.

À Vals, Bloch retrouve deux de ses compagnons d'infortune connus à Pellevoisin : Paul Reynaud et Geor-

1. Rédacteur du rapport Cecaldi ; cf. *supra*, p. 74.

ges Mandel. D'autres personnalités vont les rejoindre au fil des mois : Léon Jouhaux, le leader de la CGT, André Blumel, ancien directeur de cabinet de Léon Blum, le général de La Laurencie, Bertie Albrecht mais aussi tout un groupe d'anciens cagoulards arrivés le 19 avril 1942 et dont les principales figures sont le commandant Loustau-nau-Lacau et le docteur Martin, l'un des fondateurs de la Cagoule. Tous ces gens d'extrême droite se sont trouvés engagés dans le régime de Vichy avant d'être arrêtés. Martin a même participé à la création d'une superpolice politique, le CIE (Centre d'informations et d'études), puis, en 1941, avec les mêmes collaborateurs, il a créé, toujours à Vichy, un service occulte de renseignement. Ces anciens cagoulards se retrouvent ainsi côtoyer quelques-uns de leurs plus grands ennemis, de ceux qu'ils auraient encore traqués sans vergogne quelque temps plus tôt. Mais, s'ils continuent à débattre et polémiquer sans fin, ils éprouvent dans le même temps une profonde solidarité contre leur commun ennemi, le commissaire Courrier, directeur honni de l'établissement. On voit par exemple Blumel et Pierre Viennot, futur ambassadeur du général de Gaulle, faire une démarche commune et vigoureuse auprès dudit Courrier pour protester contre le très rude traitement infligé par lui au docteur Martin !

Pour Marcel Bloch, la détention à Vals est moins rude qu'à Riom et Thiers. Les internés se retrouvent pour les repas et les sorties à travers le vaste parc ne sont pas déplaisantes, quoique encadrées par un nombre impressionnant de gardes en civil. L'interné Bloch n'a pas laissé une trace indélébile dans la mémoire de ses compagnons de détention. Dans ses

*Carnets de captivité*[1], Paul Reynaud ne le cite qu'une fois, pour mentionner son arrivée. Il n'a pas davantage attiré l'attention des autres détenus qui ont écrit ou témoigné oralement après la guerre. Bloch est un timide qui ne se sent bien qu'au milieu des siens. Heureusement pour lui, il reçoit beaucoup de visites de Madeleine, de Germain Bloch, d'Auguste Le Révérend, d'Henri Déplante et d'autres associés, amis ou collaborateurs. Mais, malgré toutes ces prévenances, il s'ennuie et sa santé se détériore. À cinquante ans, il vit mal ces internements et cette traque permanente.

Marcel Bloch est en effet beaucoup utilisé par la propagande du régime de Vichy qui fait de lui la figure emblématique du Juif affairiste, co-responsable de la défaite. Son cas alimente les gazettes qui stigmatisent les personnalités françaises coupables de tous les maux – de la guerre comme de la défaite – ; il figure en bonne place dans ce « panthéon » aux côtés de Léon Blum, Édouard Daladier, Paul Reynaud, Vincent Auriol, Marx Dormoy, le général Gamelin et quelques autres.

Une intense propagande accompagne la préparation du procès de Riom où la Cour suprême de Justice doit juger, à la demande du maréchal Pétain, les responsables de la défaite. Le contrôleur de la construction aéronautique, Georges Chossat, mène l'enquête visant à obtenir les preuves de la culpabilité de l'avionneur, mais le dossier est si complexe qu'il réclame six mois pour rendre les conclusions de son expertise et assure que l'instruction demandera encore plusieurs années.

1. Paul Reynaud, *Carnets de captivité*, Fayard, 1997.

Le procès s'ouvre le 10 février 1942 et Marcel Bloch figure parmi les accusés bien qu'il ne comparaisse pas. À Vals-les-Bains, il est tenu au courant des attaques de Guy La Chambre. L'ancien ministre de l'Air réitère les reproches qui l'ont conduit à l'écarter de la direction de la SNCASO, notamment l'affaire des « bougies encrassées » révélée par les écoutes : « J'ai dit à l'instruction, explique l'ancien ministre en séance publique, que tout en reconnaissant des qualités certaines d'animateur et surtout d'invention à Marcel Bloch, qu'à un moment où le souci de la production dominait tout, où j'ai passé sur beaucoup de choses, j'avais longtemps hésité à me priver de ses services, mais quand j'ai vu les incidents qui se sont produits sur le Bloch 151-152, qui est principalement l'objet des critiques portant sur le défaut de finition, de mise au point auquel vous vous êtes référé, monsieur le président, j'ai exigé la démission de Marcel Bloch. Par conséquent, je n'ai jamais toléré de telles pratiques. »

Après sept semaines de débats et vingt-sept audiences, le procès est suspendu à la demande d'Otto Abetz, ambassadeur d'Allemagne à Paris, parce qu'il tourne à l'avantage des accusés. Jamais aucun verdict ne sera rendu. Marcel Bloch ne comparaîtra jamais et ne pourra donc répondre aux accusations portées contre lui.

Le 7 juin 1942, une ordonnance allemande impose le port de l'étoile jaune à tous les Juifs à partir de six ans, résidant en zone occupée. Pour protester contre cette décision inique, le docteur René Bloch arpente les Champs-Élysées en arborant l'étoile jaune qu'il a entourée de ses décorations de guerre de 1914-18 et de sa médaille d'officier de la Légion d'honneur. Il est arrêté, conduit à Drancy, puis déporté à Auschwitz. Il y mourra le 10 août. Son frère est très affecté par cette arrestation et cette déportation.

Paul-Darius Bloch, le frère aîné, a choisi la Résistance et appartient, fin 1942, au comité directeur du Front national, organisation proche du Parti communiste auquel lui-même n'adhère pas. Le Front national a pour objectif de devenir une grande organisation de résistance officiellement indépendante du parti dirigé alors par Jacques Duclos. Pour donner quelque crédibilité à cette indépendance, Pierre Villon, patron du FN, cherchera quelques dirigeants qui, de notoriété publique, ne sont pas communistes, et c'est ainsi que figureront aux côtés du frère de Marcel Bloch un François Mauriac ou un Jacques Debû-Bridel…

Pour l'avionneur, les épreuves ne sont pas terminées. *Le Pilori* du 18 septembre 1942 l'attaque une nouvelle fois, avec une violence inégalée, sous le titre « Nous clouons au pilori Bloch le Vautour aux ailes brisées ». Le papier, signé par Jean Théroigne, est illustré par une caricature infâme[1] :

> « *Depuis six ans, tous les ans, plus de soixante-dix aviateurs français furent tués par Bloch, assassinés par Bloch.*
>
> *Des mères, des femmes sont en deuil, des enfants sont orphelins parce que Bloch signait des marchés pour des appareils qui ne pouvaient pas voler.*

1. Voir annexes.

> *C'est dans les chairs fracassées des aviateurs français que Bloch ramassait son or. […]*
> *Quand le crime est prouvé, pourquoi attendre ?*
> *Voleur, assassin et juif ! Ces chapitres ne sont-ils pas suffisants ? Pourquoi attendre ?*
> *Une telle crapule n'a même pas besoin de jugement. Puisque nous sommes toujours en guerre, il suffit d'un poteau, d'un fossé et de dix balles pour que justice soit faite. […]*
> *Tant que de tels coupables ne sont pas exécutés, il n'y aura pas de révolution.*
> *Par la guillotine, le poteau ou la corde, exécutez Bloch, ou alors gare à la bombe ! »*

Le 28 novembre 1942, il quitte la station thermale de Vals-les-Bains pour celle d'Évaux-les-Bains (Creuse). Il y retrouve à nouveau Paul Reynaud, Léon Jouhaux, André Blumel. L'endroit est un hôtel familial à deux étages. Les prisonniers occupent des petites chambres au second et fréquentent un grand parc où les promenades sont autorisées deux fois une heure chaque jour. On joue au piquet et les plus sportifs pratiquent la natation. Malgré ces conditions de vie relativement satisfaisantes, la santé de l'avionneur préoccupe sérieusement son entourage et ses geôliers, qui entendent respecter l'instruction de garder le précieux personnage dans un état convenable.

Au printemps 1943, son état réclame des soins urgents et le transfert s'impose dans un établissement hospitalier. Bloch est admis à la clinique d'Écully, Au Bon Secours, dans la banlieue immédiate de Lyon, qui était jusqu'en 1904 un couvent de carmélites. Il reste près d'un an dans cet environnement agréable, avec ses bâtiments spacieux, au milieu d'un parc de quatre hectares. Chaque jour, un inspecteur vient le chercher pour l'escorter jusqu'au commissariat où il est astreint à passer pour attester de sa présence. Il bénéficie de quelques loisirs, d'entretiens assez libres avec les autres pensionnaires, et de l'attention constante des bonnes sœurs – qualificatif qui leur va bien, si l'on en croit les quelques confidences pleines de gratitude émises plus tard par Marcel Dassault envers ses « anges gardiens ».

La santé recouvrée, au printemps 1943, Marcel Bloch voir l'avenir un peu plus en rose : « Les Alliés s'organisent, les troupes de Hitler sont en difficulté en Union soviétique. Hitler a commis l'erreur suprême d'attaquer la Russie, comme Napoléon. Il est perdu[1]. »

Mais Madeleine et ses deux enfants lui manquent cruellement. Claude et Serge ont passé le baccalauréat à Cannes. Serge s'est inscrit en mathématiques supérieures, et Claude, passionné de musique, a souhaité interrompre ses études. Le père aspire à installer sa famille auprès de lui. Ce sera chose faite en janvier 1944. La famille Bloch restera à la clinique jusqu'au 29 mars.

Dans un environnement beaucoup plus agréable qu'à Vals ou à Évaux, Marcel Bloch peut suivre de plus près « ses » affaires. Les avions demeurent sa passion. Depuis 1941, un Comité d'organisation de l'industrie aéronautique a été chargé de rationaliser le secteur, de programmer et répartir les commandes. L'objectif caché est d'éviter le rachat massif des actions des sociétés dont les dirigeants étaient juifs.

Bergeret a exigé en 1941 la liquidation de la Société des avions Marcel Bloch. Le Commissariat général aux questions juives a nommé un administrateur provisoire chargé

1. Marcel Dassault, *op. cit.*

de rechercher les sociétés et biens appartenant à Bloch. Dès lors, les amis ou collaborateurs fidèles de l'avionneur juif – tels Germain Bloch, Auguste Le Révérend, André Curvale ou Henri Déplante – ont allumé des contre-feux et cherché à récupérer quelques actions. La possession de ces titres n'aurait été d'aucune utilité si l'occupant avait mis à exécution son projet de transférer usines et machines en Allemagne. Les Allemands lorgnaient en effet sur les usines Bloch, mais aussi sur la personne de leur ancien patron dont ils connaissaient les compétences. Serge Dassault a révélé que les Allemands avaient proposé par deux fois à Marcel Bloch, lorsqu'il était à Écully, de « prendre en Allemagne la direction d'une usine travaillant pour la Luftwaffe[1] ».

Puis les nuages s'accumulent à nouveau au-dessus de la tête de l'avionneur. Ses proches tentent encore de le convaincre de quitter la France. Quelques plans d'évasion sont même échafaudés. Mais Marcel Bloch refuse, parce qu'il est encore convaincu de pouvoir être plus utile en France qu'à l'étranger. Henri Déplante et Bention Grebelsky prennent quant à eux le chemin de l'Espagne pour rejoindre l'Angleterre. Parachutés ensuite en France, ils participeront l'un et l'autre, avec les troupes alliées, aux combats de la Libération[2].

---

1. Claude Carlier, *Serge Dassault, 50 ans de défi*, Perrin, 2002.
2. « Le 6 juin 1944, Henri Déplante commande une des quatre équipes parachutées lors du débarquement allié. Le 10 août, Bention Grebelsky, sous son nom de guerre Claude Vallières, est à son tour parachuté en France. » Claude Carlier, *Marcel Dassault. Légende d'un siècle*, *op. cit.*

Le 29 mars 1944, les camions de la Gestapo et de la police de Vichy pénètrent dans le parc de la clinique du Bon Secours. Enfants et vieillards sont bousculés dans les couloirs. Chacun s'agrippe à l'autre, tente de préserver son maigre bagage. Quelques-uns tentent de prendre la fuite, comme le Dr Pantol, qui est juif. Il a compris ce qui l'attendait lors de la vérification des identités. « Il s'enfuit au fond du parc, escalade le mur. Toute la propriété est cernée par les SS. Il a été cueilli de l'autre côté du mur. Personne ne l'a plus jamais revu », se souvient la petite-fille du Dr Feuillade qui dirigeait alors la clinique[1].

Marcel Bloch et les siens sont brutalement poussés dans les camions. Le convoi, encadré par des motards, prend la direction de Lyon, traverse le Rhône et se dirige vers une prison aux murs sales, hérissés de barbelés : le fort de Montluc.

---

1. Entretien avec l'auteur.

## CHAPITRE VI

# La Baraque aux Juifs

Lyon, 26 juillet 2001 en fin d'après-midi. Suivant les pas de Marcel Bloch, je demande à une vieille dame le chemin du fort de Montluc. Elle me confirme que je suis sur la bonne voie et me fournit les indications nécessaires pour arriver à bon port. Mais je la sens troublée. En cette période estivale, Montluc ne fait pas partie des destinations recherchées par les touristes.

« Pourquoi vous rendez-vous à Montluc ? interroge mon interlocutrice.

– Pour un travail portant sur la période de l'Occupation.

– Vous vous intéressez à ces années-là ? C'est bien », me dit la vieille dame avec un sourire grave.

Elle se met à me raconter sa propre histoire à Montluc où elle a été elle aussi internée en 1944 avec sa mère, son frère Robert, son autre frère Gérard et ses quatre enfants.

« J'avais dix-neuf ans ! lâche-t-elle, plongée dans ses souvenirs.

– Beaucoup de résistants ont été internés à Montluc, hasardé-je.

– Oui… C'est aussi parce qu'on était juifs. Attendez, je termine mes courses et si vous le souhaitez, je veux bien vous en parler… Cherchez, s'il vous plaît, un endroit où nous asseoir : vous savez, j'ai 78 ans… Je m'appelle madame Hayoun, mon nom de jeune fille est Rozenbaum. »

Dix minutes plus tard, nous nous retrouvons dans un petit café de la rue de la Guillotière. J'explique à madame Hayoun que j'ai entrepris d'écrire sur Marcel Dassault.

« Je ne l'ai pas connu à Montluc, mais plus tard, à Drancy. Sa femme et son fils étaient avec nous, dans la même cellule, à Drancy, au bloc 17/2. Madame Dassault était grande ; ma mère disait qu'elle était très gentille… Je m'en souviens un peu… Lui, était avec mon frère… »

Madame Hayoun en revient à Montluc :

– Nous étions huit par cellule, avec une bouteille d'eau pour la journée. Nous mangions des carottes pleines de terre. Les paillasses, ah, les paillasses, infestées de punaises ! On était bouffé par les punaises ! La famille Dassault a sûrement vécu la même chose que nous. Les 11 ou 12 juillet 1944, on nous a embarqués en bus pour la gare de Lyon-Perrache et nous sommes montés dans le train. Ce n'étaient pas des wagons à bestiaux : un train de voyageurs ordinaire. À la gare de Lyon, nous avons pris des bus qui nous ont conduits à Drancy.

– Vous avez été ensuite déportés en camp, comme Marcel Dassault qui a pris le dernier convoi…

– Non, parce que nous n'étions qu'à moitié juifs ! Ma mère, d'origine libanaise, était catholique. Nous, nous devions prendre le convoi suivant. Nous ne les avons pas vus embarquer. Nos fenêtres étaient masquées afin que nous ne puissions pas regarder les autres partir… Le camp de Drancy a été libéré le 20 août. Nous avons alors été rapatriés à Lyon tout juste libéré. Et là, j'ai appris que mon père venait d'être fusillé à Bron, le jour même de la Libération. Vous vous rendez compte, j'avais dix-neuf ans ! Je ne m'en suis jamais remise... Mes deux frères, Gérard et Robert, dit Coco, ses quatre enfants... N'oubliez pas : mon père s'appelait Rozenbaum... »

Madame Hayoun contient ses larmes et termine ainsi son récit dramatique : « À Montluc, la famille Bloch devait être dans la baraque en bois, appelée aussi la "Baraque aux Juifs". »

André Frossard, qui a séjourné à Montluc et a vécu deux mois avec Marcel Bloch dans cette « baraque », la décrit ainsi : « C'était un long baraquement, espèce de drakkar nordique échoué la quille en l'air, dans une cour de prison avec sa cargaison d'émigrants en panne. Dix-huit fenêtres aux trois quarts barbouillées de peinture jaune s'ouvraient et se fermaient dans ses flancs au commandement des hommes de la Wehrmacht. Elles laissaient traîner moins d'air que de poussière, et de tristes regards qui suivaient, sur l'uniformité grise de l'enceinte, le paresseux voyage des ombres[1]. »

Là vivent des otages qui peuvent être tirés au sort, jour et nuit, à chacune des représailles allemandes. « On évitait même de respirer, poursuit Frossard. Après, il paraît que j'étais blanc ; lui, il était vert... Chacun sa nature [...]. Enfilez votre veste ! [...] Dépêchez-vous ! La gueule des fusils vous attend, elle, il faut mourir... »

---

1. André Frossard, *La Maison des otages*, nouv. éd., Fayard, 1983.

Après la mort de Marcel Dassault, en 1986, André Frossard a évoqué longuement, dans *Le Figaro Magazine*[1], la relation qu'il avait nouée avec son voisin de paillasse : « Il est arrivé à la baraque aux Juifs avec son fils Serge après avoir dû laisser sa femme dans une cellule du bâtiment principal [...], mais c'était un roseau à tige d'acier, flexible, résistant, d'une trempe exceptionnelle. »

Frossard raconte comment celui qui deviendra Marcel Dassault prévoit alors le lieu du débarquement allié et lui confie ses recettes pour faire fortune : « Comme il m'avait pris en sympathie, je l'accompagnais dans ses déambulations semées d'observations et de maximes à travers la baraque. Je me faisais l'effet d'un contremaître suivant le patron dans sa visite d'atelier [...]. Le soir, mon mentor s'étendait sur la paillasse voisine de la mienne, immobile et raide comme un gisant. C'était l'heure des rêves éveillés[2]. »

Le 20 mai, Claude et Serge quittent Montluc pour Drancy et retrouvent leur mère à la gare de Lyon-Perrache. Marcel Bloch, lui, ne quitte la prison lyonnaise que le 24 juillet. Le soir même, il retrouve son fils Serge.

Les troupes alliées, qui ont débarqué depuis sept semaines, se rapprochent de Paris. Le rythme des déportations depuis Drancy s'est ralenti. Trente mille personnes ont été déportées en quelque trois ans. À l'arrivée de Marcel Bloch, cinq nazis seulement occupent encore la direction du camp. Les gendarmes français, quant à eux, relevés de leurs fonctions, n'assument plus que la garde extérieure.

---

1. *Le Figaro Magazine*, 26 avril 1986.
2. *Ibid.*

Au bloc 17/2, les Bloch, comme les Hayoun, après avoir répondu à l'appel de 7 heures, se rendent à la douche collective. Il n'y a pas de serviettes pour s'essuyer, mais ce n'est pas trop grave, car il fait chaud. Ils participent ensuite aux travaux du camp. Alors qu'il risque d'être tué ou capturé par les Alliés ou les FFI tout proches, Aloïs Brunner, le protégé SS du sinistre Eichmann, souhaite encore emmener dans sa retraite le plus de Juifs possible. Avec des porcs comme monnaie d'échange, il réussit à se procurer trois wagons et une batterie de DCA. Un wagon est affecté à la Gestapo, un autre à la *Grüne polizei*, le troisième embarquera les 51 déportés choisis par Brunner. Le chef SS a sélectionné surtout des résistants juifs. Il y a aussi Marcel Bloch, détesté par Brunner qui se venge en le déportant sans sa famille. Bloch, ingénieur à Buchenwald, sera sans doute utile à l'usine de la Mibau qui fabrique les composantes des fusées V2…

Le 17 août 1944, sur le quai de la gare de Bobigny, Marcel Bloch, malgré la belle saison, est vêtu d'un ample manteau et coiffé de son petit béret basque. C'est Brunner en personne qui, revolver au poing, est allé le quérir et l'a arraché à sa famille. Sur le quai se tiennent aussi les cinquante autres malheureux, quelques gendarmes français qui veillent à l'embarquement, une vingtaine de nazis et une équipe de *shupos*[1]. Marcel Bloch esquisse un geste de révolte : il refuse de monter dans le train. Les hommes d'Aloïs Brunner le

1. Ils composaient les milices sémites (MS) : Juifs en instance de déportation qui constituaient les convois.

poussent brutalement à bord du dernier convoi, ce convoi 79 à destination de Buchenwald.

Pour lui et ses compagnons d'infortune, un mince espoir avait pourtant subsisté jusqu'au quai. Ils avaient attendu l'intervention des résistants postés dans les rues adjacentes. Ils disposaient d'« un arsenal de pistolets, de grenades, de mitraillettes caché sous le plancher de leur voiture. Tout ce qu'il faut pour un coup de main. Mais ils s'attendent à tout sauf à cela : trente et un *shupos* encadrant les prisonniers, alternant la direction de leurs armes [...] ; la moindre intervention, et c'est le massacre[1] ».

Le convoi s'ébranle, prend de la vitesse. Paris s'éloigne. Le wagon plombé, le « dernier wagon » de la déportation, file vers l'Allemagne. 75 721 femmes, enfants, vieillards sont déjà partis depuis le 20 août 1941, date du rassemblement des 5 000 premiers internés à Drancy. Seulement 2 567 reviendront.

Le 19 août en fin de matinée, alors que le train n'est encore qu'à hauteur de Soissons, les déportés entendent un bourdonnement lointain.

« Des chars américains ! » s'exclament en chœur quelques déportés.

Bloch, qui est debout, sort de son mutisme :

– Ce ne sont pas des chars, mais des Spitfire !

Les avions de chasse anglais mitraillent le convoi. Les balles ricochent sur les wagons, puis les avions s'éloignent vers l'est.

– C'est fini, lâche, déçu, Marcel Bloch.

1. Jean-François Chaigneau, *Le Dernier Wagon*, Julliard, 1981.

Le train s'arrête, le temps de réparer les avaries. Marcel Bloch est alors reconnu par l'un des déportés résistants qui l'apostrophe méchamment :

– On a fait sauter des avions, je me souviens, c'était une usine, près de Châteauroux. Les Alliés l'avaient bombardée une première fois. Mais ils n'avaient pas réussi à tout détruire. Alors ils nous ont demandé de finir leur boulot. Et nous, on a tout foutu en l'air[1].

Réaction brutale de Bloch :

– Vous êtes des imbéciles ! Pour mes usines détruites par les bombardements de la RAF, les Anglais m'indemniseront après la guerre. Mais les usines que la Résistance a fait sauter, qui me les paiera, celles-là ? Pas toi, en tout cas, ni tes copains[2] ! »

Le train s'arrête de nouveau à Laon. Les trois wagons d'Aloïs Brunner sont décrochés et mis en queue du convoi. Une position propice à une évasion. Laon, Tergnier, La Fère... Une barre de fenêtre et quelques planches sont arrachées. Il n'y a plus qu'à sauter et à s'enfuir. Les uns sont favorables à la tentative, les autres ne le sont pas. Marcel Bloch ne l'est pas.

« Dans quelques jours, quelques mois au pire, les Américains arriveront. Alors il faut penser à l'après-guerre et attendre sagement. Tout risque est devenu inutile. Pourquoi chercher à s'échapper ? Il n'y a qu'une chose à craindre, c'est l'avertissement de Bruckler [...]. Souvenez-vous : il a dit que si quelqu'un s'évade, tout le monde sera

1. Jean-François Chaigneau, *op. cit.*
2. *Ibid.*

fusillé. Alors, à quoi bon risquer sa vie, puisque tout va se terminer bientôt[1] ?

Après la remarque peu amène d'un des déportés, Marcel Bloch cherche ses mots puis répond calmement :

– Non, je ne partirai pas. Je suivrai le calvaire de la France jusqu'au bout[2]…

Le 25 août, le convoi arrive au camp de Buchenwald. C'est le jour de la libération de Paris à laquelle son frère, le général Dassault, membre du comité directeur du Front national, a participé activement après s'être rapproché des gaullistes. Preuve qu'il en est alors un acteur reconnu : il est invité, le lendemain, à entourer le général de Gaulle, à 15 heures, lorsque celui-ci ranime la flamme à l'Arc de triomphe.

Pour l'épouse de Marcel Bloch et ses enfants, hébergés chez des amis dans la capitale, commence la longue attente d'un éventuel mais problématique retour.

1. *Ibid.* Bruckler est le sous-officier d'Aloïs Brunner, responsable du convoi. Aloïs Brunner est parti quant à lui en voiture pour l'Allemagne, précise Jean-François Chaigneau.

2. Marcel Dassault expliquera lors de son interview par Anne Sinclair sur Antenne 2, le 23 novembre 1978, celle-ci l'ayant interrogé sur les évasions du « dernier wagon » : « Là, je dois dire que je dormais à poings fermés… Et quand je me suis réveillé, je me suis aperçu que le wagon était à moitié vide. » Henri Potez, d'un ton désobligeant, confiera au cours de son interview au SHAA, en 1977 : « Il n'était pas du tout sportif, il n'a pas voulu sauter et il est arrivé seul dans le wagon à Buchenwald… »

## CHAPITRE VII

# Buchenwald

Marcel Bloch arrive dans un camp en plein chaos. La veille, un bombardement allié a détruit totalement l'usine de la Mibau[1] où l'on fabriquait des équipements destinés aux appareils de la Luftwaffe et aux fusées V2. C'est l'usine où l'ingénieur Bloch devait être affecté. Les pertes sont très lourdes : 450 victimes et 2 000 blessés parmi les prisonniers, 600 à 700 tués chez les Allemands.

Marcel Bloch passe à la douche collective, à la « désinfection », se fait tondre les cheveux, reçoit une veste et un pantalon rayés[2]. Il porte le matricule 39611 cousu sur son vêtement trop large pour un corps déjà amaigri. S'y ajoutent un triangle rouge, la lettre « F », mais pas

1. Furent détruits l'usine d'armement Gustloff-Werke, à l'extérieur du camp, et les halls appelés Kommando Mittelbau-Siemens.

2. De nombreux déportés étaient en veste et pantalon en tissu de récupération rayé avec une « fenêtre » dans le dos de la veste et une sur le pantalon.

l'étoile jaune : Bloch-Dassault, à Buchenwald, est un prisonnier politique. Sa quarantaine au « petit camp » se termine par une affectation au block 57 du « grand camp ».

La manière sobre dont il décrit le camp dans *Le Talisman* est saisissante : « Je vis une haute cheminée dont les briques étaient incandescentes et d'où s'échappait une épaisse fumée noire. Je demande à un déporté arrivé au camp avant moi quelle était l'origine de ce feu de cheminée. Il me répondit que c'était un four crématoire et que lorsqu'on était à Buchenwald, le tout était de savoir si un jour on en sortirait par la porte ou par la cheminée[1]. »

Bien des années plus tard, face à Anne Sinclair, sur Antenne 2, il complétera ainsi ses souvenirs : « Le matin, quand on se levait pour sortir, on enjambait une dizaine de cadavres qui étaient là sur le trottoir. Ils étaient morts pendant la nuit. Quand on disait bonsoir à son camarade, le lendemain matin on s'apercevait qu'il était mort[2]. »

Il décrit également le block avec ses 500 lits superposés le long des murs grisâtres des baraques en dur. Sa mémoire lui joue parfois quelques tours : ainsi quand il parle du communiste Marcel Paul, personnage qui va jouer un rôle important dans sa vie. Marcel Dassault affirme à Anne Sinclair que Marcel Paul accueillit les Français « avec bonté, et, à notre grand étonnement », leur fit connaître le dernier communiqué de Radio-Londres, « les Français parlent aux Français ». « Cela fut tout de suite pour nous un

1. Marcel Dassault, *Le Talisman*, *op. cit.*
2. Interview par Anne Sinclair, septembre 1978.

grand réconfort[1]. » En réalité, Marcel Paul, n'étant pas au block 54, n'y accueillit donc pas Marcel Bloch.

Un retour en arrière s'impose ici.

Une douzaine de kilomètres à peine séparent la colline de l'Ettersberg de Weimar. À la sortie de la ville, la petite route passe devant une belle maison carrée en bois qui la surplombe. C'est dans cette maison de campagne que Goethe recevait jadis ses amis : Schiller, Liszt et quelques autres proches du poète qui salua Valmy comme « la naissance d'une ère nouvelle en Europe ». Les conseillers municipaux et le maire social-démocrate de la ville de Borken, jumelée avec ma commune de Méru, me conduisirent en 1991, à l'occasion d'un des séjours que j'effectuais régulièrement chez eux, en visite dans la cité illustre, située dans l'ancienne Allemagne de l'Est. À Weimar, où s'épanouit au XVIIIe siècle le génie de Jean-Sébastien Bach, les murs salpêtrés du musée que nous visitâmes étaient ornés de quelques chefs-d'œuvre de Lucas Cranach qui peignit là certains de ses portraits les plus magnifiques. Les autres avaient naguère disparu – volés, envolés, confia le guide embarrassé.

Goethe aimait, dit-on, se promener sous les hêtres centenaires des hauteurs de l'Ettersberg. Mais, en 1937, ces hêtres furent coupés, la colline défigurée. Ce qui était le lieu privilégié de tranquilles promeneurs sous la République de Weimar, la « forêt des hêtres » – en allemand :

---

1. *Marcel Dassault, op. cit.*

*Buchenwald* –, devint le camp de concentration de tragique mémoire.

Les premiers prisonniers que les SS regroupent en 1937 au milieu des bois sont environ trois cents[1]. Des fusils braqués dans le dos, en une nuit ils abattent des arbres pour construire une première baraque. Un seul, un chêne, est préservé au milieu du camp, sorte d'ultime témoin : l'« arbre de Goethe » sous lequel, selon la légende, le poète puisait son inspiration, et qui fut foudroyé le 24 août 1944 par le bombardement allié. Une prédiction connue des prisonniers voulait que sa disparition marquât l'effondrement du Reich.

Détenus politiques en révolte contre le régime de Hitler, ils travaillent jusqu'à épuisement. Ils sont allemands, sociaux-démocrates, communistes ou chrétiens. Les nazis leur infligent des conditions de vie et de travail machiavéliquement réglées. L'administration interne du camp est d'abord confiée à des prisonniers de droit commun, les « Verts », dont les SS se servent comme auxiliaires zélés et sans scrupules pour exploiter et annihiler les détenus politiques. Alors commence une longue et terrible lutte entre « droit commun » et « politiques » pour prendre le contrôle de l'administration du camp (les autres camps de concentration fonctionnaient sur le même modèle). Cette lutte des « Verts » contre les « Rouges[2] » revêt souvent la forme d'affrontements physiques. Les premiers cherchent à obtenir le contrôle de

1. Pierre Durand, *La Résistance des Français à Buchenwald et à Dora*, éd. Messidor, 1991.

2. Les « politiques » portaient sur leur veste et leur pantalon un triangle rouge, les droit-commun un triangle vert, les homosexuels un triangle rose. Une lettre initiale indiquait la nationalité.

l'administration pour les avantages qu'ils peuvent en retirer, alors que l'objectif des seconds est de faciliter l'organisation de la résistance aux nazis.

Cette résistance se structure dès les premières années dans ce qui s'appellera le « petit camp », où les sociaux-démocrates et les communistes allemands sont plus nombreux et plus actifs que les « Verts ». Des relations clandestines étroites et suivies s'établissent au fil des années avec le « grand camp ».

Le « petit camp » est celui de l'accueil, du tri à destination du « grand camp » d'Auschwitz. La promiscuité, le manque total d'hygiène, le nombre sans cesse croissant des convois en font un lieu de contamination et d'épidémies dévastatrices : typhus, diphtérie, dysenterie... Dans le *Revier*[1], trop exigu pour accueillir les malades, on meurt les uns après les autres, les uns contre les autres dans des conditions d'une inhumanité absolue.

Le « grand camp » rassemble une population de plus de 40 000 prisonniers[2] de toutes nationalités répartis dans des blocks regroupant chacun 500 déportés.

Les relations entre les résistants allemands et ceux d'autres nationalités sont difficiles à établir du fait de la prudence et de la méfiance réciproques. À partir du début de 1944, la suprématie des « Rouges » étant définitivement établie sur les « Verts », les contacts deviennent plus opérationnels. Les Français, massivement déportés au début de cette année-là (plus de 3 700), sont nombreux à

1. Infirmerie.

2. À la fin de 1944, l'effectif sera de 63 048 détenus. Source : *Les Français à Buchenwald, 1940-1945*, par Agnès Triebel, éditions de l'Association française Buchenwald et Dora Kommandos.

avoir été formés à l'action clandestine. L'un d'eux, Frédéric-Henri Manhès, arrive ainsi au camp le 24 janvier ; il va jouer un rôle particulièrement important pour le sort des détenus français en général et pour Bloch en particulier.

Manhès, que nous avons déjà rencontré aux côtés de Pierre Cot[1], a été un des amis et collaborateurs les plus proches de Jean Moulin et a déjà rencontré Marcel Bloch à ce titre. C'est un personnage de roman. Blessé par deux fois et décoré pour sa vaillante guerre de 14-18, grand professionnel de l'édition, proche des Croix de feu du colonel de La Rocque, dignitaire franc-maçon, il s'est engagé corps et âme dans le combat aux côtés des républicains espagnols et a rencontré dans ce contexte Jean Moulin dont il est devenu l'ami. Tout naturellement, il s'est engagé aussi avec ce dernier dans la Résistance. Manhès, jusqu'à son arrestation, le 3 avril 1943, il a été son plus proche collaborateur. Dès son arrivée au camp, il prend contact avec les Français de différentes sensibilités, notamment ceux de la section communiste qui tentent d'améliorer le sort de leurs compatriotes détenus. Il se bat également pour obtenir l'appui de vieux Allemands sans lesquels aucune action n'est possible. Il crée ainsi le Comité des intérêts français (CIF). La masse des détenus français gagne beaucoup à l'organisation de cette solidarité encore embryonnaire.

L'arrivée, le 14 mai, de Marcel Paul, en provenance d'Auschwitz, confère une nouvelle dimension à l'action du Comité. L'homme est connu des communistes français internés dans le camp. Marcel Paul est en effet un syndicaliste communiste. Avec ferveur, Suzanne-Paul Bernès,

1. Voir *supra*, p. 58.

sa veuve, qui consacre aujourd'hui toute son énergie à l'Association française Buchenwald-Dora, retrace pour moi sa trajectoire. J'en retiens une attaque manquée pour faire sauter le train de Goering en forêt de Chantilly, son arrestation à la suite d'une trahison en novembre 1941, son emprisonnement à la Santé où il continue de militer. Il est alors transféré à Fontevraud et, après une nouvelle tentative d'évasion, est dirigé en avril 1944 sur Compiègne. Déporté à Auschwitz, les Allemands le transfèrent ensuite à Buchenwald. Là, il fait la connaissance des communistes français qui l'informent des efforts de Manhès pour venir en aide aux détenus français.

Les deux hommes se rencontrent et s'apprécient. Ils décident de mettre leurs efforts en commun pour rassembler les bonnes volontés de différentes sensibilités. Le comité réunit démocrates-chrétiens, gaullistes, républicains, socialistes, communistes. Marcel Paul en laisse la présidence à Manhès et se contente du secrétariat général.

« Dans un premier temps, les communistes allemands s'opposent au projet d'organisation par crainte d'indiscrétions et de représailles collectives des SS. Paul engage sa parole. Le Comité français devient alors un modèle pour les autres organisations clandestines, pour les Espagnols en particulier[1] », m'explique mon ancien collègue député Guy Ducoloné, communiste, lui aussi ancien de Buchenwald.

1. Guy Ducoloné, entretien avec l'auteur. Déporté à 24 ans, il se souvient de sa seule et unique rencontre à Buchenwald avec Marcel Paul qui passait « les troupes en revue » avant le soulèvement. Député communiste des Hauts-de-Seine, Ducoloné a été élu à l'Assemblée nationale pour la première fois en 1964. Il a été président à l'Assemblée des anciens déportés et dans ce cadre rencontrait Marcel Dassault.

Le Comité prend du poids, car il établit un rapport de forces « physique » face aux kapos, ces chefs de block qui imposent leur ordre « à coups de gourdin », et face aux bandes de prébendiers qui détroussent leurs camarades de détention. Organiser la résistance consiste d'abord à imposer sa propre autorité, sa propre loi. Manhès, Paul et leurs camarades l'imposent au péril de leur vie[1].

Outre l'organisation de la solidarité avec les plus faibles, une des missions importantes du Comité des intérêts français est l'accueil des nouveaux déportés et le repérage systématique, parmi eux, des résistants et des « personnalités ». Ce repérage est fait par les hommes du CIF qui travaillent au « bureau des statistiques » installé au petit camp. Les réunions de l'état-major du Comité français se tiennent dans « un petit bureau construit à l'extrémité des horribles W.C. du petit camp, [...] à l'ombre des potences et sous les nuées du crématoire[2] ». L'arrivée de Marcel Bloch a été immédiatement signalée

1. Une plainte est déposée auprès du doyen du camp n° 1 après une bastonnade qui laisse pour mort un détenu français, explique David Rousset, cité par Pierre Durand dans son ouvrage : « À partir de là, le drame commence. Cette démarche implique la volonté d'intervenir dans la jungle de Buchenwald pour lui imposer la reconnaissance de la légalité antifasciste. L'appareil clandestin s'est construit au-dessus des bas-fonds. Il a en quelque sorte admis leur existence de fait. Lorsqu'il s'est défendu contre eux, c'est avec les méthodes du milieu, efficaces certes, mais qui n'entament en rien la permanence d'un monde autonome en dehors de la loi. Ce que demandent Manhès et Paul, c'est en réalité de le détruire. » Dans ces luttes intestines, Marcel Paul exprime sa solidarité absolue avec Manhès auprès de la direction clandestine allemande. Avec lui, il obtient gain de cause.

2. Pierre Durand, *op. cit.*

aux dirigeants, en tout cas à Manhès, mais pas tout de suite à Marcel Paul qui, après avoir eu maille à partir avec un *Blokältest*[1] de son block, a été muté en accord avec les autres *Blokältest* politiques allemands. Ainsi Paul n'a-t-il pu accueillir l'avionneur, contrairement à ce que ce dernier a affirmé plus tard. Roger Arnould, membre de la Brigade française d'action libératrice à Buchenwald, proche de Marcel Paul et chargé du chiffre au sein du CIF (il expédiait les messages radio aux Alliés), a confirmé ce point dans une lettre à Pierre Assouline après la publication de sa biographie de Marcel Dassault : « C'est le colonel Manhès qui a orienté Bloch et l'a conduit à Marcel Paul[2]. » En revanche, il existait bien un poste radio clandestin à l'intérieur du camp, comme Dassault le précise dans *Le Talisman*, installé dans un tunnel et qui permettait d'obtenir quotidiennement des nouvelles de Londres et du monde libre...

Les usines de Dora et de Buchenwald, complémentaires, formaient un complexe d'industrie de guerre. À Dora, dans le tunnel maudit, plus de 10 000 déportés travaillaient jour et nuit au programme militaire d'une Allemagne nazie aux abois. La plupart d'entre eux moururent d'épuisement et ne revinrent jamais. Les fusées V2 et les missiles air-air téléguidés que les ingénieurs allemands tentaient de mettre au point pouvaient encore changer l'issue de la guerre. Les liasses de documents techniques tombées aux mains des Alliés en fournirent l'irréfutable

1. Chef de block.
2. Dans une lettre du 30 janvier 1982 que Pierre Assouline m'a aimablement confiée.

preuve et servirent, après la guerre, aux avancées décisives du vol à réaction. Mais c'est dans l'usine Mibau de Buchenwald qu'étaient fabriqués les éléments essentiels des moteurs et des gyroscopes nécessaires au guidage des armes secrètes. Cette information capitale fut transmise aux Alliés en juin 1944[1]. D'où le terrible bombardement du 24 août qui détruisit complètement l'usine Mibau.

La désorganisation du camp qui en résulta évita à Marcel Bloch de devoir mettre d'emblée ses compétences au service de l'Allemagne. Ce n'est qu'en décembre 1944 que la firme Heinkel retrouva la trace de l'avionneur et lui proposa de travailler pour elle. Bloch s'en ouvrit à Manhès qui l'orienta alors sur Marcel Paul, comme l'explique Roger Arnould (après qu'il en eut discuté avec Marcel Paul, toujours en vie en 1982) : « Bloch s'ouvrant à Marcel Paul de l'offre et de la possibilité pour lui de passer chez Heinkel, il ne fait aucun doute que la réponse du futur ministre communiste ne pouvait être que ce qu'elle a été (je le connais trop bien pour en douter) : « Si vous acceptez, vous êtes un traître. – Sur cet excellent conseil (surtout en décembre 44 ou janvier 45), Dassault restera à croupir au fond de l'arrière-camp de Buchenwald [...], risquant d'y laisser sa peau ; la Résistance (Manhès et Paul) l'aide par tous les moyens pour le tirer d'affaire[2]... »

À l'occasion d'une visite médicale, Bloch est reconnu. Il s'esquive, se fait porter pâle et est admis à l'infirmerie, au *Revier*, après avoir reçu officiellement (cela faisait

1. Lire à ce sujet Pierre Julitte, *L'Arbre de Goethe*, troisième partie : « Le bombardement », p. 297, Presses de la Cité, 1965.

2. Lettre de Roger Arnauld à Pierre Assouline, déjà citée.

partie des accords passés par les détenus avec l'administration du camp) un *schonung* (un repos de quelques jours). « Roger Bellon s'empressa de me reconnaître malade, et c'est ainsi que je rentrai au block des dysentériques », écrit Marcel Dassault. Mais, démasqué, il est bientôt renvoyé dans son block.

Convoqué à l'extérieur du camp, au siège de la « collaboration technique » des SS, il lui est proposé une nouvelle fois de mettre ses compétences au service de la firme Heinkel. Il refuse : « Je prétextai que, ne sachant pas l'allemand, je ne pouvais diriger une usine. » Il raconte dans *Le Talisman* comment il fut alors dirigé, « avec son interprète », sur un block de départ[1]. Il s'enfuit, retrouve Marcel Paul et se fait admettre à nouveau – incité par celui-ci[2] – au *Revier* où l'on meurt en masse du typhus.

L'infirmerie est noyautée par des médecins « rouges », notamment français. Le Comité des intérêts français contribue ainsi à sauver de très nombreuses vies et à planquer les déportés recherchés. Marcel Bloch, relativement bien portant en y arrivant, en ressort quelques jours plus tard avec la diphtérie[3]. C'est alors qu'il « croupit dans l'arrière-camp de Buchenwald », bourré de sulfamides et protégé tout spécialement par Marcel Paul.

---

1. Les Allemands, confrontés à l'avance des Alliés, regroupaient les déportés dans les blocks, pour les faire partir vers l'Autriche.

2. Marcel Dassault le précise dans *Le Talisman*, p. 79.

3. Les médecins SS pratiquaient dans le *Revier* de nombreuses et terribles « expériences médicales » auxquelles les médecins internés ne pouvaient s'opposer de front sous peine d'exécution immédiate. Le CIF s'opposa pourtant en 1945 à un projet d'euthanasie des typhiques, et les SS y renoncèrent.

Il traîne sa maladie, sa faiblesse, sa désespérance. Il se cache, on le cache dans les blocks, là où on peut. L'hiver est si rigoureux. Le froid, la faim règnent sur cet univers de peur, de violence et de mort. On ne parle pas. On subit.

Le printemps tarde à venir. Qui ose encore l'espérer ?

Et pourtant… « Aujourd'hui, pour la première fois, le soleil s'est levé, vif et clair, au-dessus de l'horizon de boue. C'est un soleil polonais, blanc, froid, lointain, qui ne réchauffe que la peau, mais lorsqu'il s'est dégagé des dernières brumes, un murmure a parcouru notre multitude incolore, et quand, à mon tour, j'en ai senti la tiédeur à travers mes vêtements, j'ai compris qu'on pouvait adorer le soleil. »

Le soleil de Primo Levi et de ses compagnons suppliciés du camp d'extermination d'Auschwitz[1] se lève aussi sur Buchenwald. Pister, le commandant du camp, déstabilisé par l'avance des Alliés et la défaite qu'il sent inéluctable, tente d'ultimes manœuvres. Il essaie de rallier les deux mille détenus politiques allemands emprisonnés pour hostilité au régime. Sans succès.

Le 3 avril, Léon Blum, qui bénéficie d'un statut particulier à Buchenwald – il vit avec sa femme dans une maison située à quelques kilomètres du camp, qu'il a longtemps partagée avec Georges Mandel[2] – est contraint, malgré une crise aiguë de sciatique, de prendre la route du sud, escorté par la Gestapo. Après un passage par Munich en

1. Auschwitz fut libéré en janvier 1945 par les Soviétiques.

2. Georges Mandel, ancien ministre de l'Intérieur, violemment opposé à l'armistice, fut interné par le gouvernement de Vichy et livré aux Allemands en novembre 1942. Après avoir été déporté à Buchenwald, il fut livré par les nazis à la milice de Vichy qui l'assassina dans la forêt de Fontainebleau le 7 juillet 1944.

ruine, ils sont libérés à Niederdof par une compagnie de la Wehrmacht conduite par le capitaine Von Alvensleben, qui désarme les SS.

Le 4 avril, les SS invitent sur un ton qui se veut rassurant les 6 000 Juifs du camp à se rassembler sur la place d'appel. Manhès et Paul font passer l'ordre de ne pas s'y rendre et font vider les blocks dans lesquels ils résident, chacun épinglant sur son vêtement de camp le triangle rouge ; 1 500 déportés juifs se laissent néanmoins abuser et périssent.

Le lendemain 5 avril, 46 détenus sont convoqués pour interrogatoire avant pendaison. Parmi eux, de nombreux déportés résistants, et Marcel Bloch. Leurs camarades sont prêts à se battre pour empêcher l'inéluctable. Bloch est caché alors dans le « petit camp » où se trouvent Marcel Paul, Henri Manhès et les autres membres du CDI. Il sera moins vulnérable dans cette partie de Buchenwald où les SS hésitent à se rendre ; si d'aventure ceux-ci décident néanmoins d'y aller, la configuration des lieux permet au moins de les voir rappliquer.

Ce même jour, le CIF est informé d'une descente des SS chargés de vider les baraquements du « petit camp ». Évacués dans la nuit, trois cents Français rejoignent alors le « grand camp », petit groupe par petit groupe. Un seul manque à l'appel : Marcel Bloch ! Marcel Paul envoie deux émissaires à sa recherche. Tenté de se rendre à la convocation des SS, expliquera plus tard Marcel Bloch, il en est dissuadé par un autre compagnon déporté. Il n'est d'ailleurs plus guère en état de décider quoi que ce soit. Ses jambes le portent à peine, bien qu'elles n'aient pourtant plus qu'à supporter un homme de trente-cinq kilos. Déguisés en faux policiers du camp, les deux émissaires de Marcel Paul chargés de prévenir les Français le retrouvent perdu parmi un groupe d'un millier de prisonniers « virés » à coups de trique de leurs paillasses. Ils le soulèvent et l'emportent.

Le 7 avril, ordre est donné par les déportés-résistants de ne pas se rendre à l'appel général lancé par les SS, pris de panique par l'avance des Alliés et leur bombardement du camp le matin même. Le rassemblement n'a pas lieu.

Les nouvelles les plus folles circulent : sur un bombardement de la Luftwaffe programmé pour tout détruire, le camp et ceux qui y demeurent, voire sur l'anéantissement de tous les déportés au lance-flamme. Un renfort de 200 soldats SS équipés de mitrailleuses arrive pour faire sortir 14 000 détenus qui s'y refusent.

Le 8 avril est donné un nouvel ordre d'évacuation du camp. La Gestapo veut entraîner les captifs vers le sud du pays où doit s'organiser l'ultime résistance des nazis. Cet exode massif de la population des déportés, dont le plus grand nombre est d'une extrême faiblesse, signifierait la mort pour beaucoup. Ce serait le cas pour Bloch qui, après sa diphtérie, souffre d'un début de paralysie des jambes qui s'aggrave et lui interdit toute longue marche. Le Comité des intérêts français décide de s'opposer à l'évacuation des Français. Marcel Paul ordonne : « Faire redescendre les Français vers les blocks et, en cas d'impossibilité de se mêler au collectif, de réorganiser les sections, encadrer le convoi et, sur mon ordre par un coup de sifflet, désarmer les gardiens et libérer nos camarades. » La manœuvre réussit : les Français peuvent redescendre. Une évacuation de Buchenwald est alors programmée par la voie ferrée à bord de wagons fermés. Marcel Paul refuse une nouvelle fois.

Le 11 avril, une batterie allemande ouvre le feu sur les Alliés maintenant tout proches. L'ordre est alors donné par l'état-major international des résistants du camp de passer à l'offensive. Les armes patiemment cachées par les Français dans une cave à charbon sont distribuées. Ce sont les « armes de l'espoir[1] ». Chaque groupe national a constitué son propre stock de fusils, cartouches et grenades. Cent vingt captifs résistants français du camp, armés et déterminés, investissent les bâtiments administratifs, le bunker, la porte du camp. Ils font face aux SS. Échanges de coups de feu. Lâche décrochage des nazis quand surgit cette petite armée d'hommes faméliques, rayonnants, comme hors d'eux-mêmes, vêtus de leurs hardes ou du pyjama rayé.

La brigade française se montre particulièrement active. Lorsque, mission accomplie, elle rentre au camp, ses dirigeants décident de faire défiler l'unité au pas cadencé en entonnant le *Chant du Départ*. La consigne est rapidement transmise à tous les hommes. « Cette initiative, qui pourra paraître étrange, sinon déplacée,

1. Ces armes, apprit-on, avaient été progressivement introduites dans le camp par les antifascistes allemands et parfois acheminées dans les conditions les plus terribles, dissimulées par exemple dans les charrettes de cadavres venant de l'extérieur et dirigées vers les crématoires. Pierre Durand précise que c'est à partir de 1942-1943, lors des défaites des nazis face à l'URSS, que la direction clandestine allemande estima qu'il devenait nécessaire d'envisager une confrontation armée avec les SS. À partir de cette période, des cachettes sont aménagées dans divers blocks. Toute possibilité de récupération est utilisée : beuveries des SS, oublis d'armes jamais avoués par crainte de sanctions… L'arsenal comportait en avril 1945, 91 mousquetons, un fusil-mitrailleur (et leurs munitions), 16 grenades allemandes à manche, 20 pistolets, 80 grenades artisanales, 200 cocktails Molotov.

nous est inspirée par un légitime sentiment de fierté nationale, par notre volonté d'affirmer notre participation au combat dans la Résistance française et à Buchenwald », témoignera plus tard René Philippon. Norbert Hilger, André Lacour, René Philippon et Max Brézillon[1], les deux premiers de l'Aisne, les deux autres de l'Oise, appartiennent aux « charpentiers » chargés des réparations dans les blocks, et, à ce titre, sont équipés de haches. Ils se précipitent pour décrocher le drapeau nazi et hisser un drap blanc en signe de reddition. Ils sont libres.

Le 12 avril, une Jeep se présente à la porte. L'armée américaine du général Patton prend possession du camp libéré[2]. Marcel Bloch est malade, mais vivant. Dans une émotion indescriptible, les déportés fêtent la liberté recouvrée.

---

1. René Philippon, ancien président de l'ADIF de l'Oise (Association départementale des internés français), a apporté ses précisions à ce témoignage, ainsi que Max Brézillon, futur collègue de l'auteur en 1977 au conseil général de l'Oise et qui signa une lettre solidaire de Marcel Paul en 1946. L'un et l'autre faisaient partie des *Zimmermandu Zeltlager*, les « charpentiers du camp des tentes », commando spécial qui joua un rôle majeur dans la libération du camp.

2. Cette libération fut naturellement rendue possible par l'avancée des troupes américaines qui n'étaient plus qu'à 20 kilomètres du camp de Buchenwald, le 11 avril, déstabilisant sérieusement les forces environnantes de la Wehrmacht qui pressentaient l'imminence de leur défaite. La lettre du major général R.W. Groweret – 3250, Valley Lane Falls Church, VA 22044 – datée du 31 mars 1975 a mis fin à la controverse sur ce point : la patrouille trouva le camp de Buchenwald *non gardé*. Ses hommes furent reçus avec enthousiasme par plusieurs milliers de prisonniers encore capables de marcher. René Philippon témoignera de l'arrivée des Américains, « aperçus du haut d'un mirador où il était monté ». Cité dans le livre de Pierre Durand.

Un officier américain prend langue avec la direction des déportés-résistants et compte sur elle pour assurer la défense du camp jusqu'à l'arrivée du reste des troupes. Il confirme également Hans Eiden, doyen allemand du camp, dans ses fonctions de chef du camp. Il est le premier homme à prendre la parole dans Buchenwald libéré après la fuite des SS :

> *« Attention ! Attention ! Ici le doyen du camp qui vous parle au nom du Comité constitué par toutes les nations :*
>
> *La SS a abandonné le camp.*
>
> *Les représentants de toutes les nationalités ont constitué une direction du camp. Il importe impérativement que ses ordres soient obéis.*
>
> *Que tout le monde reste dans les blocks. Que les barrières soient maintenues.*
>
> *Les vivres et les vêtements sont propriété des détenus. Quiconque y porterait atteinte serait puni en tant que pillard.*
>
> *Tous les organismes du camp restent en fonction et veillent à l'ordre et à l'entretien du camp… »*

La voix, relayée par les haut-parleurs dans tous les blocks, ne fait plus ni cogner les cœurs, ni tressaillir les 21 000 déportés encore vivants en ce jour d'avril 1945.

Le 15 avril, le général Patton ordonne à quelque mille habitants de la ville de Weimar âgés de 18 à 45 ans, dont la moitié de femmes, de visiter le camp et les hôpitaux afin de se rendre compte des conditions qui y régnaient. Ils s'y rendent à pied, escortés par des véhicules de la Croix-Rouge. Les deux tiers d'entre eux appartiennent aux couches les plus aisées, le tiers restant à la population la moins favorisée.

Le 19 avril, les déportés réunis sur la place d'appel prononcent le serment de Buchenwald :

*« Nous, détenus de Buchenwald, sommes réunis ici aujourd'hui pour honorer les 51 000 prisonniers assassinés à Buchenwald et dans les commandos extérieurs par les brutes nazies et leurs complices.*

*51 000 des nôtres ont été fusillés, pendus, écrasés, frappés à mort, étouffés, noyés, empoisonnés et tués par piqûres.*

*51 000 pères, frères, fils sont morts d'une mort pleine de souffrances, parce qu'ils ont lutté contre le régime des assassins fascistes.*

*51 000 mères, épouses et des centaines de milliers d'enfants accusent.*

*Nous qui sommes restés en vie et qui sommes les témoins de la brutalité nazie, avons assisté avec une rage impuissante à la mort de nos camarades. Si quelque chose nous a aidés à survivre, c'était l'idée que la justice viendrait un jour.*

*Aujourd'hui, nous sommes libres.*

*[...] Nous, ceux de Buchenwald, Russes, Français, Polonais, Tchécoslovaques et Allemands, Espagnols, Italiens et Autrichiens, Belges, Hollandais, Luxembourgeois, Roumains, Yougoslaves et Hongrois, nous avons lutté en commun contre les SS, contre les criminels nazis, pour notre libération.*

*Une pensée nous anime :*

*Notre cause est juste.*

*La victoire sera la nôtre !*

*[...] Notre idéal est la construction d'un monde nouveau dans la Paix et la Liberté. Nous le devons à nos camacades tués et à leurs familles. Levez vos mains et jurez pour démontrer que vous êtes prêts à la lutte*[1] *! »*

Avec tous les autres, Marcel Bloch lève une main qui tremble et prête serment : « Nous jurons ! »

---

1. Le texte de ce serment a été lu au micro du camp par le Français Pierre Durand, le 19 avril 1945.

Le rapatriement des déportés va demander du temps. Les Américains organisent les départs en exigeant que soient remplies des formalités administratives et sanitaires précises : un examen médical et un certificat de vaccination contre le typhus. Marcel Bloch s'impatiente, cherche à obtenir des nouvelles des siens. Un officier français le rassure :

« Savez-vous ce qu'est devenu mon frère Darius, le général Dassault ?

– Le général de Gaulle vient de le nommer grand chancelier de la Légion d'honneur. Il a participé à la libération de Paris à la tête de la Résistance. »

Les avions envoyés de France rapatrient par priorité les blessés ou les malades incapables de supporter un long voyage. Malgré sa grande faiblesse, Marcel Bloch n'est pas jugé prioritaire. Il ne fera pas non plus partie des passagers des deux avions américains demandés par de Gaulle pour rapatrier les personnalités politiques.

Madeleine, son épouse, ses amis Le Révérend, Germain Bloch, sans nouvelles depuis quelques semaines, espèrent et s'inquiètent. Ils s'adressent à Charles Tillon, nouveau ministre de l'Air, et, comme beaucoup, à Raoul Nordling, le consul de Suède à Paris[1]. Sans succès.

Le Dr Roger Bellon propose à Bloch un retour en voiture. Un de ses amis officiers de réserve, arrivé en Allemagne, est venu le chercher. Ils partent en convoi avec

1. C'est Raoul Nordling, consul de Suède à Paris qui, le 22 août 1944, envoya une mission auprès du général Eisenhower pour l'avertir que le général Von Choltitz avait reçu l'ordre de détruire Paris. C'est Nordling qui négocia avec ce dernier. Grâce à sa ténacité et à son dévouement, il fit aussi libérer des milliers de détenus politiques censés partir pour les camps de concentration.

d'autres qui ont eu comme eux la chance de trouver un véhicule. Marcel Bloch traverse ainsi l'Allemagne : Weimar, Erfurt (où il fait halte, invité à se restaurer par la baronne de Rothschild, officier de l'armée américaine), puis Francfort, Baden-Baden, enfin la frontière, Strasbourg, la France. Il s'envole pour Paris à bord du Junker trimoteur mis à la disposition des membres du convoi. Pendant le vol, Marcel Bloch dessine un nouveau modèle d'appareil sur une feuille de papier quelque peu jaunie. Puis il se lève maladroitement, quitte en chancelant son siège dans son grand manteau dont les pans flottent sur sa tenue de déporté. Il marche tant bien que mal dans l'étroite allée centrale de l'appareil et pénètre dans le poste de pilotage :

« Bonjour, messieurs ! Je suis Marcel Bloch, constructeur d'avions.

– Bonjour, monsieur Bloch.

– Dites-moi : c'est bien ce que je pensais, l'avenir est à l'aviation de bombardement ? »

Les pilotes se regardent, perplexes.

Puis l'avionneur regagne sa place[1].

Le 23 avril en début d'après-midi, le Junker se pose à l'aéroport du Bourget. Marcel Bloch-Dassault retrouve les siens.

Quelques mois plus tard, une lettre du ministère des Anciens Combattants invite le rescapé de Buchenwald à venir récupérer ses effets laissés à l'*Effectenkammer*, le magasin d'habillement, énorme entrepôt où les nazis

1. Source privée. Cité par André Fontaine au cours d'un entretien avec l'auteur.

conservaient, méticuleusement rangés et étiquetés, les affaires personnelles des déportés. Le petit paquet qui lui est destiné contient son stylo en or, sa montre, son porte-feuille, et, à l'intérieur de celui-ci, entre deux feuilles de papier buvard, le trèfle à quatre feuilles, le talisman, déposé à son arrivée au « petit camp », parfaitement intact.

## Chapitre VIII

# Les passeurs de la renaissance

« Marcel Bloch est mort à Buchenwald », avait l'habitude de dire l'avionneur. Depuis la fin du Front populaire, il a subi humiliation sur humiliation, épreuve sur épreuve : venant d'abord de Français qui ne supportaient pas son alliance avec Pierre Cot, puis d'autres Français qui le condamnaient pour le seul fait d'être juif ; enfin des nazis qui, pendant huit mois, l'ont rangé dans la catégorie des *Untermenschen*, des sous-hommes.

Marcel Bloch a 53 ans, il pèse alors 35 kilos et marche difficilement à cause d'une paralysie post-diphtérique. Il est aussi marqué moralement que physiquement. Robert Antelme, le mari de Marguerite Duras, proche d'Edgar Morin et de François Mitterrand, a bien rendu, dans son livre *L'Espèce humaine*, écrit deux ans après Buchenwald, le désarroi de ceux qui sont revenus de l'enfer : « Il y a deux ans, durant les premiers jours qui ont suivi notre retour, nous avons été – tous, je pense – en proie à un véritable délire. Nous voulions parler, être entendus enfin. On nous dit que notre apparence physique était assez éloquente à elle seule [...]. À peine commencions-nous à raconter que nous suffoquions. À nous-mêmes, ce que nous avions à dire commençait alors à nous paraître *inimaginable*. Cette disproportion entre l'expérience que nous avions vécue et le récit qu'il était possible d'en faire ne fit que se confirmer par la suite [...]. Dire que l'on se sentait alors contesté comme homme, comme membre de l'espèce, peut apparaître comme un sentiment rétrospectif, une explication après coup. C'est cela, cependant, qui fut le plus immédiatement et constamment sensible et vécu, et c'est cela d'ailleurs, exactement cela qui fut voulu par les autres. La mise en question de la qualité d'homme provoque une revendication presque biologique d'appartenance à l'espèce humaine. »

Revenu au milieu des siens, le premier réflexe de Marcel est effectivement d'ordre biologique. Il doit se soigner, se reposer, manger pour reprendre figure humaine, marcher normalement, vivre ou plutôt revivre. L'objectif numéro un : vaincre la paralysie. Les premières semaines, il reste alité. Madeleine – ou plutôt *Mamoune* – est aux petits soins pour un mari toujours aussi épris d'elle. Ce qui ne l'empêche pas de couver aussi ses deux enfants, Claude et surtout Serge, 20 ans, qui prépare alors son entrée à Polytechnique. « Marcel était jaloux de l'amour que témoignait sa femme Mamoune à son fils [...]. Mamoune se portait toujours à son secours chaque fois que Marcel le critiquait », racontera bien plus tard Pierre de Bénouville[1].

1. In *Avant que la nuit ne vienne*, Grasset, Paris, 2002.

Marcel retrouve alors son frère aîné, à qui il voue une admiration sans bornes. Le général d'armée se fait désormais appeler Bloch-Dassault. Il est devenu un personnage important de la France nouvelle : après avoir été proche des communistes en 1942 en participant au comité directeur du Front national, il s'est en effet rapproché des milieux résistants gaullistes. S'il a naguère envoyé un télégramme de soutien au général de Gaulle signé « Chardasso », il n'a eu de contacts réguliers avec Londres que pour préparer la libération de Paris. En avril 1944, il a en effet été nommé gouverneur militaire clandestin de la capitale et a installé son PC aux Invalides pour accueillir les armées de libération.

Arrêtons-nous, l'espace de quelques lignes, sur la carrière de cet homme qui tient une place importante dans la vie de son frère. Paul-Darius Bloch entre à Polytechnique en 1901, puis en 1907 à l'École d'application de la cavalerie dont il sort major. Au front dès les débuts de la guerre, en 1914, il en revient couvert de citations après avoir commandé les 322e et 328e compagnies du 8e bataillon de chars d'assaut. En 1931, il devient chef du cabinet technique d'André Maginot, ministre de la Guerre : singulière affectation pour ce militaire, ardent partisan de la guerre de mouvement[1] ! En 1940, Bloch se bat courageusement à la tête du 5e corps d'armées. Le 25 août 1940, il est nommé par Vichy adjoint au général chargé de la coordination aérienne, et son PC est fixé à Cusset. Le 4 octobre suivant – jour du

1. André Maginot fit voter la construction d'une ligne fortifiée qu'on appela de son nom et qui allait donner au commandement français un sentiment de sécurité illusoire.

premier internement de son frère Marcel –, il est chargé de l'inspection des formations terrestres antiaériennes maintenues sur les zones contrôlées par Vichy. En 1942, le général Darius Bloch, 60 ans, entre dans la Résistance aux côtés des communistes. Il côtoie Jacques Duclos, patron du Parti dans la clandestinité. C'est lui, me confie Guy Ducoloné[1] qui suggère au général – lequel s'est illustré dans les premiers chars à la fin du premier conflit mondial – de choisir un nom de guerre ayant trait aux blindés : « Pourquoi ne pas vous appeler Chardasso ? » Ainsi en fut-il alors décidé : la suggestion ne restera pas sans conséquences sur l'avenir patronymique de toute la lignée !

Quand on poursuit la lecture de son dossier militaire, on découvre la citation suivante : « Par son action personnelle, le général Dassault, seul général de son rang dans l'ancienne armée ayant exercé un commandement effectif dans la Résistance, contribue puissamment à réaliser la réunion de tous, sans distinction de parti, dans les Forces françaises de l'intérieur, met sur pied l'état-major que le général Kœnig pourra utiliser à son arrivée. » Lors de la libération de Paris, il jouera effectivement les conciliateurs entre les différentes fractions de la Résistance, notamment entre les communistes et les gaullistes, entre FTP et FFI. Son frère Marcel révéla même, un jour de janvier 1983, que le général de Gaulle, pressé par les Alliés, « craignant la révolution communiste », aurait envoyé le général Kœnig pour donner l'ordre au général Paul-Darius Bloch de désarmer ses hommes : « À tort ou à raison, mon frère a refusé en disant

1. Cette anecdote contée par Guy Ducoloné a été rapportée par de nombreux communistes après la guerre.

qu'il s'était donné assez de mal pour les armer, pour maintenant arracher leurs armes. » Son dossier souligne ainsi, outre « les compétences, la grande fermeté » et l'« habileté consommée » du général. En même temps que l'éminente fonction de grand chancelier de la Légion d'honneur, la coordination du Comité scientifique de défense nationale lui est confiée. La définition de ce poste de patron du renseignement scientifique militaire révèle toute sa dimension : « Coordonner les études scientifiques, faciliter les échanges de renseignements, établir les programmes de recherche intéressant la Défense nationale et rechercher chez l'ennemi des renseignements d'ordre scientifique, technique, industriel en vue d'en tirer des renseignements pour la conduite de la guerre. Faire bénéficier le pays des progrès scientifiques réalisés par l'ennemi et rechercher avec les Alliés des objectifs communs. »

Qui, mieux que ce frère aîné, pourra aider Marcel Bloch-Dassault à renaître et à reconstituer son réseau relationnel en le présentant à ses amis résistants qui dirigent désormais la France ?

Marcel recouvre progressivement une santé qui restera de toute façon fragile, mais surtout un puissant désir de vivre et d'assouvir la formidable passion qui ne l'a pas abandonné : imaginer, concevoir, construire des avions. Et profiter de ce temps nouveau qui lui a été presque miraculeusement accordé, preuve que ce qu'il estimait être sa chance – symbolisée par le « talisman » – ne l'avait pas abandonné.

Ses deux plus proches collaborateurs et compagnons des années de traque, Auguste Le Révérend et Georges Hennequin, accourent à son chevet pour s'entretenir avec lui de l'avenir. Henri Déplante et Benno Claude Vallières viendront rapidement compléter ce premier cercle.

La première démarche personnelle de l'avionneur pour s'enquérir des possibilités nouvelles et reprendre contact avec le monde de l'aéronautique se situe, semble-t-il, en juin 1945, deux mois après son retour de camp. Malgré ses graves difficultés à se déplacer, Marcel Bloch se fait conduire au ministère de l'Air, dirigé par le communiste Charles Tillon, ancien patron des FTP, que connaît bien le général Paul-Darius Bloch. L'avionneur est aimablement reçu par Louis Bonte (que l'on retrouvera plus tard responsable des essais en vol à Brétigny). Celui-ci ne l'encourage pas à persévérer dans la construction aéronautique. Les communistes au gouvernement entendent en effet privilégier les sociétés nationales. Bonte est donc le premier à suggérer à Marcel de revenir à ses premières amours : « Construisez des hélices performantes, comme en 1918 ! » Déçu de n'avoir pas été reçu par le ministre en personne, malgré l'amabilité de l'accueil que lui a réservé son collaborateur, il décide néanmoins de remettre de l'ordre dans ses affaires, de recouvrer ses avoirs confisqués et d'étudier comment il pourrait recréer une structure en vue de construire de nouveaux prototypes.

En novembre 1945, il est réélu président du conseil d'administration de la Société des avions Marcel Bloch, même si c'est Le Révérend qui assume effectivement la fonction. Marcel Bloch partage en effet sa vie entre Paris et Cannes, où il séjourne souvent pour se remettre et se refaire. À la fin du même mois, il prend rendez-vous avec Marcel Paul, son protecteur communiste de Buchenwald, devenu, depuis le 21, ministre de la Production industrielle : il craint en effet que son usine de Saint-Cloud ne soit intégrée dans les projets de nationalisations poussées émis par les communistes qui constituent la principale force politique de l'immédiat après guerre. L'avionneur est reçu par Marcel Cliques, un de ses anciens collaborateurs d'avant-guerre, devenu directeur de cabinet du ministre. Celui-ci le rassure pour ce qui est de l'usine de Saint-Cloud, mais lui confirme en revanche la volonté du gouvernement de privilégier le secteur public pour développer les industries de construction aéronautique. Il lui conseille donc lui aussi de se remettre à fabriquer des hélices…

Étonnés de se retrouver ensemble, les deux hommes parlent de l'avenir mais aussi un peu du passé : la guerre, le camp…

« Comment ont-ils pu vous déporter ? Pourquoi ne vous êtes-vous pas caché ou exilé ?

– Je pensais qu'ils n'oseraient pas », lui répond son ancien patron[1].

Marcel Cliques lui ayant recommandé de se remettre à construire des prototypes et des hélices, le message est entendu : Marcel Bloch dispose déjà de nombreux projets dans ses cartons. Mais il lui faut de nouvelles structures : le 6 décembre 1945, il crée la Société des moteurs et hélices Marcel Bloch, dont le siège est à Saint-Cloud.

S'il est prêt désormais à satisfaire sa passion des avions, ces dispositions pratiques ne répondent pas aux questions fondamentales qu'il se pose depuis son retour de Buchenwald : *Qui suis-je ? Qu'ai-je fait pour attirer autant de haine ? Que dois-je faire pour ne plus jamais revivre cela ?*

1. Dialogue rapporté par Pierre Assouline.

*Puis-je être encore heureux ?* S'il ne renie pas son identité, c'est-à-dire le lien qui le rattache à ses chers parents, il est néanmoins persuadé que ses souffrances portent leur nom, le sien : Bloch. Un nom qui l'a conduit dans un monde inhumain où il a approché la mort de très près. Au fil des semaines, après son retour du camp, le « délire » dont parle Robert Antelme s'est mué chez lui en une volonté de résurrection passant par un changement de nom. Durant ce même mois de décembre qui a marqué sa renaissance économique, il effectue sa première démarche en vue de changer d'identité, donc de renaître. Il prend rendez-vous avec Pierre-Henri Teitgen, ministre de la Justice, pour savoir dans quelles conditions il pourrait accoler le nom de résistance de son frère au sien.

En l'espace de quelques années, Marcel se dépouille ainsi de ce qui faisait son ancienne identité : il était Bloch, juif, marié à la synagogue, engagé à gauche, proche de Pierre Cot, ce « galopin sanglant » qui avait pour Moscou les yeux de Chimène. Il veut d'abord devenir Bloch-Dassault, puis Dassault, gaulliste pro-américain, catholique, député, homme de presse et même producteur de cinéma… Pour aller ainsi d'une rive à l'autre, l'avionneur aura dû utiliser quelques « passeurs » dont les principaux sont trois généraux : Paul-Darius Dassault, Édouard Corniglion-Molinier, Pierre de Bénouville et un jésuite, ancien résistant et déporté, le révérend père Riquet. Quatre figures romanesques qui vont transformer l'ingénieur de l'aéronautique d'avant-guerre, compétent mais monomaniaque et un peu terne, en un personnage puissant, décalé, toujours passionné par les avions mais dont le rêve caché serait de faire voler tous ses compatriotes vers les mystères ou les mirages d'un bonheur rose argenté. Pourtant, au fil de cette belle histoire conçue et vécue par ce volontariste du bonheur, le rescapé de Buchenwald ne pourra oublier tout à fait deux autres de ses passeurs clandestins mais encombrants, parce que communistes, Jacques Duclos et Marcel Paul, qui lui ont donné son nouveau nom pour l'un, sauvé la vie pour l'autre. Cette mémoire marquée de rouge permettra de mieux comprendre les relations ambiguës que Marcel Dassault entretiendra toujours avec les communistes et la CGT…

Le général Dassault est incontestablement le premier de ces passeurs. « Trop de personnes portent le nom de Bloch, cela prête à confusion[1] », avait l'habitude de répéter le jeune Bloch. Il décide donc d'emprunter son nom au frère qu'il admirait avant la guerre et qu'il admire davantage encore depuis, du fait qu'il n'a pas hésité, lui, à s'engager dans la Résistance, alors que lui-même n'a pas osé partir pour Londres comme le lui conseillaient ses amis et collaborateurs. Il n'a pas même eu le courage physique de sauter du train qui l'emmenait à vitesse d'escargot vers Buchenwald ! Par l'utilisation d'un nom de Résistance, il se pare d'un pan du glorieux manteau de son frère, mais, dans le même temps, il augmente sa dette à l'égard de la direction du parti communiste qui, par les hasards de l'histoire, lui a permis d'en réchapper et de se donner une nouvelle identité. Autre paradoxe, c'est cette même direction du PC qui, pour des motifs idéologiques, l'empêche à présent de retrouver rapidement la place et le rôle d'industriel qui était les siens avant guerre.

1. Citation de Marcel Dassault, source privée.

La mutation qui est en train de s'opérer en lui n'empêche pas celui qui est en train de devenir Marcel Bloch-Dassault de voler au secours de Marcel Paul, son sauveteur, quand celui-ci et le colonel Manhès sont la cible d'une violente campagne lancée par l'hebdomadaire *Paroles françaises*, le 27 avril 1946, sous le titre « Quand les communistes régnaient sur Buchenwald ». Paul y est notamment attaqué pour avoir usé et abusé de sa « toute-puissance pour se débarrasser de leurs compagnons qui ne partageaient pas leurs idées politiques. » Choqué par de telles imputations, l'avionneur n'hésite pas à soutenir publiquement son « cher camarade » Marcel Paul :

> « *En ce jour anniversaire de [celui de] la Victoire auquel il m'a été possible, grâce à vous, d'assister l'année dernière à Paris, je tiens à vous exprimer toute ma reconnaissance pour l'aide et le soutien que vous avez bien voulu m'apporter au camp de Buchenwald.*
>
> *J'avais été interné à Pellevoisin dès octobre 1940 par le gouvernement de Vichy. Aussi n'ai-je pas eu le bonheur, comme mon frère le général Dassault et tant d'autres, de prendre une part active à la Résistance française au cours de l'occupation allemande.*
>
> *Livré en mars 1944 par le gouvernement de Vichy aux Allemands, je fus déporté comme otage politique au camp de Buchenwald.*
>
> *Dès les premiers jours, je me souviens de l'immense réconfort moral que vous m'avez apporté, ainsi qu'aux camarades français se trouvant dans le même block que vous, en faisant circuler tous les soirs le communiqué de la radio anglaise, et cela malgré les risques que ce geste comportait.*
>
> *Deux jours avant la libération du camp par les Américains, je fus désigné par le chef du block 60 pour prendre la route avec d'autres déportés devant quitter le camp ce jour-là.*

> *Grâce à votre protection, j'ai pu me réfugier dans un autre block, puis dans d'autres encore, et éviter ainsi le départ dont la plupart de nos camarades ne devaient hélas pas revenir.*
>
> *J'espère que vous serez sensible à ces quelques mots de gratitude, car je me souviens de votre désolation chaque fois que vous tentiez d'arracher un camarade à un risque de mort et qu'il ne vous avait pas été possible d'y parvenir...* »

La lettre est encore signée « Marcel Bloch ».

Le 12 juin 1946, il transmet au garde des Sceaux – qui est toujours Teitgen – sa demande officielle d'adjoindre à son nom celui de Résistance de son frère. Le décret d'autorisation est publié au *Journal officiel* du 4 novembre 1946, avec les signatures de Georges Bidault, président du gouvernement provisoire, et de Pierre-Henri Teitgen. L'avionneur s'appelle donc désormais Marcel Bloch-Dassault, mais, dans sa tête, il a déjà abandonné la première moitié de son patronyme. À preuve, le mois suivant, il débaptise la Société des avions Marcel Bloch, créée au moment du Front populaire, pour la rebaptiser Société des avions Marcel Dassault, dont le siège est transféré de Thiers à la villa Saint-Cyrès, à Cannes[1]. L'homme nouveau s'appellera d'ailleurs bientôt Marcel Dassault : après une nouvelle demande en ce sens, il sera autorisé à porter le seul nom de Dassault le 12 février 1949. Le nom de Bloch était devenu à ses yeux si « inutili-

1. Le 20 octobre 1950, la sarl Société des avions Marcel Dassault, dont le siège est à Cannes, devient la Société immobilière Marcel Dassault. C'est la société holding que son gérant tout-puissant, Marcel Dassault, crée pour contrôler son groupe et ses multiples activités nées ou à naître, qui feront dans les années 1970 l'objet de quelques problèmes fiscaux.

sable » qu'il le fait même supprimer sur ses avions d'avant guerre ! Il remplace leur signalement par leur numéro et, un peu plus tard, par les initiales MD au lieu de MB…

Les enfants de Marcel Bloch-Dassault grandissent. Serge a intégré Polytechnique. À sa sortie, dans un bon rang, il choisit Sup'Aéro, comme son père, s'initie au vol à voile et au pilotage, même si le père reste évasif sur son avenir dans la maison… « Que tu sois entré à Polytechnique, c'est bien, me disait-il en substance, mais il faut que tu saches que seuls les ingénieurs sortis dans les premiers – dans la "botte" – m'intéressent », se souvient Serge Dassault devant Claude Carlier[1]. Ce père-là n'a pas érigé la tendresse ni l'indulgence en méthodes d'éducation !

Serge rencontre Nicole Raffel au bal de Sciences-Po. L'étudiante est meurtrie par la guerre : son père, arrêté par la Milice, n'est pas revenu de déportation. Quelques mois plus tard, leur mariage est célébré à la mairie du XVI$^{e}$ arrondissement. L'oncle Paul a ouvert les salons du palais de la Légion d'honneur pour la réception qui suit. Malgré les réticences paternelles, Serge intègre la Société des avions Marcel Dassault en 1951. Affecté à un bureau d'études, sa table à dessin voisine avec celle de Jean-Luc Lagardère qui vient lui aussi d'être embauché dans l'entreprise.

Claude, l'aîné, suit quant à lui les cours d'une école de comptabilité, mais s'intéresse davantage à la musique, surtout classique. Il fréquente avec plus de passion les festivals de Bayreuth et Salzbourg que le service comptable de la société, qu'il a intégré. Il est choyé et protégé

1. Marcel Dassault, cité par Claude Carlier dans *La légende d'un siècle*, *op. cit.*, p. 189.

par Germain Bloch, Hervé de Vathaire, comptable confirmé, et Gilbert Pottier, employé aux écritures, que Germain Bloch a rencontré sur les courts de tennis : « Ils étaient classés tous les deux. Mon père rêvait d'être comptable, me raconte Danièle, la fille de Gilbert Pottier. Il n'avait pas fait d'études… "On ne peut pas être comptable et champion de tennis !" avait répliqué d'un ton bourru l'ami du patron chargé de l'administration ; puis il embaucha mon père, un enfant de Paris avec sa gouaille, son franc-parler, son désir d'arriver, ses propos et comportements à l'emporte-pièce. Mon père végétera une dizaine d'années comme aide-comptable sous les ordres de Vathaire, jusqu'au jour où Marcel Dassault fera de lui le président de quatorze sociétés !… »

Le changement le plus important de ces années de l'immédiat après-guerre est l'entrée de Marcel Bloch-Dassault en gaullisme et, par suite, en politique. Le 20 janvier 1946, le général de Gaulle a démissionné en fustigeant le régime des partis. Le tripartisme, alliance de fait de la SFIO, du MRP et du Parti communiste, s'installe et gouverne désormais le pays alors que les gaullistes préparent leur retour avec le lancement d'un nouveau parti. C'est chose faite avec le discours de Bayeux du 16 juin 1946 et la fondation du Rassemblement du Peuple français, le 14 avril 1947. Si le général Paul-Darius Bloch-Dassault a ouvert la première porte des milieux gaullistes à son frère cadet, ce sont deux aviateurs qui vont l'arrimer au gaullisme. Le premier, Marcel Bleustein-Blanchet, se limite à jouer le rôle d'intermédiaire en présentant le général aviateur Édouard Corniglion-Molinier à son ami Marcel. Corniglion-Molinier est un personnage de légende qu'il aurait pu connaître dans sa première vie. Avant de s'engager, la cinquantaine venue, dans la vie politique et d'être élu, le 7 novembre 1948, conseiller de la République pour le département de la Seine, « Corniglion », comme on l'appelle familièrement, a déjà eu une vie bien remplie, celle d'un aventurier et d'un héros.

Passionné d'aviation, il vole dès l'âge de 17 ans, pendant la Première Guerre mondiale. Il rachète en 1927 les studios de la Victorine, à Nice, et devient producteur de réalisations cinématographiques importantes comme *Drôle de Drame*, de Marcel Carné. Il devient l'ami d'André Malraux, qu'il accompagne dans ses voyages aériens à la recherche de la reine de Saba. Survole l'Afrique avec Jim Mollison, le grand pilote britannique, en même temps qu'il est reporter pour un grand journal parisien du soir. En 1936, il suit André Malraux et, dans l'escadrille *España*, se bat avec lui aux côtés des républicains espagnols, avant de produire *L'Espoir*, d'après l'œuvre de son ami, présenté au public en 1939 sous le titre de *Sierra de Teruel*, qui retrace leur épopée espagnole.

En septembre 1939, il est volontaire pour servir dans l'aviation de chasse. Le 13 mai 1940, il contribue, à la tête de sa patrouille, à abattre un Heinkel 126 et, trois jours plus tard, il descend un Heinkel 111. Démobilisé le 16 août 1940, il fonde avec Emmanuel d'Astier de La Vigerie le mouvement de résistance La Dernière Colonne. Arrêté à Marseille en décembre, il est incarcéré au fort Saint-Nicolas et relâché le 7 janvier 1941. Trois jours après sa libération, il passe au Maroc et, de là, rejoint la Martinique d'où il réussit, en trompant la surveillance de la marine de Vichy, à gagner New York. Le 1er mars 1941, il signe son engagement dans les Forces françaises libres à Londres. Affecté dans la RAF, il est ensuite nommé chef d'état-major, puis commandant de l'aviation française au Moyen-Orient, et participe aux campagnes de Tripolitaine et de Cyrénaïque. Le 23 novembre 1941, au cours d'une mission au sud de Tobrouk, le groupe de bombardement n° 1 Lorraine, sous les ordres de Corniglion-Molinier, attaque une colonne de cent chars allemands et réussit à détruire plus d'un tiers de l'effectif ; il est promu lieutenant-colonel le mois suivant. Nommé commandant des FAFL (les Forces aériennes de la France libre) au Moyen-Orient en juin 1942 en remplacement du colonel Jean Astier de Villatte, il est rappelé en Grande-Bretagne à la suite du débarquement allié en Afrique du Nord. Il prend alors part à de nombreuses missions sur l'Allemagne et les pays occupés. De retour en France après le débarquement en Normandie, il reçoit en novembre 1944 ses étoiles de général de brigade aérienne et prend le commandement des Forces aériennes de l'Atlantique. Compagnon de la Libération, il est démobilisé le 1er août 1946 avec le grade de général de division aérienne. Revenu à la vie civile, il occupe des postes importants dans la production cinématographique et dans de grandes sociétés industrielles et de presse. Coqueluche du Paris mondain d'après-guerre, il défraie la chronique par ses multiples conquêtes féminines.

Le personnage a tout pour impressionner Marcel Bloch-Dassault. Pour sa part, Corniglion-Molinier souhaite entraîner l'avionneur dans la vie politique. L'occasion se présente lors des élections législatives de juin 1951 :

Corniglion se présente en tête de liste dans les Alpes-Maritimes et propose la seconde place à Marcel Dassault qui accepte avec joie, car il éprouve maintenant le désir de devenir à son tour un « homme politique », d'être enfin reconnu par ce monde qui pèse tant sur l'avenir de ses projets industriels, et, en lui appartenant, de conforter sa situation en limitant sa dépendance. Sa profession de foi a le mérite d'être claire : « Il faut que je rentre à l'Assemblée pour défendre mon bifteck ! » Piètre orateur, il arpente les préaux d'école et escalade les estrades en se cachant derrière son athlétique tête de liste, tant sa timidité en public semble le paralyser… L'avionneur n'en est pas moins élu député le 17 juin 1951[1].

Marcel Dassault nourrit de grandes ambitions. Il brûle de jouer un rôle à la fois national et social. Il rêve d'être ministre pour mettre en œuvre quelques idées simples, voire simplistes. Il veut par exemple construire des maisons « pas chères » pour les gens défavorisés. Cet homme qui, pour la seconde fois, va bâtir une fortune phénoménale, rêvera toujours de faire le bonheur des Français.

Le 18 juin 1951, il entre pour la première fois au Palais-Bourbon. Pour lui, une autre vie commence. Il a 59 ans, il s'appelle Dassault, il est député gaulliste, mais sa « renaissance » n'a pas encore atteint son terme : il a décidé de se convertir au christianisme. Ce chemin-là va lui demander presque dix ans et exigera deux nouveaux passeurs : Pierre de Bénouville et le révérend père Riquet. C'est Corniglion,

1. La liste compte deux élus RPF et un élu RGR (Rassemblement de la Gauche républicaine), le socialiste Jacques Cotta, père de la journaliste Michèle Cotta et de l'économiste Alain Cotta.

le passeur en politique, qui présente Bénouville, compagnon de la Libération comme lui, à l'avionneur. Bénouville sera le parrain de Marcel sur les fonts baptismaux. C'est lui qui lui présente le père Riquet, lequel va l'accompagner pendant une décennie tout au long du chemin qui le conduira du judaïsme au baptême catholique. Le père Riquet sera l'enseignant, le confesseur, le précepteur, assisté de Jeanne Gosselin, sœur de la Compagnie des sœurs auxiliatrices de la rue Saint-Jean-Baptiste-de-la-Salle, à Paris.

Pourquoi ces deux-là ? L'un comme l'autre ont la foi chevillée au corps, l'un par éducation, l'autre par itinéraire personnel. Tous deux ont été de grands résistants et, à ce titre, bénéficient d'un préjugé favorable aux yeux de Marcel Dassault. Le père Riquet a de surcroît été déporté. Tous deux, enfin, se battent pour la création de l'État d'Israël, cause essentielle aux yeux de l'avionneur, même si, à titre personnel, il n'entend plus souffrir en France du seul fait d'être juif. Bénouville est proche de l'Irgoun – mouvement sioniste dirigé par Menahem Begin, qui utilise la violence pour bouter d'abord les Britanniques, puis les Palestiniens arabes hors de Palestine – et l'aide à organiser un camp d'entraînement clandestin à Fontainebleau[1] où des « terroristes » du mouvement ont appris les méthodes de sabotage destinées à combattre les Anglais... Bénouville se liera ainsi « affectueusement » avec Begin après l'avoir approuvé d'avoir fait sauter l'hôtel King David, quartier général des Britanniques, le 22 juillet 1946[2].

1. Cf. *Avant que la nuit ne vienne,* de Pierre de Bénouville, entretiens avec Laure Adler, Grasset, 2002.

2. L'attentat fit cent morts et deux cents blessés.

Riquet est un vieux combattant de l'antisémitisme et il poursuit après-guerre son combat en faveur de la communauté juive, tout en soutenant les résolutions des Nations unies prônant la création de l'État d'Israël.

Le père Riquet n'est pas un catholique étriqué, arc-bouté sur une lecture vieillotte des dogmes et des textes de l'Église de Rome. Une ouverture que la hiérarchie ne considère cependant pas comme déviationniste, puisque, dans les années 50, il sera désigné pour prononcer les prestigieuses conférences de carême à Notre-Dame de Paris. Créateur avant guerre du Comité catholique de secours, sa tolérance et sa largeur de vues se sont encore développées dans les épreuves imposées par la barbarie nazie. Il est loin le temps où il était d'Action française ! Il a non seulement tendu la main aux Juifs, mais, bravant les interdits romains, il la tend aussi aux francs-maçons et devient une sorte d'ambassadeur entre l'Église et les « Frères ». Il participera ainsi à de nombreuses « tenues blanches fermées[1] ». L'une d'elles, faite à Laval le 18 mars 1961 à la loge Volney du Grand Orient de France, à l'invitation de Marius Lepage, provoquera d'ailleurs un tel tollé à l'intérieur du GODF que Lepage sera conduit à changer d'obédience et à rejoindre en cette occasion la Grande Loge nationale de France. En 1968, le père Riquet cosignera un livre-dialogue – publié aux éditions Beauchesne – avec Jean Baylot[2], franc-maçon de la GNLF, fonction-

1. Conférence faite par un profane devant une assemblée composée d'initiés.

2. Jean Baylot est le beau-père de l'actuel grand maître d'honneur de la GNLF, Claude Charbonniaud.

naire et lui aussi résistant, qui fut nommé préfet à la Libération.

Même s'il n'est pas d'abord connu pour ses élans mystiques ni pour son prosélytisme religieux, Bénouville, de son côté, affirme haut et fort sa foi, qu'il relie souvent à son amour de la France. Ainsi écrira-t-il *Saint Louis ou le printemps de la France*, et *Baudelaire le trop chrétien*, et se montrait-il volontiers intarissable sur sa « religion matricielle » :

« La vie n'est-elle pas la valeur suprême ? lui demanda Laure Adler à la fin de sa vie.

– Non. La valeur suprême, c'est Dieu, parce qu'il est la Vie éternelle. On n'a pas à se justifier de son quotidien quand on est assuré de la Vie éternelle », lui répondit Bénouville.

Le biographe de Marcel Dassault aurait aimé aller plus loin dans la relation des nombreuses conversations qu'eurent ces trois personnages sur Dieu et les voies qui permettent de L'approcher, mais il est contraint de rester sur le pas de la porte qui ouvre sur leur intimité. Au mieux, il peut guider l'imagination du lecteur en lui proposant quelques passages d'une émission de *Radioscopie*, dans laquelle Jacques Chancel avait invité Marcel Dassault, le 6 janvier 1971 :

« Êtes-vous croyant ?

– Oui, je crois en Dieu. Je ne suis pas pratiquant. La nature est en soi une telle merveille qu'on peut adorer Dieu dans les prés, dans les champs, dans les animaux comme les écureuils que je trouve charmants. On peut aussi l'adorer en soi-même...

– Êtes-vous de ceux qui ont rencontré Dieu ? lui lance Chancel.

– Je ne L'ai pas rencontré, mais je L'ai senti. Je Le connais. Je Lui parle souvent[1]. »

Marcel Dassault a retrouvé ici le langage des premiers chrétiens, un ton qui porte l'empreinte du père Riquet pour qui Dieu était bien plus important que l'Église elle-même. Sa conversion ne relève pas de la révélation foudroyante sur le chemin de Damas, ni de l'illumination soudaine au pied d'un pilier de Notre-Dame… Elle s'inscrit dans sa propre histoire.

« La Shoah, pour beaucoup de Juifs qui se convertirent au catholicisme, fut interprétée comme *la rupture de la promesse*. Comment le peuple élu par Dieu qui le guide depuis des temps immémoriaux peut-il être ainsi trahi par son Dieu ? Renouer avec la promesse, ce fut, pour certains, épouser le christianisme[2] », m'explique Jean-Louis Auduc, agrégé d'histoire, à propos de la conversion du cardinal Lustiger.

Un telle interprétation peut-elle s'appliquer à Marcel Dassault ? Probablement. Lui-même, dans son langage simplificateur, déclare : « Les premiers chrétiens étaient juifs, alors pourquoi les Juifs ne deviendraient-ils pas des chrétiens[3] ? »

---

1. Déjà cité par Claude Carlier, in *Marcel Dassault, La légende d'un siècle*, *op. cit.*

2. Entretien avec l'auteur.

3. Cité par Claude Carlier, *Serge Dassault, 50 ans de défis*, *op. cit.*, p. 65.

Les baptêmes de Marcel et Madeleine Dassault ont lieu le 26 janvier 1957 en la chapelle des Religieuses auxiliatrices des âmes du purgatoire, à Paris, avec l'autorisation spéciale du cardinal-archevêque de la capitale, Mgr Feltin. Peut-être fut-ce en souvenir des bonnes sœurs qui, après l'avoir soigné avec compassion, le virent, par un matin de mars 1944, quitter la clinique du Bon Secours, avec sa famille, pour les paillasses de la prison de Montluc ? Du côté de Marcel, le parrain est Pierre de Bénouville et la marraine Irène Brisset, née Hennequin. Il a reçu le sacrement de confirmation des mains de Mgr Courbe, le 27 juin 1957, en sa chapelle, indique la mention portée sur l'acte de baptême.

Le général de Bénouville ne limite pas son rôle de « passeur » au domaine spirituel, il devient l'ami intime de Marcel Dassault, celui qui ne va plus cesser de le conduire d'une rive à une autre, faisant de lui un tout autre homme et l'entraînant à partager ses propres passions, ses complots, ses détestations et engagements de toutes sortes. L'amitié comme l'amour font partie des mystères de la vie : rien ne saurait expliquer rationnellement le « coup de foudre » entre ces deux hommes aux histoires si dissemblables – on pourrait d'ailleurs faire la même remarque sur l'amitié entre Bénouville et François Mitterrand – si ce n'est une forme de séduction réciproque relevant d'un sentiment aussi fort que le sentiment amoureux : d'une passion d'hommes.

Pourtant, le chemin qui les a séparés a été bien long à parcourir. On peut dire de Bénouville : l'ami qui vient de loin ! Royaliste dès l'âge de douze ans, il est de tous les combats de l'Action française. C'est un « castagneur » : un de ses amis l'appelait même le « Marcel Ourdin[1] de la matraque ». « J'étais militant à l'Action française. Je croyais à l'action », confirme-t-il. C'est en effet un homme pour qui l'action peut même conduire à la subversion, et, de fait, ce besoin d'agir l'a conduit à plusieurs reprises à revêtir les habits du comploteur. Notamment pour abattre la « Gueuse » dans les années 30, pour abattre Jean Moulin, le représentant du général de Gaulle, au printemps 1943, puis une seconde fois contre le général de Gaulle en soutenant les putschistes de l'OAS… Le 6 février 1934, il a été sur le pont de la Concorde, avec ses camarades de la 17e équipe de l'Action française, dirigée par Jean Filliol, prêt à entrer en force au Palais-Bourbon au cri de : « À bas les voleurs ! À bas les assassins ! » Unis pour toujours, Pierre Guillain de Bénouville[2], Michel de Camaret, Jehan de Castellane et Armand Magescas, partisans d'une « France éternelle », accusent les dirigeants du mouvement de n'avoir pas pris ce jour-là tous les moyens de renverser la République. Dès lors, avec les plus agités de l'AF, Bénouville entre dans de secrets conciliabules pour créer une organisation terroriste capable de mener à bien la révolution nationale. Est-il besoin de préciser – bien qu'il s'en soit défendu – que ses amis et lui professaient un virulent antisémitisme ? Le 13 février 1936, il est dans le cortège funèbre du défunt historien royaliste Jacques Bainville lorsque la voiture de Léon Blum est bloquée par la foule. Le député socialiste est reconnu et agressé par des anciens

1. Marionnettiste célèbre.

2. Son vrai nom est Pierre Bénouville. Il signe « Pierre Guillain de Bénouville » et a conservé la particule..

de la 17e équipe regroupés autour de Filliol et de Castellane. Aux cris de « Blum à mort ! » « Assassin, assassin ! », « Au poteau ! », les vitres du véhicule sont brisées, Léon Blum blessé. Alerté par les cris, Bénouville remonte le boulevard Saint-Germain et n'assiste qu'à la fin de l'agression. Quelques semaines plus tard, le Front populaire remporte les élections, Léon Blum devient président du Conseil et les dissidents de la 17e équipe entrent en clandestinité. Pour eux, Blum, « ce Juif névropathe », est « l'Antéchrist » au pouvoir : « Tout va très bien, monsieur le rabbin ! » Ils veulent l'abattre le plus rapidement possible et créent, pour ce faire, le Comité secret d'action révolutionnaire (CSAR), plus connu sous l'appellation de « Cagoule ». Bénouville en fait partie. Comme ses amis, il complote pendant plusieurs mois. Il est prêt à verser le sang pour régénérer « sa » France éternelle. Prêt à exécuter les leaders du Front populaire, notamment Léon Blum et Pierre Cot, le ministre de l'Air, engagé aux côtés des républicains espagnols et, à ce titre, figure la plus haïe par les cagoulards, engagés aux côtés du général Franco.

Ainsi, Pierre de Bénouville combat férocement le camp où se trouve à l'époque Marcel Bloch, lequel collabore à plein avec Pierre Cot et avec sa politique, livrant des avions aux républicains espagnols. La Cagoule fait exploser des avions parqués sur le terrain d'aviation de Toussus-le-Noble. Bénouville complote, mais écrit également dans le journal antisémite *Le Pays libre*. Pierre de Bénouville, à la déclaration de guerre, se bat en Alsace, dans la VIIIe armée. Courageusement, après avoir échappés à de mortels dangers et à de nombreuses péripéties, il gagne non sans mal le sud de la France. Il arrive à Nice. À partir de septembre 1940, il soutient officiellement la Révolution nationale et le maréchal Pétain. Il écrit dans *L'Alerte*, feuille maréchaliste, antisémite, antirépublicaine et antimaçonne, dirigée par Léon Bailby[1]. Il signe un article intitulé « La mort pour les traîtres est un châtiment trop faible ! », qui vise Cot, Mandel, Reynaud, Blum et autres républicains. Le cinquième numéro consacre un papier vengeur à Pierre Cot, accusé d'« avoir bâti sa carrière et sa fortune aux dépens de la France » avec « les aigrefins de certaines sociétés nationalisées », et d'avoir « tripatouillé les contrats, défendu les Weiller et les Bloch contre d'honnêtes concurrents ». Jusqu'à son entrée dans la Résistance à la fin 1942, Bénouville fait donc partie, comme avant guerre, du camp de ceux qui pourchassent les « Bloch » et ceux qu'ils appellent les « traîtres ».

Bénouville rejoint donc fin 1942 le mouvement pro-anglais Carte, avant d'intégrer Combat, dirigé par Henri Frenay. Il y occupe rapidement une place importante, mais, contrairement à ce qu'il a toujours prétendu après la guerre, il n'est pas alors gaulliste, et va même affronter brutalement, au cours du printemps 1943, Jean Moulin, représentant du général de Gaulle, qui cherche à contrôler l'ensemble des mouvements de résistance intérieure. Pour ne pas dépendre de l'argent et des armes de Londres, Bénouville a noué des relations étroites avec Allen Dulles, représentant en Europe de l'OSS (Office of Strategic Services), les nouveaux services secrets américains, installé à Berne. Dulles distribue beaucoup de subsides, au

1. Le parcours de Bénouville en 1940 est retracé par Pierre Péan dans son livre *Vies et morts de Jean Moulin.*

grand dam de Moulin. Frenay et Bénouville n'acceptent pas la tutelle de ce dernier, qui a nommé le général Delestraint à la tête de l'Armée secrète, poste que Frenay estimait lui revenir de droit. Ils projettent de convaincre de Gaulle de le priver de son poste. Après l'arrestation par les Allemands de Delestraint, Moulin convoque le 21 juin 1943 à Caluire une réunion destinée à nommer le remplaçant du patron de l'AS. Jean Moulin est arrêté à la suite d'une trahison de René Hardy, collaborateur et ami de Bénouville. Les historiens sont aujourd'hui d'accord pour parler d'une « responsabilité » de Bénouville dans l'arrestation dramatique de Jean Moulin, même s'il subsiste encore pas mal de zones d'ombre dans ce douloureux épisode de l'histoire de la Résistance[1]...

Bénouville finira la guerre compagnon de la Libération et général de brigade. Il s'est converti tardivement au gaullisme après une rencontre à Alger avec le Général. Il explique qu'à l'époque où il rejoignit la Résistance, il était déjà prêt « à rejoindre de Gaulle, mal entouré[2] ». Il a noué des relations étroites avec le général Kœnig, patron des FFI, le général Chaban-Delmas, Jacques Soustelle et la plupart de ceux qu'on appellera plus tard les « barons » du gaullisme, mais aussi avec de grands résistants non gaullistes qui feront une belle carrière politique sous la IVe République, à l'instar de Maurice Bourgès-Maunoury...

1. Lire en particulier à ce sujet *Vies et morts de Jean Moulin*, Pierre Péan, Fayard, 1998 ; et *Jean Moulin*, Jean-Pierre Azéma, Perrin, 2003.

2. Il vise là son entourage d'hommes de gauche qu'il exècre.

Après la Libération, il écrit *Le Sacrifice du matin*, qui devient un succès de librairie, et se dépense beaucoup pour secourir son ami René Hardy, arrêté pour trahison dans l'affaire de Caluire. Il est en train de rédiger un livre sur la Cagoule quand, affirme-t-il à Laure Adler, le général de Gaulle lui demande de l'aider dans le lancement du RPF. Il participe aux tractations en marge de la création du nouveau parti, car si les adhérents sont nombreux, la rentrée des cotisations est faible : le « rassemblement » a besoin d'argent et Bénouville a été un expert en problèmes de financement clandestin pendant la guerre. Le voici donc prêt à mettre ses compétences au service du Général. C'est du moins ce que suggère une enquête lancée par la police du canton de Genève, dont les conclusions sont adressées à Werner Balsiger, chef de la police fédérale à Berne, le 4 juillet 1949. À propos d'une affaire nommée « complot de la Pentecôte[1] », l'inspecteur Jaeggi évoque d'éventuelles liaisons de Bénouville à Genève. Un article du journal la *Voix ouvrière*, basé à Lausanne, l'a mis sur la piste de Pierre-Camille Cartier, lequel disposerait de fonds considérables à la banque Ferrier-Lullin (et dont le gendre, hébergé dans sa somptueuse villa, est le fils de l'ancien ambassadeur de France à New York) : « Alors qu'il séjourne à l'hôtel des Bergues, monsieur Cartier a eu plusieurs entretiens avec le général

1. Une vingtaine d'extrémistes se prétendant soutenus par quelques officiers d'active, auraient projeté de marcher sur l'Élysée et Matignon le jour de la Pentecôte. Le principal accusé, héros de la Résistance, se suicidera dans sa prison car il redoutait que son casier judiciaire soit dévoilé. Jules Moch prétendit que la République était menacée, mais il s'agissait en fait d'un complot folklorique.

de Bénouville, membre dirigeant du RPF, venu à Genève à plusieurs reprises depuis la fin de la guerre. Le général de Bénouville a effectué d'importantes transactions financières pour le compte du RPF par l'intermédiaire de la banque Ferrier-Lullin à Genève. Il descend généralement à l'hôtel Régina et à l'hôtel des Bergues. »

Le rapport d'enquête précise également que l'homme de liaison du RPF pour la Suisse et la Belgique est un certain Raphaël Touret.

Bénouville est donc devenu l'un des grands argentiers occultes du RPF. Chargé de récupérer « quelques réserves » dans les banques suisses ?

« Dites-moi, Bénouville, j'ai appris que vous aviez des liens avec la Bretagne ? lui aurait dit le général de Gaulle avant les élections législatives de 1951.

– Comme vous le savez, mon général, la Bretagne est voisine de la Normandie, et je connais mes voisins…

– Eh bien, vous allez donc vous présenter en Ille-et-Vilaine, et vous aurez fort à faire, parce que le MRP a un candidat, compagnon de la Libération comme vous : Teitgen.

– C'est impossible, c'est un ami !

– Vous n'êtes pas au bout de vos peines, car il y a un autre compagnon, Emmanuel d'Astier de La Vigerie.

– Écoutez : d'Astier est un ami intime, et puis il est le seul qui ait véritablement du talent ! »

Voilà, selon les propos rapportés par Laure Adler, comment Bénouville se serait lancé officiellement dans la politique en même temps que celui qui allait devenir son meilleur ami, Marcel Dassault. Tous deux sont députés. Bénouville va désormais mettre ses relations – très étendues – et ses idées – tantôt bonnes, tantôt mauvaises – au service de l'avionneur. Notamment son carnet d'adresses américain.

Le gaullisme de Bénouville est peu orthodoxe : « J'ai gardé mes opinions qui étaient, sur bien des points, opposées à celles du Général. Il en va ainsi des Américains. Moi, j'ai toujours été, je suis toujours l'ami des Américains[1]... » Il est celui d'Allen Dulles, devenu, peu de temps après la guerre, patron de la CIA. Les Bénouville sont reçus par les Dulles aux États-Unis en juin 1948. L'année suivante, Allen Dulles se démène pour faire éditer *Le Sacrifice du matin* aux États-Unis, avec une préface de sa main. Les deux hommes vont correspondre et se voir régulièrement pendant un quart de siècle. Une amitié d'autant plus précieuse qu'Allen devient le proche collaborateur de son frère, John Foster Dulles, le très puissant secrétaire d'État d'Ike Eisenhower durant les années de guerre froide.

L'engagement pro-américain de Bénouville ne s'explique pas seulement par sa rencontre avec Allen Dulles, mais par l'anticommunisme viscéral qui l'anime depuis les années 30. La guerre finie, l'Allemagne vaincue, le véritable ennemi déclaré est la Russie des Soviets. Comme son ami le général Kœnig et de nombreux autres anciens résistants, Bénouville va soutenir l'organisation clandestine mise en place dans toute l'Europe sous l'impulsion du patron de la CIA : le projet « Stay Behind[2] », pendant politique et para-

1. In *Avant que la nuit ne vienne*, *op. cit.*

militaire du plan Marshall (lequel à été conçu et mis en place par son frère John Foster Dulles). Un pareil engagement va bientôt servir à son ami l'avionneur...

Dans son approche de l'autre rive, Marcel Dassault se trouve quelque peu « emberlificoté » par ses attaches passées avec les « Rouges » et va devoir commettre certains arrangements avec lui-même, comme l'illustre l'histoire que m'a confiée le général Gallois : « Un jour de 1960, revenant d'un rendez-vous avec Pierre Messmer, ministre des Armées, qui s'était bien déroulé, je me hasarde à dire à Marcel Dassault :

– Nous avons de la chance...

– Mais, mon cher Gallois, vous n'y comprenez rien : la chance, on ne l'a pas, on la fabrique !

« Et il me raconte alors ce que lui est arrivé au camp de Buchenwald : "Un jour, Marcel Paul, qui était kapo[1], donne lecture d'une liste de ceux d'entre nous qui devront se rendre dans un autre block, de l'autre côté du camp. Il fait très froid, je m'y rends. Je frappe à la porte : pas de réponse. J'ouvre et je trouve attablés des SS qui jouent aux cartes et m'observent, surpris. La sirène qui annonce un bombardement américain retentit. Les SS se lèvent pour quitter la salle, puis, brutalement, se jettent sur moi. Coups de pied, coups de poing, joue fendue. Je me retrouve sanguinolent dans la neige, et je comprends que j'étais le seul au rendez-

2. Voir annexe IV.

1. Il est établi que Marcel Paul n'a jamais été « kapo » du block où était interné Marcel Dassault, mais adjoint à un chef de block à titre de « couverture ».

vous ! Je reviens sur mes pas comme je peux, et, arrivé au block, je m'adresse à Marcel Paul :

– Pourquoi tu ne m'as pas prévenu ?

– Tu n'es pas des nôtres.

– Je ne comprends pas…

– Fais-moi une reconnaissance de dette de 10 millions[1] !

« Je me suis exécuté. Après, il m'a toujours aidé et a pris soin de moi. Il m'a sauvé la vie. Quand je suis rentré de déportation, j'ai retiré sur mes différents comptes en banque la somme convenue. J'ai rendu visite à Marcel Paul et lui ai jeté le paquet par terre. Il l'a ramassé devant moi, à quatre pattes ! Il est aujourd'hui patron d'EDF, et quand il a des difficultés, il m'appelle ou je l'appelle.

– Mais, monsieur le président…

– Mon cher Gallois, vous n'avez rien compris : j'ai 15 000 employés, dont 12 000 sont cégétistes. Il vaut mieux avoir de bonnes relations. Et il m'a sauvé la vie. J'ai de l'amitié pour lui[2]." »

Si Marcel Dassault a bien tenu ces propos au général Gallois, on peut néanmoins douter de leur véracité. « Je ne crois pas que Marcel Paul ait pu faire cela. Paul – je l'ai bien connu après la guerre – n'était pas machiavélique, il n'était pas capable de ça. C'était un homme tolérant, bien qu'il ait su se montrer dur dans les négociations… Mais je n'en sais pas davantage », m'a répondu Guy Ducoloné, qui fut très

---

1. Marcel Dassault s'exprimait toujours en anciens francs. La somme représenterait aujourd'hui environ quinze mille euros.

2. Dans son livre *Le Dernier Wagon*, Jean-François Chaigneau raconte lui aussi cet épisode et évoque la violence des SS à leur sortie à l'encontre de Bloch, mais sans que la « cotisation » promise au parti de Marcel Paul soit mentionnée.

proche de Marcel Paul, quand je lui ai rapporté le récit que m'avait fait le général Gallois. Il est en effet difficile d'imaginer un Marcel Paul envoyant Marcel Dassault à une mort quasi certaine sous prétexte qu'il n'était pas communiste, mais négociant ensuite avec lui les conditions financières de sa survie. Il n'est pas impossible, en revanche, qu'appréciant l'aide de Marcel Paul à sa juste valeur, l'avionneur lui ait promis de s'en rappeler plus tard...

L'extravagante narration de sa relation avec son sauveur est probablement l'aboutissement du long processus de renaissance amorcé après leur retour de Buchenwald. L'avionneur, désormais très lié aux gaullistes, a peut-être eu inconsciemment envie d'alléger sa dette envers celui qui lui avait sauvé la vie, et, plus généralement, envers ceux qui lui avaient permis, avant guerre, de réussir sa première vie. Le Marcel Bloch proche du Front populaire, de Pierre Cot et de ceux qui soutenaient les républicains espagnols, y compris de gens du Komintern ? Ce passé-là, Marcel Paul en avait été informé par Manhès. Après coup, Marcel Dassault faisait entrer ses relations particulières avec le PCF et la CGT dans un schéma idéologiquement moins compromettant, puisque basé sur un contrat marchand. Cette version, il la met au point et la formule à l'adresse de Pierre-Marie Gallois, promu pour l'occasion disciple attentionné et silencieux du docteur Freud. Ainsi s'achève en 1960 la renaisance de l'avionneur...

Quelle que soit la nature exacte de sa dette, Marcel Dassault l'honorera toujours de différentes façons. Toute sa vie il soutiendra ainsi la Fédération nationale des déportés et internés, résistants et patriotes (FNDIRP), créée par Marcel Paul et Henri Manhès. Une dette que ses descendants continuent d'honorer chaque année en versant, sans jamais y manquer, leur cotisation.

# Deuxième partie

# « Le ciel n'a pas de limites... »

# CHAPITRE IX

# L'ouragan

Marcel Dassault a la même passion que Marcel Bloch et la même ambition : construire et imposer ses avions. Le 23 décembre 1946, les activités de la Société des avions Marcel Bloch fondée en 1936 ont été regroupées au sein de la Société des avions Marcel Dassault[1] : cette reconnaissance marque le départ d'une nouvelle aventure industrielle dont le premier client dans l'Hexagone sera l'État français. Marcel Dassault vient de fêter son 54e anniversaire. Il fonde et déploie tous azimuts des firmes, en France et à l'étranger, qui lui tiendront lieu de nouveaux points d'appui et se répartiront les tâches au fur et à mesure du lancement des nouveaux prototypes conçus ou en voie de l'être. Ceux-ci, il se refuse à en douter, trouveront preneurs chez ses nouveaux interlocuteurs du ministère de l'Air.

Paradoxalement, la première intervention de Charles Tillon, ministre communiste de l'Armement, à l'Assemblée

1. Qui a pris le nom de Générale des avions Marcel Dassault (GAMD).

nationale, le 20 octobre 1946, intervenant après sa rencontre avec le contrôleur général Louis Bonte et Marcel Cliques, lui met du baume sur le cœur : si le gouvernement entend privilégier le secteur public, le ministre tient des propos peu habituels dans la bouche d'un dirigeant communiste : « Il faut désétatiser la gestion des arsenaux, parce que la gestion actuelle est contraire aux méthodes modernes d'organisation et de production rationnelle. » Il parle ensuite d'« autonomie financière et administrative », d'« émulation ». Y aurait-il donc une place pour le secteur privé ? C'est en tout cas l'interprétation que fait l'avionneur.

Confiant dans l'avenir de la construction aéronautique privée, Dassault découvre et recrute, le 23 octobre 1946, sur recommandation de Corniglion, un nouveau pilote d'essai, Konstantin Wladimir Rozanoff, pour diriger l'équipe des pilotes. Commandant du groupe de chasse Lafayette pendant la guerre, le colonel Rozanoff a créé le centre d'essais de l'armée de l'air de Mont-de-Marsan en 1945. Nommé chef des essais en vol de l'entreprise, « Kostia », dit encore le « Baron polonais », comme le surnomme Cabrière, qui devint quelque deux ans plus tard le grand ingénieur de la maison, fait l'objet de toutes les attentions du patron et a tôt fait de devenir la légende vivante des pilotes maison.

Après avoir récupéré ses avoirs, les redevances qui lui sont dues entre 1938 et 1941, soit 29,9 millions de francs de l'époque[1], Marcel Dassault transforme sa société en holding, clé de voûte du groupe en développement. La

---

1. Claude Carlier, *La Légende d'un siècle*, *op. cit.*, p. 172. La somme représenterait aujourd'hui 2,99 millions d'euros.

Société des avions Marcel Dassault devient rapidement la Générale aéronautique Marcel Dassault, puis, en 1951, la Société immobilière Marcel Dassault, SARL dont le siège est installé à Cannes et dont l'objet diversifié – « Activités mobilières, immobilières, presse, édition, fabrication, habilitée à facturer toutes prestations de service, redevances, loyers de biens immobiliers » – montre bien la volonté de son promoteur de construire un empire débordant largement le domaine aéronautique. Pour ce nouveau départ, il est entouré de sa vieille garde : les Le Révérend, Hennequin, Germain Bloch, ainsi que de son beau-frère, Marcel Hirch Minckès. Bention Grebelsky a également rejoint l'équipe dès sa démobilisation ; lui aussi a changé de nom : il s'appelle désormais Benno Claude Vallières. Au cours d'un dîner à Evian, son patron lui aurait dit, avant de lui confier des responsabilités : « Changez donc de nom, Grebelsky n'est pas un nom catholique[1]. »

Marcel Dassault construit une nouvelle usine à Mérignac en récupérant les structures d'un hangar métallique commandé avant guerre à une modeste entreprise de Maubeuge et dissimulées à l'occupant par les soins de René Thibaut. Reconnaissant, l'avionneur lui confiera sa vie durant tous les travaux destinés à ses sociétés et utilisant des structures métalliques. Il vend en revanche l'usine de Déols, près de l'aérodrome de Châteauroux, qui avait été construite grâce à l'argent des nationalisations : « Quelque 1 500 personnes y ont travaillé à la fabrication du fuselage, au montage et à l'essai en vol du bombardier 131, puis, surtout, du fameux chasseur 152, devenu 155,

1. Général Gallois, entretien avec l'auteur.

qui sera sorti au rythme de cinq exemplaires par jour au moment de la débâcle », se souvient Amédée Renault, ancien maire de Pellevoisin[1]. Mais par précaution – l'avenir géopolitique de la France reste incertain –, il crée deux sociétés à Casablanca : la Société des lignes aériennes Marcel Dassault, et Air Atlantique, une société immobilière dont il confie la gérance à Corniglion-Molinier.

L'avionneur avait bien analysé la situation : les entreprises nationalisées lui confient des travaux de sous-traitance. Notamment la SNCASO, qui a conservé des liens particuliers avec lui, puisqu'il y a recouvré son poste d'administrateur, à son retour de Buchenwald, et le gardera jusqu'à sa démission en 1948. Henri Déplante, qui a lui aussi réintégré son poste d'ingénieur dans l'entreprise nationalisée, y est devenu son interlocuteur privilégié.

Quant aux bureaux d'études, ils travaillent à plein régime sur de nouveaux modèles à partir de ceux d'avant guerre. C'est ainsi que le « Languedoc » est utilisé pour essayer en vol les premiers réacteurs. « Un des premiers moteurs ATAR – un turbopropulseur qui précède la génération des turboréacteurs – est ainsi posé et fixé sur la cellule grâce à deux supports, comme une fusée qu'on met à feu en cours de vol », nous raconte Jean Cabrière. De la même façon, c'est le bimoteur MB 30, conçu pendant l'occupation, qui sert de base à deux prototypes, le MD 303 et le MD 315 !

Le 1er février 1947, « Kostia » effectue le premier vol d'essai du MD 303. Le 6 juillet 1947, c'est au tour du

1. Interview dans le *Berry magazine*.

MD 315 : baptisé « Le Flamant », il est promis à un bel avenir. Le 7 décembre 1947, André Maroselli, secrétaire d'État à l'Air, le préfère au SO 90 et prend la décision de commander une première tranche de 65 appareils. Il est déjà loin le temps où, avant guerre, le même Maroselli, alors sénateur, réclamait la démission de Marcel Bloch pour la performance insuffisante des prototypes ou les retards de production. L'année suivante, la commande atteindra un total de 265 appareils, auxquels s'ajouteront plus tard 25 autres commandés par la marine. L'usine de Mérignac qui le produit s'agrandit avec l'aide bienveillante du nouveau maire de la ville, Jacques Chaban-Delmas, que connaît fort bien Paul-Darius.

Le retour de Marcel Dassault dans l'aéronautique est donc apparemment réussi. Apparemment seulement, car les commandes engrangées concernent des appareils déjà obsolètes, ce dont Marcel Dassault est parfaitement conscient. En effet, Américains, Anglais et Soviétiques font déjà voler des avions à réaction. Les trois vainqueurs de la guerre ont récupéré des « liasses » allemandes et divers ingénieurs de haut niveau – von Braun, père des V2, travaille désormais aux États-Unis – qui leur ont fait gagner un temps considérable.

Le premier Phantom – avion à réaction américain – a volé dès 1946 à 800 kilomètres à l'heure, à 12 500 mètres d'altitude. Le Bankee, premier avion à réaction ravitaillé en vol, a atteint les 950 kilomètres à l'heure à 15 000 mètres d'altitude ; enfin, le Sabre anglais a été homologué en 1947 à 1 080 kilomètres-heure, chiffre qui constitue alors le record du monde de vitesse. La mythique barrière du « mur du son » a été franchie le 14 octobre 1947 par le colonel américain Charles « Chuck » Yeager à bord de l'avion Bell X1. Le passage du mur du son bouleverse les conditions du pilotage en inversant les commandes. Maints pilotes inaccoutumés y laissèrent la vie). Les Soviétiques ne sont pas en reste : le Mig 15, équipé d'un moteur Rolls-Royce acheté à la Grande-Bretagne, a effectué son premier vol en 1947 avec des performances identiques aux appareils occidentaux.

La France n'est pas dans cette course-là. « L'armée de l'air disposait de 135 prototypes différents, et on commandait à n'importe qui n'importe quoi », se souvient le général Pierre-Marie Gallois qui, à la Libération, avait été affecté à la gestion du matériel de l'armée de l'air. L'industrie aéronautique n'en a pas encore eu le temps. Surtout, elle n'a pas eu les moyens financiers, ni la maîtrise des nouvelles technologies, ni les hommes, ni les méthodes nécessaires, et pas davantage l'aide américaine attendue. « L'aviation était engagée dans une véritable impasse », poursuit le général, qui proposa à la fin des années 40 un plan quinquennal destiné à redresser la situation. « Le 5 août 1950, André Maroselli, redevenu secrétaire d'État à l'Air, et Jules Moch, ministre de la Défense nationale, font voter la loi de programmation – le plan quinquennal – qui retient le principe de ne pas étudier plus de 9 types de matériel portant sur cinquante fabrications. Nous sommes alors sortis de la folie des années 1946-47 ; le redressement de l'armée de l'air devenait possible[1]. »

---

1. Pierre-Marie Gallois, entretien avec l'auteur. Gallois suit de près cette compétition : il est en effet à l'époque chef de cabinet du général Thieullet, chef d'état-major. Alors colonel, il devient peu après directeur de cabinet du général Léchères, qui cumule les fonctions de chef d'état-major de l'armée de l'air et de chef du comité des chefs d'état-major.

Dassault mesure bien le retard pris par l'aéronautique française et entend mettre les bouchées doubles pour le combler. Alors même qu'il réussissait le développement du Flamant, il n'ignorait pas que le moteur à réaction équiperait tous les appareils à venir. Dès 1946, il se renseigne sur ce qui se passe aux États-Unis et obtient ainsi de précieuses informations techniques, mais il sait très vite que ce n'est pas lui qui obtiendra la commande du prochain prototype ni qui fabriquera le premier appareil de chasse français construit en série. Les essais initiaux du premier avion à réaction français (le Triton) ne sont cependant pas bons, et, en attendant les résultats de l'Espadon, l'état-major et le ministère de l'Air décident de faire construire sous licence, par les entreprises nationales, le Vampire anglais de chez De Haviland. Il en faut davantage pour décourager Marcel Dassault. Il croit à son étoile et à sa capacité de fabriquer un prototype qui finira par s'imposer. Il se lance sans garantie et sans financement de l'État, et installe un nouveau bureau d'études à Saint-Cloud pour travailler à un nouveau prototype d'avion à réaction.

Début 1948, il débauche Jean Cabrière, jeune ingénieur de 32 ans qui travaille avec Henri Déplante, redevenu directeur technique de la SNCASO, pour s'occuper du futur appareil. Premier objectif : ce prototype doit voler d'ici un an. Cabrière faisait partie à l'époque du groupe de Cannes. « Henri Déplante, ne pouvant alors quitter la société où il exerçait de grandes responsabilités, a dû me recommander à Marcel Dassault, qui cherchait un ingénieur. Déplante dirigeait alors un bureau d'études de 800 personnes. Il fallait y remettre de l'ordre et il travaillait de surcroît au lancement du Vautour. Marcel Dassault prit donc contact avec moi (je me suis douté que cela venait de Déplante) et m'a proposé d'entrer dans sa société. J'avais une famille et des problèmes de fin de mois, car je n'étais pas très bien rémunéré. La proposition de Marcel Dassault réglait tous mes problèmes. Il bénéficiait d'une grande aura dans l'aéronautique d'avant-guerre. Je me souvenais de lui, j'avais visité ses usines de Châteauroux à la sortie de Sup'Aéro, en 1939. J'acceptai donc avec enthousiasme[1]. »

Le rêve de Cabrière avait été de devenir pilote, mais il avait failli perdre l'œil droit au cours d'un match de football, et avait dû renoncer à voler. Toujours passionné par l'aviation, il devient ingénieur. Il voue de surcroît une vive admiration à l'avionneur qui lui confie les études d'un nouvel appareil qui va devenir l'Ouragan. Marcel Dassault l'installe avenue Kléber, dans un bureau proche du sien.

« Marcel Dassault était un homme qui possédait une intelligence à tiroirs. Il allait au fond des problèmes avec les gens qui travaillaient sur un sujet donné. On pouvait dire non, à condition d'expliquer et de le convaincre. Il ne supportait pas qu'on ne lui dise pas la vérité. Il fallait jouer le jeu. Il faisait sien le doute cartésien, systématique. Avec lui, il fallait évoquer méthodiquement toutes les solutions possibles. À un problème, il y en avait toujours une. Son engagement dans la discussion était total et l'on percevait sa fatigue après coup, car l'échange d'arguments pouvait durer longtemps. On pouvait l'entamer à deux heures de l'après-midi et le finir sur le coup de six heures du soir… »

Quelque temps plus tard, Henri Déplante ne résistera pas à l'appel et rejoindra l'équipe aux côtés de Cabrière et

1. Jean Cabrière, entretien avec l'auteur.

Vallières, bientôt suivi par Jean Rouault et Xavier d'Irirbane, venus eux aussi de la SNCASO. Cabrière parle à leur propos de *dream team*. Pendant plus de trente ans, l'équipe assurera, de fait, le succès technique, la force d'innovation et la fiabilité des avions Marcel Dassault.

Performances exigées par le ministère pour le nouvel avion : atteindre la vitesse de 0,9 Mach avec un équipement de quatre canons de 30 mm. Sachant qu'il n'y parviendra pas, Marcel Dassault décide de tricher et de fabriquer l'appareil qu'il se sait capable de faire : vitesse de 0,75 à 0,80 Mach, des canons de 20 mm, un moteur Rolls-Royce, une aile plus mince. « Faites ce que vous savez faire, nous disait Dassault, et on a effectivement réalisé l'avion qu'on était capable de faire, se souvient Cabrière. La bataille n'en serait pas moins rude. Les jours étaient longs, les nuits très courtes. Le patron, omniprésent. Marcel Dassault gardait en mémoire tous les essais effectués, toutes les expériences que Déplante lui-même avait oubliées, poursuit Cabrière. Il téléphonait sans cesse, à n'importe quelle heure, pour obtenir des précisions supplémentaires des quatre ou cinq pilotes d'essais, du directeur des essais en vol de Vallières, de Déplante ou de moi-même. Il n'hésitait pas à appeler à notre domicile, que ce soit le samedi à 7 heures du soir ou le dimanche à 7 heures du matin. »

« "Changer quand le devoir change n'est pas infidélité, mais constance, disait-il. C'est la fidélité à soi-même." Les avions furent sa passion. Son ambition, être reconnu comme un grand constructeur. S'il a fait de la politique, c'est parce qu'il dépendait par trop des marchés d'État », conclut Jean Cabrière.

L'objectif fixé par Marcel Dassault est respecté : le 28 février 1949, Kostia décolle à bord du premier Ouragan du terrain de Melun-Villaroche. Un tarmac où, désormais, le samedi et parfois même le dimanche, Marcel Dassault assiste aux essais en vol et recueille avec la plus grande attention les avis de ses pilotes, des ingénieurs et des techniciens. Il demande qu'on effectue sur-le-champ les modifications qu'il décide sur place, il tape dans la tôle, change une dérive. Cabrière veille toutefois à ne pas faire prendre trop de risques au pilote et au matériel après ces changements. Tout cela se passe dans une ambiance à la fois fébrile et chaleureuse. Chaque samedi midi, Marcel Dassault déjeune rituellement avec ses pilotes au restaurant L'Attaque du courrier de Lyon. Il leur témoigne une très grande estime et voue à Rozanoff une véritable vénération. « Il lui faisait une confiance absolue », se souvient le général Gallois.

L'avionneur, qui a pris tous les risques en se lançant sans filet dans cette affaire, est récompensé : évidemment au courant des performances de l'Ouragan, l'état-major est impressionné. André Maroselli est à son tour informé et convoque Dassault pour lui annoncer la commande de trois prototypes. Le secrétaire d'État à l'Air est en effet inquiet du faible avancement des projets concurrents. Quelques mois plus tard, l'ami Chaban-Delmas intervient fortement pour que le ministère de l'Air se décide à passer commande de l'Ouragan. En janvier 1952, puis en juillet 1954, 175 Ouragan sont commandés et mis en fabrication par les usines Marcel Dassault et ses sous-traitants… les sociétés nationalisées ! À Mérignac, l'ingénieur Xavier d'Irirbane assume la responsabilité du montage des appareils. Le premier avion à réaction français fabriqué en série sort des usines Marcel Dassault.

Succès du Flamant, succès de l'Ouragan ? Pour atteindre ses objectifs, Marcel Dassault a sacrifié beaucoup de choses, et notamment ses relations familiales. Il n'est pas facile à vivre, parfois tyrannique. Même « Mamoune » en est parfois la victime.

« Après le lancement réussi de l'Ouragan, nous étions un jour dans l'appartement du boulevard Suchet, se souvient le général Gallois ; Madeleine Dassault jouait du piano.

« – Il faut que tu t'arrêtes, j'y prends goût ! Je reste à écouter et cela m'empêche de travailler ! lui lance son mari.

« Elle s'arrêta. Et il fit vendre le piano. »

C'est à cette époque-là aussi qu'une très jeune femme entre à la Générale aéronautique Marcel Dassault. Elle s'appelle Jeannine Grandin. Sa vie s'est confondue pendant quarante ans avec la vie professionnelle de Marcel Dassault « 39 ans et 8 mois exactement, précise-t-elle. Je suis partie en 1986, quelque temps après sa disparition ». Vive, précise, amusée, elle évoque de bon cœur, avec quelque émotion parfois, son extraordinaire collaboration avec lui. « J'ai été recrutée après avoir répondu à une petite annonce du *Figaro*, au temps de Germain Bloch, en 1947, pour m'intégrer à une petite équipe de sténodactylos dans les bureaux situés à l'époque rue de la Pompe. Je fus rapidement remarquée par le patron qui me donna un vrai poste de secrétariat qui correspondait à ma formation. Les collègues arrivées avant moi furent un peu envieuses, mais j'avais moins de scrupules, mon salaire resta le même.

– Marcel Dassault me fascinait, dit-elle.

– Ses qualités principales ? Sa prodigieuse mémoire, celle d'un ingénieur doublé d'un homme d'affaires doué d'une sorte de prescience. Son intuition lui permettait de prévoir à long terme les conséquences d'innovations techniques que ses collaborateurs n'avaient pas imaginées et qu'ils reconnaissaient beaucoup plus tard. Il ne laissait rien au hasard.

– Oui, il était parfois tyrannique, et parfois même un peu diabolique, mais tellement généreux.

– Il ne fallait pas lui parler de vacances… Le samedi matin, je devais être là.

– Je dois m'absenter pendant le week-end, monsieur Dassault, et ne serai pas là samedi.

– Est-ce vraiment indispensable ?

– Ça l'est d'autant plus que je vais à un baptême et que je suis la marraine.

« Et je l'ai laissé tomber. Il était furieux. »

L'Ouragan consolide les fondations de l'empire industriel qu'il entend édifier à l'aube de ses soixante printemps. Mais il sait qu'il est encore fragile dans la mesure où il continue de dépendre d'un seul client : l'État. Il va donc lui falloir nouer des relations plus étroites avec les principaux acteurs de l'État : politiques, hauts fonctionnaires, décisionnaires de l'état-major et des ministères de l'Air et de la Défense. Son entrée en politique obéit à cette nécessité, mais ne suffit évidemment pas, d'autant plus que le RPF ne couvre alors qu'une faible portion du champ politique. Il lui faut en quelque sorte constituer un « parti Dassault » et développer un intense lobbying. Bénouville, l'ami qui l'a tant séduit et subjugué, devient l'« homme de l'ombre » qui, grâce à ses multiples réseaux, le liera progressivement avec les principaux décideurs. La présence et le rôle de Bénouville seront complétés par une tentative de développer une entreprise de presse qui élargira les jeux d'influence de l'ami du père Riquet : simple tentative avec la création de la *Semaine de France*, réussite complète avec *Jours de France*, dont nous parlerons. Jusqu'à sa mort, l'ancien cagoulard jouera en effet un rôle essentiel non seulement dans le développement et la pérennisation de l'empire Dassault, mais dans ce journal de la « vie en rose » lancé par le rescapé de Buchenwald.

Un empire industriel ne doit pas dépendre de banques qui ne sont pas obligatoirement bien disposées à son endroit. Le père de l'Ouragan décide donc d'avoir la sienne. En 1952, il achète la banque Josse, Lippens et Cie, qui prendra successivement le nom de Banque immobilière et commerciale, puis de Banque commerciale de Paris (BCP). Et il recrute pour la gérer deux fortes personnalités : Albin Chalandon et Yves Bouthillier. Albin Chalandon est un jeune et brillant inspecteur des finances. À 26 ans, il appartient au cabinet de Léon Blum qui a brièvement présidé après la guerre le gouvernement. Membre du Comité de réorganisation de l'Aéronautique, il rédige un très brillant rapport qui attire l'attention de Marcel Dassault. Edmond Giscard d'Estaing présente alors Chalandon à l'avionneur. Administrateur de la BCP, celui-ci en deviendra le président en 1964, avant d'entrer dans le gouvernement de Couve de Murville quatre années plus tard comme ministre de la Construction et du Logement[1]. L'intégration d'Yves Bouthillier est plus insolite : n'a-t-il pas été

1. La Banque commerciale de Paris fusionnera en 1970 avec la Banque Vernes.

proche de Pierre Laval et ministre des Finances des quatre premiers cabinets du maréchal Pétain ? Un homme qui a participé à l'épuration de l'administration, à l'aryanisation des entreprises, et qui signa les décrets organisant le Commissariat général aux questions juives ! Faut-il voir là déja la patte de Bénouville qui resta si longtemps en relation avec les hommes de Vichy ?

# CHAPITRE X

## L'avionneur qui rêve de devenir Citizen Kane

Quel est le grand patron qui n'a pas rêvé d'avoir un journal à sa disposition ? Marcel Dassault a besoin d'un tel outil pour faire passer ses messages, remercier ceux qui l'aident et les aider eux-mêmes ; influencer l'opinion et donc la classe politique ; surtout répondre à ses propres ambitions politiques et consolider sa puissance économique. Depuis quelque temps déjà, il est l'actionnaire principal de *Paris Presse*, mais il a auprès de lui un journaliste qui non seulement écrit bien, et possède d'évidents talents de manipulateur. Au début de l'année 1952, il confie au général de Bénouville le lancement d'un hebdomadaire. Il place également Marcel Hirch Minckès, son beau-frère, aux côtés de son ami. Maurice Siegel est le premier directeur de la rédaction de la *Semaine de France*. Le numéro un paraît le 2 mai 1952. Il ne trouve pas sa place, et « bouillonne » de 80 000 exemplaires sur un tirage de 180 000. La formule n'est pas au point : la présentation est vieillotte, la ligne éditoriale confuse… Au bout de six mois, Dassault et Bénouville décident d'arrêter les frais. Robert Hersant, déjà patron d'un petit groupe de presse qui comprend notamment *L'Auto Journal*, tente de racheter le titre. Marcel Dassault décline l'offre, mais accepte néanmoins de lui céder son stock de papier, ainsi que de nombreuses photos[1].

Dassault n'est pas homme à renoncer après un premier échec. Une fois analysées les raisons de cette première déconvenue, il se lance deux ans plus tard dans une nouvelle aventure : *Semaine de France* devient *Jours de France*, qui s'impose au bout de quelques mois difficiles.

En feuilletant de vieux numéros de *Jours de France*, il m'est apparu à l'évidence que j'aurais pu économiser beaucoup de temps en me concentrant sur l'analyse des ressorts de cet hebdomadaire pour découvrir ceux de mon héros, tant on y retrouve les traits de l'homme qu'il a voulu devenir après guerre. *Jours de France* est le journal du bonheur, de la « vie en rose ». Presque toujours une jolie femme en couverture, des femmes et des hommes souriants, des *success stories*, de la mode, des caricatures – notamment celles de Kiraz – jamais grincheuses, de belles images d'avions (évidemment pas choisies au hasard), une rubrique « les Nouvelles de l'aviation » rédigée par des hommes politiques ou des généraux généreusement « pigés », qui constitue un efficace outil de lobbying… Marcel Dassault a donné dans *Le Talisman* quelques clés permettant de comprendre l'esprit de son périodique, autrement dit le sien. Première règle : « Pas de

1. Patrick et Philippe Chastenet, *Citizen Hersant*, Le Seuil, 1998, p. 126 : « La *Semaine du monde* lancée par Dassault "mord la poussière"… »

nouvelles tristes, jamais de catastrophes. La vie en rose [...]. Les femmes sont très intéressées par nos romans, et surtout par la mode, bien sûr, qui plaît également aux hommes. C'est en quelque sorte l'hebdomadaire de la vie en rose. » Deuxième clé, plus subtile, qui montre le côté madré du personnage : « Ne pas faire de politique... pour faire de la politique. Très vite, nous avons compris que, pour qu'un journal politique ait une influence, il fallait qu'il soit beaucoup lu et que, pour être beaucoup lu, il ne fallait pas y parler de politique. »

Michel Clerc, qui fut rédacteur en chef pendant de longues années, a raconté en ces termes son expérience « inoubliable » : « Une seule chose m'étonnait : Dassault semblait indifférent aux progrès du tirage et attachait une importance capitale à des détails qui me paraissaient négligeables. Cette attention au détail était sans doute la clé de son génie industriel. Il voyait ce que je ne voyais pas et simplifiait à outrance les choses compliquées. Je courais derrière l'information, la sensation, le titre qui fait "tilt", l'histoire bouleversante ou le papier confidentiel, le scandale ou l'inédit. Je me croyais tenu de faire un magazine savoureux et bien assaisonné... Je voyais chaque jour grandir l'effroi de Marcel Dassault qui, lui, tout au contraire, souhaitait éviter les vagues et me répétait avec cette voix si particulière que je finis par imiter sans le vouloir :

« – Dans le journalisme, faut être gentil. Faites pas de mistoufles !

« Les "mistoufles" revenaient souvent dans son vocabulaire qui semblait emprunté à celui de la comtesse de Ségur.

« Il m'interdisait aussi de publier des documents montrant des animaux sauvages, des catastrophes ferroviaires ou aériennes, des Noirs, des bossus, des chameaux ou des singes :

« – Tout cela, disait-il, ça donne des rêves.

« Par “rêves”, il voulait dire cauchemars[1]… »

Dassault tenait à connaître personnellement tous les collaborateurs de *Jours de France*. Clerc raconte comment, ayant embauché un nouveau collaborateur, « débutant mal payé », pour lire la presse étrangère, il lui vanta son curriculum vitæ : « Excellente famille, bonne éducation, et un titre très aristocratique de marquis. » Connaissant les critères du patron, il avait tout pour plaire.

– S'il est marquis, dit Dassault, on peut être à peu près tranquille…

« Marcel Dassault fit un détour pour venir voir de plus près la bête curieuse, poursuit Clerc. Catastrophe ! Le marquis, croyant faire bien, se mit au garde-à-vous et tendit la main. Mais sa main, moite comme une éponge, fit sur Dassault un effet révulsif. Dans le quart d'heure qui suivit, Dassault m'appelait au téléphone :

« – Foutez-moi ça à la porte ! hurlait-il. Foutez-moi ces mains moites à la porte ! Oui, monsieur, parfaitement : votre marquis a les mains moites !

« Les colères de Marcel Dassault me figeaient. Je voyais des veines toutes bleues enfler à ses tempes, le nez aux narines palpitantes se gonfler dangereusement, sa couleur virait au bleu… »

1. Article publié dans *Le Figaro Magazine* du 26 avril 1986.

Philippe Alexandre se souvient bien lui aussi de sa phobie des mains moites et m'en fournit l'explication : « Il ne supportait pas les mains moites, c'est vrai, non par une phobie particulière, mais, depuis Buchenwald, il nourrissait une peur panique de la maladie, de la contagion. Je me souviens d'un collègue, Daniel Junka, qui avait les mains moites. Nous redoutions de voir celui que nous appelions l'"oncle Marcel" arriver, d'autant plus qu'il ne faisait aucun bruit, étant toujours chaussé de chaussures à semelles de crêpe... »

L'atmosphère du journal ne s'apparentait pourtant pas à un champ clos de conflits accentués par la vindicte d'un patron maniaque et irascible. *Jours de France* était animé par une équipe de journalistes talentueux, parfois joyeux farceurs, comme s'en souvient devant moi Renaud Vincent[1] qui montait avec ses collègues Jean Marvier, Louis Sapin, Kiraz (le remarquable et sarcastique dessinateur du magazine) et Bellus, des blagues téléphoniques à partir d'une ligne inutilisée et de plusieurs combinés. Les coups de fil les plus étonnants avaient pour but de terroriser un correspondant choisi le plus souvent au hasard :

« – Excusez-nous : contrôle de Passy, sur la ligne... Madame, je vous passe le souterrain... Ne vous inquiétez pas, rien de grave !

« Une autre voix, sur la même ligne :

– Allô, Paulo ? Non, rien de grave, mais il y a un petit risque d'incendie.

« La première voix :

1. Renaud Vincent fut journaliste à *Jours de France* avant de collaborer à *France-Soir* dans les années 60.

« – Non, rien de grave, mais madame, il vaut mieux couper vous-même le fil de votre ligne…

La correspondante s'exécutait souvent en prenant au passage une légère poignée de châtaignes.

La femme de Michel Clerc, venue de *Paris Match*, en fit la cruelle expérience. »

Joyeuse ambiance à *Jours de France*… Les journalistes et photographes suivaient avec le sourire les directives souvent extravagantes du patron. Car celui-ci suivait de très près la préparation du journal dont il composait personnellement l'horoscope tout en rédigeant de temps à autre des contes à l'eau de rose. Il concevait aussi des menus pour ses lectrices condamnées à manger de la sardine trois jours par semaine : « à la ménagère », « à l'antiboise », « à la basque » – « lui qui ne mange que des nouilles et ne boit que de l'eau[1] ».

« Le patron aimait aussi les images, mais n'y voyait goutte, poursuit Renaud Vincent ; il n'en tenait pas moins à choisir lui-même les photos de mode et les mannequins qu'il appelait affectueusement *les poules*… Il voulait des photos carrées, sans flou artistique, comme c'était alors un peu la vogue. Son style, c'était D'Harcourt. Les détails devaient apparaître avec précision, qu'il s'agisse d'un pli ou de la disposition des boutons… Pour les reportages, l'exigence était la même. Une photo-reportage du général de Gaulle au cours d'un voyage officiel dans le Nord en fit les frais, avec celui qui aurait pu en être l'auteur… » L'anecdote fit le tour de Paris. Elle fait partie d'une légende, mais n'en garde pas moins toute sa saveur.

---

1. Précise Christian Millau dans son livre *Paris m'a dit comment*, éditions de Fallois, 2000, p. 348.

« – Vous voyez, c'est intéressant, cette photo du Général à Lille…

« – Ouais, mais elle est floue ! maugrée Marcel Dassault.

« – Mais, monsieur le président, c'est un bélino…

« L'expression est comprise comme si j'avais dit un "Picasso" :

« – Tout Bélino[1] qu'il soit, il sera mis à la porte ! s'emporte le patron.

« Le choix des photos se faisait à la réunion du samedi matin, quand il ne se rendait pas aux essais en vol. La une était réservée aux vedettes qu'il affectionnait : Brigitte Bardot, Romy Schneider, Chantal Goya, Mireille Mathieu, Sheila ou Sylvie Vartan… Plus tard, Sophie Marceau. Invitées à ses réceptions, il n'était pas rare qu'il leur offrît de somptueux cadeaux. »

Un ancien photographe de l'hebdomadaire se souvient du choix de la une pour un numéro consacré à Sheila : « Le nez sur la table lumineuse, il ajustait ses lunettes. Le mariage de Sheila devait faire la couverture, mais l'allure et le teint un peu basané du mari ne convainquaient manifestement pas Marcel Dassault :

« – Mais qu'est-ce que c'est que ce rastaquouère ? Passez-moi les ciseaux…

« Ainsi, point de mari sur la photo du mariage de Sheila pour cette édition qui lui était consacrée !

« Duke Ellington, de passage à Paris pour un concert exceptionnel, n'eut pas plus de chance : Marcel Dassault

1. Bélino, diminutif de bélinogramme, photo transmise par bélinographe, appareil de phototélécopie à cylindres, système à l'évidence bien connu de Dassault…

l'interdit de une. Pas par racisme, mais inspiré par une peur extravagante de perdre ses lecteurs ! »

Christian Millau[1], quelque temps journaliste à *Jours de France*, fut expédié un jour par Marcel Dassault chez le directeur du journal, son beau-frère Minckès. Le ton employé l'avait persuadé qu'il était viré ; une fois chez le directeur, il apprit que son salaire était doublé.

Intarissable, Renaud Vincent raconte : « Marcel Dassault demande à voir la couverture du prochain numéro. Jean-François Devay, rédacteur en chef, lui présente une épreuve déjà tirée. Le patron s'enquiert :

« – C'est qui, ça ?

« – Le prince Ali Aga Khan qui vient de se tuer[2] dans un accident de voiture dans la côte de Suresnes, à bord de sa Lancia.

« – Ah, c'est très triste… Faut mettre autre chose !

« – Mais, Monsieur, c'est trop tard ! Les machines sont prêtes à tourner. Ça coûterait une fortune…

« Dassault réfléchit un court moment puis lâche :

« – Montrez-moi l'article.

« Il est signé d'Yves Salgues[3] et commence à peu près en ces termes : “Le bolide fonçait dans la nuit, tenu en main, tel un fauve, par le prince Ali Khan, quand soudain, un terrible choc…, etc.” Après l'avoir lu, Dassault, sur un ton victorieux :

1. In *Paris m'a dit comment*, *op. cit.*

2. Le 12 mai 1960.

3. Yves Salgues, en proie à une profonde crise psychologique selon le témoignage de Philippe Alexandre, sera sauvé par l'assistance quotidienne de Marcel Dassault.

« – C'est très bien ! Vous gardez la photo. Vous coupez le premier paragraphe. Comme ça, ils sauront pas qu'il est mort. »

« Au fond, l'étrangeté du personnage nous faisait un peu peur, ajoute Renaud Vincent qui poursuit : les journalistes qui faisaient partie du cercle du samedi matin devaient déployer des trésors de diplomatie pour convaincre Marcel Dassault de changer d'avis. Un de ces samedis, était présent l'imprésario de Romy Schneider et d'Alain Delon, encore à ses débuts. Il s'appelait monsieur Baume et tenait absolument à faire figurer le jeune comédien, qui accompagnait Romy Schneider, sur la première de couverture. Marcel Dassault s'y opposa farouchement :

« – Je ne le connais pas, celui-là.

« – Mais c'est un jeune espoir du cinéma français. Il doit tenir un grand rôle dans le prochain film de Visconti, insiste Baume qui porte manifestement beaucoup d'affection à Delon.

« – Mais si, je le connais ! Où ai-je pu bien l'avoir déjà vu ? Mais oui, j'y suis : c'est votre chauffeur ! conclut Marcel Dassault qui se moque manifestement de l'admiration débordante que porte à Delon son impresario. »

L'équipe est résolument optimiste, au journal de l'« actualité heureuse ». Les motifs de satisfaction ne manquent pas, à condition d'être bien habillé, de porter les cheveux courts, de ne pas être barbu, de n'avoir pas les mains moites dans l'entreprise. Le samedi matin, Marcel Dassault sort de sa poche une énorme liasse de billets :

– Vous avez bien travaillé cette semaine. Tenez, pour le week-end ! dit-il en tendant à chacun le montant de sa prime hebdomadaire.

Si Marcel Dassault intervient dans le choix des unes du journal et s'il consulte régulièrement sa femme sur divers projets d'articles ou de rubriques, celui qui fait marcher la boutique n'est autre que le général de Bénouville, en concertation harmonieuse et affectueuse avec son ami. « Leurs relations étaient presque tendres… On s'étonnait de les voir assis l'un près de l'autre sur le canapé de son bureau de *Jours de France*, se tenant et se caressant la main sans qu'on puisse voir là une ambiguïté dans leur relation affective », confie Philippe Alexandre.

« Bénouville était drôle et cordial, il vous tapait facilement sur l'épaule en s'adressant à vous de sa voix de fausset, se souvient pour sa part Renaud Vincent. L'hebdo est son univers, son relais de relations publiques… et affectives ! Il embauche et débauche à son gré. Les nouveaux collaborateurs ou les nouvelles collaboratrices ne sont pas toujours affectés à une tâche précise. Le critère de recrutement est le plus souvent déterminé par l'appartenance familiale ou par la situation d'un père qui peut se révéler utile au journal ou à l'entreprise Dassault. Par souci, semble-t-il, de panser les plaies de la période d'Occupation, il recruta aussi la fille de Pierre Pucheu (ministre de l'Intérieur de Pétain, qui fut exécuté à Alger). Elle y travailla plusieurs années. »

En dépit de son attitude chaleureuse et directe, « Bénou » fait régner une discipline tout à fait particulière. Les femmes ne peuvent venir travailler en pantalon et il diffuse régulièrement des notes de service pour faire respecter cette exigence, se souvient Yvonne Kreicher, une de ses anciennes collaboratrices. Cette ancienne militante trotskiste, gaulliste de la première heure, collabora avec Malraux et Jacques Soustelle dont elle devint le chef de cabinet en 1958 jusqu'à sa démission pour cause de désaccord sur la politique algérienne du Général. Récupérée par Bénouville, elle démissionnera derechef au bout de quelques mois pour « aller respirer un autre air ».

S'il est le vrai patron, Bénouville n'en est pas moins souvent absent. Ses escapades sont nombreuses et légendaires. Il disparaît soudain. L'heureuse élue de quelques semaines ou de quelques mois fait l'objet d'attentions pressantes, de libéralités folles, de voyages fastueux. Et puis c'est toujours la rupture brutale, sans ménagement, sans la moindre attention. Les irruptions de madame de Bénouville au « Rond-Point[1] » pour abreuver de reproches publics son mari étaient redoutées par l'infidèle. Quand il le pouvait, par crainte d'un scandale, il s'enfuyait par une porte dérobée ou transférait en catastrophe un déjeuner de personnalités du siège du journal au restaurant le plus proche.

Les disparitions de Bénouville fâchaient Dassault qui lui pardonnait vite et lui conseillait d'aller se confesser. Corniglion-Molinier le raillait pour ses absences réitérées. Un jour, pour lui en faire cadeau, il fit imprimer des cartes de visite sur lesquelles on pouvait lire : *Le Général Pierre de Jamais là*[2]. « Il détestait cette forme d'humour, de la même façon qu'il ne supportait pas qu'on touche à son petit tas de secrets, raconte Yvonne Kreicher. Tout comme il avait en horreur les retours sur son passé ainsi que l'évocation de ses écrits et "actions militantes" d'avant guerre. Redoutable dans ses interventions auprès des journalistes,

---

1. Le siège de *Jours de France*, au rond-point des Champs-Élysées.
2. Yvonne Kreicher. Entretien avec l'auteur.

il surveillait de très près la rubrique de critique littéraire. Il y avait ceux dont on pouvait parler et ceux dont on ne parlait pas. En une phrase il exécutait un livre. Charmeur dans la vie et dans sa manière de mettre les gens dans sa poche, il ne doutait de rien, mais, dans l'entreprise, en réunion, il ne manquait jamais une occasion de manifester son pouvoir, son autorité hiérarchique. Les journalistes redoutaient ses remarques désobligeantes en public, sa façon humiliante de remettre à sa place un collaborateur. »

L'image du journal est l'expression du Tout-Paris et des stars de la grande époque. « Edgar Schneider, fréquentant en tout bien tout honneur mais en toute intimité les personnalités les plus en vue de Paris (et de Monaco), en particulier Jacques Chazot, le fameux danseur, créateur de “Marie-Chantal”, Schneider crée un style : richesse de l'information puisée aux sources les plus sûres. À côté de lui, Paul Wermus fait aujourd'hui figure de pâle cancanier[1]. » À quoi s'ajoutaient la collection haute couture, omniprésente, et les photos des plus célèbres mannequins de Paris. La réussite du journal ? « Tant d'imagination et de création ne pouvaient qu'attirer la publicité. De Christian Dior à Moulinex, *Jours de France* fait l'unanimité. Les recettes publicitaires sont de dix-sept francs par exemplaire vendu dix francs[2] ! » Voilà qui assure largement l'équilibre financier auquel le talent commercial de Bénouville contribue par ailleurs largement.

Pour l'avionneur-député et le général-député, *Jours de France* est un formidable outil de relations publiques. Les

---

1. Frank Eskenazi et Mathieu Lindon, *Libération* du samedi 19 et du dimanche 20 avril 1986.

2. *Ibid.*

services gratuits n'irriguent pas seulement leurs terres d'élection. Bien d'autres amis en France ou ailleurs en bénéficient. Allen Dulles, le fondateur de la CIA, reçoit régulièrement son *Jours de France* qui ne manque pas une occasion de complaire aux amis d'outre-Atlantique. Ainsi la venue de John Foster Dulles, chef de la diplomatie américaine et frère d'Allen, à la conférence de Genève pour la paix, à l'automne 1955, est-elle particulièrement bien couverte avec photo du secrétaire d'État en une (un cliché que Marcel Dassault considéra néanmoins comme bien sévère). Le reportage signé William de Bazelaire explique comment John Foster Dulles a « tenu tête à Molotov » durant 21 jours. Pour atténuer l'effet de la une montrant l'Américain les poings serrés, le regard presque menaçant derrière ses sobres lunettes finement cerclées d'acier, on insère une autre photo où on le voit à l'inauguration de l'Opéra de Vienne en compagnie du président autrichien, et sous-titrée : « Vienne a retrouvé son rêve de valse. » Ouf ! Pas de « mistoufles » !

Allen Dulles lui-même n'est pas oublié dans le reportage : une photo le montre en compagnie de son frère, avec cette légende : « Allen Dulles, chef du 2e Bureau des États-Unis, est à la fois le frère, le bras droit et le collaborateur préféré du secrétaire d'État. » On devine sans peine l'identité de l'auteur de ce petit texte. Le numéro de *Jours de France* a d'ailleurs fait l'objet d'un échange de courrier entre Bénouville et le patron de la CIA. Le 14 novembre 1955, le directeur de la publication de *Jours de France* lui écrit que « la photographie de votre frère nous est parvenue avec beaucoup de retard, mais encore à temps pour que je puisse la faire paraître en couverture avant la fin de la conférence de Genève. En voici un premier spécimen. » Le

10 décembre suivant, Allen Dulles remercie Bénouville pour l'envoi du numéro de *Jours de France* consacré à son frère. Quelques années plus tôt, l'ancien visiteur clandestin de Berne était intervenu pour faire décerner la rosette d'officier dans l'ordre de la Légion d'honneur à celui qui était devenu à l'époque patron de la CIA. Allen Dulles ne demeurera pas en reste et fera citer Bénouville à l'ordre de l'armée américaine[1]...

Promu dans les années 70 président-directeur général du périodique, Bénouville en devient de plus en plus le patron de droit divin, cependant que Marcel Dassault, vieillissant, n'en assure plus que la direction artistique tout en continuant à y faire passer quelques-unes de ses idées.

Les lecteurs d'aujourd'hui qui n'ont jamais tenu en main *Jours de France* auront du mal à imaginer ce que pouvait être le ton de ce journal du bonheur et la nature des messages politiques qu'aimait à y diffuser Marcel Dassault. À leur intention, je ne résiste pas à l'envie de reproduire l'intégralité de l'éditorial rédigé par l'avionneur dans le numéro qui suivit l'élection de François Mitterrand sous la rubrique « La politique au Café du commerce » (une chronique qu'il a inaugurée en février 1981 et fait paraître également dans d'autres journaux sous forme d'encarts publicitaires) :

---

1. « My dear Bénouville : First of all, I want to express you my appreciation for your part in the honor accorded me in making me an officer of the Legion of honor », etc. Lettre du 13 novembre 1947. Allen Dulles interviendra un peu plus tard auprès de l'amiral Hillenkoetter, de la Central Intelligence Agency, pour que le général de Bénouville reçoive sa distinction américaine.

## AU CAFÉ DU COMMERCE,
## APRÈS L'ÉLECTION PRÉSIDENTIELLE :

*Premier consommateur :* Ah ! C'est enfin fini.

*Deuxième consommateur :* Fini, quoi ?

*Premier consommateur :* L'élection présidentielle. Les candidats commençaient à se fatiguer, et les téléspectateurs aussi.

*Deuxième consommateur :* Tiens, qu'est-ce que tu lis ?

*Premier consommateur :* Ah, c'est un ancien *Jours de France* de 1976, que j'ai trouvé chez le coiffeur.

*Deuxième consommateur :* Il est intéressant ?

*Premier consommateur :* Oui.

*Deuxième consommateur :* Il y a un dessin de Faizant ?

*Premier consommateur :* Non, il y a un article de Marcel Dassault.

*Deuxième consommateur :* Ah ! Et comment le trouves-tu ?

*Premier consommateur :* Mon exemplaire est un peu déchiré, mais on peut le lire tout de même. Le voici.

*Deuxième consommateur :* « Jacques Chirac, champion du nouveau Rassemblement, le RPR, montre aux Français que la République les appelle à militer avec confiance pour la France, et, ayant lancé son appel, il est rejoint par des millions et des millions d'hommes et de femmes. Dès lors, il sera bientôt possible de créer un nouveau gouvernement, dans lequel des hommes de valeur comme François Mitterrand, notamment, accepteront d'entrer, et ainsi sera formé le gouvernement d'Union nationale dont la France a tant besoin. »

*Premier consommateur :* C'est très bien. Mais, aujourd'hui, les rôles sont inversés : c'est à M. Mitterrand qu'il appartiendra éventuellement de faire un gouvernement d'Union nationale.

*Deuxième consommateur :* Évidemment, tu arranges tout très bien, mais est-ce que les choses se passeront comme tu dis ? Je vois au café d'en face le sous-préfet et sa femme. Si on allait lui demander son avis ?

*Premier consommateur :* C'est une bonne idée, et il a une femme charmante.

*Deuxième consommateur :* Tu la connais ?

*Premier consommateur* : Non, mais j'ai entendu mon fils dire à un copain : « Tu sais, la femme du sous-préfet, elle est épatante ! »

*Deuxième consommateur :* Ah ?

MARCEL DASSAULT, député de l'Oise.

## Chapitre XI

# Premiers Mystère, premiers Mirage

Avant même d'être fabriqué en série, le Flamant est dépassé par l'Ouragan. À son tour, l'Ouragan devient obsolète avant même d'être intégré dans les escadrilles de l'armée de l'air… En ces années d'après-guerre, tout évolue en effet très vite. En raison de la guerre, l'aviation de combat française a pris six années de retard par rapport à celles des Alliés et de l'URSS, années pendant lesquelles s'est opérée une révolution technologique. Pour recouvrer sa place aux côtés des grands, la France doit mettre les bouchées doubles, d'autant plus qu'il y a urgence : on est en pleine guerre froide. Les États-Unis, qui pilotent l'OTAN, sont fermement disposés à l'aider dans cet indispensable effort. Le pacte de l'Atlantique Nord a été signé entre les États-Unis et les pays d'Europe de l'Ouest le 4 avril 1949 à Washington, en réplique à l'alliance militaire de l'Union soviétique et des pays dits satellites. Le traité de Bruxelles[1],

1. Traité conclu pour 50 ans entre la Grande-Bretagne, la France et les pays du Benelux. Il fut absorbé par l'OTAN en 1950.

signé le 8 avril, demande expressément l'aide des États-Unis en matière d'armement. Dans sa réponse du 28 juillet 1949, le président Truman promet « l'aide d'experts dans la production et l'emploi de matériel de guerre », et Dean Acheson, secrétaire d'État, confie le 29 juillet à la commission des Affaires étrangères de la Chambre des représentants : « Il faut répondre à la démonstration de puissance soviétique par la mise en service des derniers modèles d'avions à réaction », la France et l'Angleterre étant chargées, dans la répartition des rôles, « des bombardements d'attaque dans un rayon d'action limité[1] ».

Marcel Dassault n'ignore rien de tout cela. Il se tient évidemment aux avant-postes de cette nouvelle bataille. Il sait aussi que ses sociétés privées ne seront pas défavorisées. La méfiance nourrie envers les entreprises nationalisées dont les syndicats, prétendent certains, sont aux mains des communistes, ne peut que l'avantager. Par ailleurs, comme quelques confrères, il s'est préparé en recrutant « les ingénieurs et techniciens prêts à travailler pour eux dans l'attente de la remise en cause du "tout-public" lancé par Tillon en 1945 ». Il décide d'aller résolument de l'avant dans la conception de nouveaux prototypes plus performants. Ainsi, n'hésite pas à écrire Emmanuel Chadeau, dans son livre qui fait autorité, l'Ouragan de Dassault « voit le jour entre l'été 1947 et 1948, appuyé par des transferts de brevets américains approuvés par le ministère des Finances, que payaient les aides du plan Marshall déblo-

1. Confirmation du général Bradley du 29 juillet : le montant total de l'aide militaire pour l'Europe s'élève à 1,45 milliard de dollars (Source : Archives du ministère des Affaires étrangères).

quées à partir de janvier 1948[1] ». À quoi il convient d'ajouter des actions d'espionnage industriel bon enfant menées outre-Atlantique et évoquées par un de ses anciens photographes de *Jours de France*, dont le Tout-Paris de l'aéronautique faisait en ces années cinquante des gorges chaudes[2] : « Marcel Dassault fut invité par un constructeur américain d'avions de combat pour l'inauguration d'un prototype[3]. Il déclina courtoisement l'invitation, mais tint à envoyer à sa place deux collaborateurs de son journal *La Semaine de France* : un reporter et un photographe. Ceux-ci furent fort aimablement accueillis et, avant de repartir de la cérémonie, demandèrent l'autorisation de prendre des photos souvenirs devant l'appareil. Ce qui leur fut accordé. Le journaliste posa devant l'avion, de face, à gauche, à droite, devant les ailes, derrière ; bref, il se fit photographier avec l'appareil sur toutes les coutures. C'était le cas de le dire : en effet, il portait un grand manteau à carreaux, chacun d'eux mesurant exactement 1 centimètre de côté. Trois jours plus tard, Marcel Dassault possédait toutes les mesures du nouveau prototype américain et pouvait le reconstituer sur ses planches à dessin. Diabolique et génial ! »

Le « mur du son » n'était pas à la portée de l'Ouragan. Sa structure avait besoin d'être améliorée, l'aile devait être

1. *Histoire de l'industrie aéronautique en France. De Breguet à Dassault*, *op. cit.*, p. 403 et 404.

2. Je connaissais la première partie de l'histoire, mais pas la seconde, concédera Roland Glavany au cours d'un récent entretien.

3. Probablement le Lookheed F 104 Starfighter ou le Corvair F 106 : le premier fut un des chasseurs les plus perfectionnés de son temps. Il équipa de nombreuses armées en Europe.

plus mince et à plus forte flèche, la poussée du réacteur sérieusement augmentée. La souplesse des commandes et la maniabilité de l'appareil constituaient cependant un atout décisif. Le nouvel avion de combat (appellation technique : MD 452) sera popularisé sous le nom de Mystère donné par celui que d'aucuns surnomment parfois affectueusement « tonton Marcel ». Pourquoi ? L'avionneur s'est souvenu d'un roman-feuilleton de Paul d'Ivoi intitulé *Le Docteur Mystère*, publié quand il avait sept ans.

Le premier vol d'essai du Mystère est effectué en février 1951 par Rozanoff. L'avion accuse quelques vibrations inquiétantes. Des modifications sont aussitôt faites, mais, aux alentours de Mach 0,9, l'appareil part quand même en *wing dropping*, comme disent les pilotes d'essai pour désigner une sorte de roulis qui cesse quand l'avion prend encore de la vitesse.

Les essais se succèdent. Un léger drame affecte les relations entre Marcel Dassault et son pilote d'essai préféré à propos du « double bang » qu'attend l'avionneur à chaque vol du samedi. Kostia Rozanoff prend des risques exceptionnels pour atteindre Mach 1, mais la performance n'est jamais homologuée, car le bruit reste imperceptible, ce qui contrarie beaucoup Marcel Dassault.

Ce n'est qu'en octobre 1952 que le bruit d'explosion tant attendu est provoqué par un pilote américain plus expérimenté au cours d'un vol d'essai à Melun-Villaroche, à bord du Mystère II. Quelques jours plus tard, au centre d'essais en vol de Brétigny, Roger Carpentier est le premier Français à franchir le « mur du son » aux commandes du même type d'appareil. Rude humiliation pour « Kostia » ! Puis c'est le tour de Georges Pichi au premier jour de l'année 1953. Roland Glavany est le cinquième pilote d'essai à franchir le « mur ». Il se souvient : « Il fallait partir en retournement de combat à partir de 42 000 pieds environ, piquer à 45 degrés, passer sans réagir la zone de *wing dropping*, et diriger son *bang* au mieux sur le lieu choisi[1]. » Roland Glavany a volé de nombreuses heures sur le Mystère II. Il m'en parle avec affection, comme il évoquerait un héros méconnu et sous-estimé : « Le vilain petit canard coincé entre l'Ouragan et le Mystère IV... » Il n'empêche que le vilain petit canard en question représente un notable bond qualitatif, plus de sécurité en vol et à l'atterrissage, un confort de pilotage lié aux servo-commandes[2] ; il marque la naissance d'une nouvelle génération d'avions de combat.

Le début de l'année 1954 aurait dû être marqué chez Dassault par la sortie de scène de Kostia le Magnifique et par l'entrée simultanée de Roland Glavany, pilote d'essais au centre de Brétigny aux côtés de Jacqueline Auriol, René Bigand, Roger Carpentier, Jean Coureau, Pierre Lecomte, Jean-Marie Saget et André Turcat (qui deviendra le pilote d'essai du Concorde). Dassault avait en effet estimé Glavany digne de figurer sur le plateau. Né en 1922, celui-ci fait l'École de l'air en 1941, part pour le STO en 1943, gagne l'Espagne pour rejoindre de Gaulle, passe son brevet de pilote et intègre le 1er bataillon de choc du commandant

1. *Au bout de la route*, chroniques biographiques de Roland Glavany, non publiées.

2. « Le père des servo-commandes, l'ingénieur Rizenthaler, a joué un rôle considérable dans la réussite de la société », assure Roland Glavany (« Les servo-commandes ou la direction assistée pour les avions »).

Gambiez en 1943, participe à la prise de la citadelle de Porto Longone à l'île d'Elbe, puis à la libération de la Corse dans l'armée de Lattre de Tassigny. Blessé quatre fois, il passe de longues semaines aux hospices de Beaune pour soigner une jambe en piteux état. À la Libération, il fait Sup'Aéro et, en 1950, intègre le Centre d'essais en vol. Il est capitaine depuis trois ans et marié depuis cinq. Il a quatre enfants dont Jean, qui deviendra conseiller à l'Élysée sous François Mitterrand, puis ministre de l'Agriculture dans le gouvernement de Lionel Jospin.

Le général Glavany, 81 ans, me parle avec passion de son passé de pilote d'essai : « Au début de l'année 1954, Kostia Rozanoff, qui a 41 ans, souhaite me rencontrer. Il me confie alors son désir de cesser son activité de pilote, de passer la main, de vivre un peu plus tranquillement, et de réaliser un rêve : ouvrir une librairie. Il me demande de lui succéder. On ne succède pas à Konstantin Rozanoff, lui fais-je remarquer, on peut seulement continuer sa mission. J'étais très honoré qu'il eût pensé à moi. Il était le chef pilote d'essai le plus connu de France. »

Quelques jours plus tard, Marcel Dassault invite Rozanoff et Glavany à déjeuner à la Tour d'argent pour renouveler officiellement l'offre de collaboration. Malgré la somptuosité des lieux et la renommée de la table, le repas est frugal : « Comme Marcel Dassault ne buvait que de l'eau, nous en fîmes autant. La conversation fut quelque peu compassée. Il me confirma le souhait de Kostia d'abandonner ses fonctions de chef pilote d'essai de la maison Dassault. Après l'avoir quitté, Rozanoff et moi sommes entrés au bistrot du coin pour boire un bon verre de beaujolais », poursuit le général.

Roland Glavany ne succédera pourtant pas encore au colonel Rozanoff, à cause du veto de Louis Bonte, le chef du Centre d'essais en vol : « J'en parle à monsieur Louis Bonte [Roland Glavany s'exprime toujours ainsi, quand il parle de son ancien patron du CEV, en montrant son portrait exhibé sur un rayon de la bibliothèque]. Monsieur Bonte refuse. Marcel Dassault n'était pas sa tasse de thé… »

Sur la scène de chez Dassault, toujours donc occupée par Kostia, des grondements annoncent l'imminence d'un drame. « Le 3 avril 1954, nous avions prévu avec René Pleven, ministre de la Défense nationale et des Forces armées, une grande présentation en vol à Melun-Villaroche, à l'intention du ministre de la Défense britannique, Dunkan Sandy », se souvient le général Gallois qui n'est pas encore à l'époque un « acteur Dassault ». C'est une belle journée de printemps. De nombreuses personnalités, dont Roland Glavany, sont invitées à la présentation. Au milieu de l'après-midi, le colonel Rozanoff termine la présentation générale par le prototype du Mystère IV B-01. Les personnalités, attentives, sont groupées près de la tour de contrôle. « Après un premier passage et une boucle, le colonel Rozanoff revint pour un passage à très grande vitesse et à très basse altitude. Une aile toucha le sol, et l'avion se disloqua sous nos yeux. Une des roues passa même à quelques mètres au-dessus de nous », raconte Glavany. Le colonel Konstantin Wladimir Rozanoff fut tué sur le coup. « J'étais à l'initiative de la présentation, je me sens responsable de sa mort », conclut tristement le général Gallois.

« Je remontai lentement le long sillon parsemé de ferraille et ramassai le casque doré projeté là, qu'il aimait porter avec son foulard vert. Ce fut la mort d'un grand pilote. [...] Complètement choqués, le colonel Ladousse et moi revînmes vers Paris sans dire un mot », écrit le général Glavany[1]. Marcel Dassault quitta le terrain d'aviation de Melun-Villaroche sans prononcer lui non plus la moindre parole, et resta muré plusieurs jours dans le mutisme et la peine. « Dassault prit en charge l'éducation des enfants de Rozanoff aux USA, et me demanda de n'en parler à personne[2]. »

À l'automne 1954, Marcel Dassault se rend au Centre d'essais en vol pour rencontrer l'ingénieur général Louis Bonte et lui demander l'autorisation de recruter Roland Glavany. Cette fois, Bonte accepte sur-le-champ. Le 31 décembre, Glavany obtient un congé sans solde de l'armée de l'air pour cinq ans, et devient chef pilote chez Marcel Dassault.

Assurer la continuité du travail de Rozanoff n'est pas une tâche aisée, d'autant moins que divers pilotes d'essai, en particulier Gérard Muselli et Paul Boudier, ancien de l'École de l'air, pouvaient eux aussi prétendre à la succession. Mais l'estime lie ces hommes constamment confrontés au danger et, malgré d'inévitables tiraillements, les équipes se soudent, leurs relations deviennent harmonieuses, leur collaboration étroite. Le minutieux travail de décryptage des bandes de papier photographique des enregistreurs « Hussenot-Beaudouin » exige un travail en commun très attentif entre ingénieurs et pilotes. La télémesure, qui permet de suivre en temps réel les paramètres de vol, n'était pas encore d'actualité : elle allait le devenir

1. In *Chroniques au bout de la route*, *op. cit.*
2. Roland Glavany, *op. cit.*

avec le Mirage dans les années 1950-60. « Nous étions proches les uns des autres, pilotes, ingénieurs, mécaniciens de piste, responsables des prototypes, reprend le général Glavany, devenu mon *cicerone* jusqu'à la fin de cette tranche de vie aéronautique de Marcel Dassault. Les installations étaient plutôt précaires à Melun-Villaroche, comme l'hiver à Istres où nous nous chauffions dans les hangars, regroupés autour des poêles à charbon. »

En 1956, Serge Dassault est nommé chef des essais en vol. Roland Glavany est son adjoint et partage son bureau. Les relations sont vites excellentes entre les deux hommes. « Nous partagions aussi dans le travail joies et déceptions. Devenu mon ami, il l'est resté. Ingénieur polytechnicien, extrêmement méthodique, il était passionné par son métier, ce qui ne lui valait aucune indulgence de la part de son père. Serge Dassault était beaucoup plus sympathique et beaucoup moins ambigu que son père. Le barrage de Bénouville, qui s'interposait entre Dassault et sa famille, a été cruellement ressenti par ses enfants. »

Pendant cinq années, les relations ne vont pas « s'arranger » entre Marcel Dassault et Glavany. Le regard que porte le général sur l'avionneur est dénué d'animosité, mais sans complaisance. Laissons ici la parole à l'ancien pilote d'essai : « Avant toutes choses, monsieur Dassault était un patron, le patron total et indiscuté. Les avions prototypes étaient ses maîtresses, toute décision les concernant ne relevait que de lui. Il décidait seul en dernier ressort, et faisait exécuter ses ordres au plus vite. Là est le secret de sa réussite.

« Le Marcel Dassault de 1937 n'était pas celui de 1986. L'homme était à multiples facettes. La déportation lui avait donné une stature historique face au pouvoir politique. Il devint un gaulliste très sincère. C'était un patriote, qui l'a prouvé pendant la guerre, mais il s'était trop aperçu du pouvoir de l'argent. Ce n'était pas un grand ingénieur de conception, mais il savait s'entourer de grands ingénieurs. Il a su imposer ses vues aux hommes politiques de la IVe et de la Ve République. Et il a duré. Or rien ne remplace la continuité.

« Pour lui, il y avait deux choses essentielles : le pouvoir politique et le pouvoir de l'argent… Il pouvait être parfois odieux avec les hommes qu'il traitait avec mépris, et adorable… avec ses petits-enfants.

« Nous lui disions évidemment toujours la vérité, nos relations et l'exigence de notre travail excluaient toute flagornerie. Nous n'étions pas là pour lui faire plaisir. Il écoutait beaucoup ses pilotes d'essai et était capable de décider une modification à la demande de l'un d'entre eux.

« À Henri Déplante qui le vénérait, il répétait : “Les avions Marcel Dassault, c'est pas vous, c'est moi !” Ce qu'il a pu avaler comme couleuvres !… Mais Déplante était en adoration devant le patron…

« Dassault jouait avec ses avions comme on entretient des danseuses… Les danseuses, dans la vie de Marcel Dassault ? Non, il n'avait pas de besoins coupables évidents ! »

Enfin, plus gravement : « Il n'irradiait aucune chaleur humaine de Marcel Dassault, et pourtant il a connu de grandes fidélités, de grands attachements. Et c'était un grand patron. J'ai vécu quelques-unes des années les plus intenses de ma vie au sein de la Société des avions Marcel Dassault », conclut provisoirement le général Glavany.

Les mises au point du Mystère II, nécessaires et nombreuses, compromettent les achats par l'armée de l'air. Israël s'y intéresse néanmoins et en achète vingt-quatre[1], alors que Marcel Dassault lance déjà le Mystère IV. De celui-ci, Roland Glavany parle comme d'« une magnifique machine au transsonique presque pur, si l'on excepte une légère tendance à s'enfoncer, et admirable de maniabilité ». Mais il se souvient aussi d'incidents sérieux et de vols de mise au point mouvementés de ce nouveau prototype, tout particulièrement celui du 7 juillet 1955 : « Au cours des essais en vrille à 25 000 pieds, impossible d'arrêter la vrille. Malgré les servo-commandes qui équipent maintenant le Mystère, la manœuvre ne permet pas d'en sortir. » « Saute, Roland, saute ! » conseille par radio au pilote son accompagnateur en patrouille. « Encore deux tentatives : impossible de faire autrement, il faut se larguer [...]. Il n'y a pas d'ouverture automatique du parachute. Il faut trouver la poignée rouge, à gauche sur ma poitrine. Or celle-ci s'est détachée de sa gaine et s'agite à hauteur de mes yeux comme une mouche que je finis par attraper. Je tire. Le parachute s'ouvre. Un grand calme. Au-dessous de moi, le Mystère continue sa vrille, jusqu'à la boule rouge finale. Je dérive dans un champ, derrière le bâtiment de la SNECMA. Dans ce champ, une herse : dernière menace évitée. Je m'aplatis durement, mais me relève pour allumer une cigarette... » Glavany n'a qu'une microfracture à une vertèbre lombaire...

Dans la série des Mystère, les essais du Mystère IV B cher à Roland Glavany se poursuivent. Des fusées sont

1. Voir chapitre suivant.

installées pour améliorer les performances. Le 14 mars 1956, à Istres, les conditions météo sont difficiles : froid et mistral. « À 43 000 pieds, j'allume, paisible et habitué, mon engin. Énorme boum ! L'avion vole avec quelques lampes rouges allumées. Je reviens me poser pour voir, à la fin de l'atterrissage, en bout de bande, les pompiers, prévenus, lever les bras au ciel. Une fois descendu, j'ai contemplé ce spectacle d'horreur : ma fusée avait explosé, mon fuselage était noir, et des bouts de tuyauterie s'agitaient au vent. »

Le Mystère IV B[1] est un super-engin : postcombustion, servo-commandes, radar… Il suscite l'intérêt des acheteurs étrangers, particulièrement d'Israël qui reconnaît ses qualités techniques. Il devient un emblème de la réussite aéronautique de Dassault, d'autant plus que ces appareils équipent désormais la « patrouille de France ». Au Salon du Bourget de 1957, les Mystère[2] inscrivent pour la première fois – longue traînée dans le ciel au-dessus d'une foule subjuguée – les trois couleurs : bleu, blanc, rouge…

Alors que le Mystère n'en est plus un pour Marcel Dassault et qu'il a déjà lancé des appareils dérivés – Super-Mystère, Étendard… –, il y a déjà pas mal de temps qu'il n'a plus d'yeux que pour une nouvelle maîtresse qu'il appelle Mirage, mais qui, contrairement à ce que laisserait entendre son nom, n'aura pas une apparence trompeuse et ne durera pas l'espace d'un instant.

1. Dans sa version Super-Mystère SMB2 CX1, dérivée du Mystère IV B, précise ici Roland Glavany.

2. Une variante mieux adaptée aux exigences de ce type d'exercice, le Mystère IV A.

« L'état-major de l'armée de l'air, séduit par les performances des fusées montées sur avion, confiant dans les performances des engins air-air de Matra, assuré d'une bonne couverture aérienne des radars au sol, avait conçu le programme d'un intercepteur léger. La direction technique commanda alors trois types de prototypes », expose Glavany : l'un à la SNCASO, le Trident ; le deuxième à la SNCASE, le Durandal, pourvu d'une aile Delta ; le troisième à Marcel Dassault, le MD 550, baptisé Mirage, équipé lui aussi d'une aile delta. Deux exemplaires de Mirage 1 sont commandés. Marcel Dassault est conscient qu'une nouvelle bataille, décisive pour son avenir, est engagée.

L'aile Delta équipe déjà les avions américains Corvair 102. À Paris, par l'intermédiaire de Jacqueline Cochran[1], les Américains apportent leurs conseils. Le général Gallois, qui a fait une traversée de l'Atlantique à bord d'un des appareils qu'elle pilotait, évoque un dîner à Paris chez René Pleven, où avaient été conviés, avec l'illustre aviatrice américaine, le général Boyd et le célèbre pilote Charles « Chuck » Yeager : « Ils furent ainsi mis en contact avec Dassault. » Depuis le début des années 50, « Chuck » se rend souvent en France, et les missions officielles ou officieuses que lui confie l'US Air Force sont essentiellement destinées à rencontrer Dassault et à essayer ses avions au Centre d'essais de Melun-Villaroche. Yeager

1. Légende de l'aviation américaine, elle devient la première femme lieutenant-colonel de réserve aux États-Unis après la guerre. C'est aussi la première femme « à passer » le mur du son à bord d'un F86. Elle devient présidente de la Fédération aéronautique internationale en 1959. Jacqueline Cochran fut aussi représentante pour les États-Unis de la marque de parfums Nina Ricci.

persuade alors l'avionneur et ses ingénieurs – plus particulièrement Jean Cabrière – de l'intérêt de l'aile delta.

Marcel Dassault choisit par ailleurs le réacteur Viper anglais, de la société English Electrics. L'ingénieur Ritzenthaler est chargé d'y adapter la postcombustion française. Glavany effectue son premier vol sur Mirage 1 le 25 juin 1955 : « Le voici donc, ce premier Mirage 1, avec son fuselage harmonieux, son aile delta, sa grande dérive pointue, son train tricycle habituel, ses entrées d'air latérales classiques, et ses deux réacteurs côte à côte à l'arrière du fuselage. Il arrive à Villaroche en même temps que moi », écrit-il. Des inquiétudes surviennent néanmoins au cours des vols suivants : « Des phénomènes d'oscillations transversales qui allaient devenir notre hantise. » Les modifications restent inopérantes.

Inquiet, Dassault réagit et, selon Roland Glavany, eut alors « un de ses plus grands coups de génie industriel ». Il décide de lancer à ses frais un prototype plus réaliste, d'y intéresser les services officiels, et exige que son bureau d'études et ses ateliers sortent un nouveau prototype en un temps record. Ce sera le Mirage III-001, qui volera pour la première fois le 17 novembre 1956.

Le Mirage III va prendre des numérotations successives : 001, 002…, si bien que le facétieux commandant Pierre Faure, un des pilotes d'essai, lancera : « Hé-hé ! 001, c'est un peu comme BALZAC 00 01, le numéro de téléphone bien connu des publicités Jean Mineur, et pour la pub, vous savez aussi bien faire ! » C'est ainsi que le Mirage III prit le nom de Balzac : « Ce qui nous valut un jour une lettre de remerciement de la société des Amis d'Honoré de Balzac », raconte en souriant le général pilote d'essai.

Le Mirage III avait sensiblement la même voilure que le Mirage I, mais un fuselage différent. Les plans sont achevés au début de l'année 1956. Le 17 novembre, Roland Glavany arrache le nouvel appareil au sol.

Une découverte majeure vient modifier outre-Atlantique les performances des avions supersoniques, améliorant leur comportement en vol à grande vitesse et cette vitesse même. Un ingénieur de la NACA (National Advisory Committee for Aeronautics), reprenant les travaux de l'ingénieur allemand Theodor von Karman – installé après guerre aux États-Unis –, constate l'influence considérable de la section des fuselages sur l'écoulement des gaz et les perturbations qu'ils entraînent. Cette découverte est assimilée par les constructeurs américains et va l'être par Cabrière et Déplante. Le Balzac, équipé d'un réacteur Atar G2, aura lui aussi une « taille de guêpe », et va pouvoir conquérir le monde.

« Dès le sixième vol, nous étions à Mach 1,45 en palier, et nous atteignîmes au neuvième vol en palier 1,52, puis 1,60 en piqué léger. C'était gagné ! Nous étions déjà tout à fait dans le peloton de tête des avions supersoniques français avec notre seul réacteur[1]. » Quelques années vont encore se révéler nécessaires pour mettre au point le Mirage III et pour que Mach 2 soit atteint pour la première fois en Europe.

Dassault a gagné : le 5 avril 1958, l'état-major commande 100 Mirage III, un appareil capable d'assurer

1. Roland Glavany, *Chroniques au bout de la route*, *op. cit.*

des missions de bombardement, l'appui tactique, la chasse et la reconnaissance. Alors que le Trident a connu de graves accidents, dont le pilote d'essai Jacques Guignard est sorti par miracle mais dont l'un a coûté la vie à Charles Goujon en 1957. Quant au Durandal, il n'atteindra jamais une fiabilité suffisante…

La démonstration du Mirage III emporte aussi les suffrages de l'armée israélienne et l'officier d'aviation Dany Shapira va pouvoir effectuer son premier vol sur un des Mirage dont l'État hébreu a choisi de s'équiper.

Il en alla du Mirage III comme du Flamant, de l'Ouragan et du Mystère : alors qu'aviateurs israéliens et français s'extasiaient sur ses capacités, Marcel Dassault avait déjà en vue et en tête un autre avion, un bombardier moyen supersonique qu'il baptisa sans grande originalité le Mirage IV. Un projet né de l'humiliation subie par la France lors de l'expédition de Suez en 1956.

Le 31 octobre, trois mois après la décision de Nasser de nationaliser le canal de Suez, les troupes franco-britanniques, appuyées par celles de l'État hébreu, attaquent l'Égypte, mais sont bientôt contraintes de se retirer après les menaces soviétiques et le veto opposé par les Américains à leur intervention. Guy Mollet, le président du Conseil, mesure alors l'isolement de la France. Il engage une réflexion pour se doter des moyens d'une véritable politique d'indépendance nationale, qui passe par l'acquisition de l'arme atomique et des moyens de la larguer. L'état-major n'est pas difficile à convaincre. Dassault est ainsi approché pour mettre à l'étude un appareil porteur plus puissant : un biréacteur capable d'acheminer une charge atomique… Du moins est-ce ce que tout le monde comprend sans le dire. Les services techniques de Marcel Dassault se seraient même rendu compte dès le 9 novembre 1956 que les services du ministère examinaient le projet secret d'un avion de bombardement « pouvant porter une bombe d'une tonne à 1 500 kilomètres, dont 800 parcourus à Mach 2[1] », si l'on en croit les informations données par Claude Carlier dans son livre réédité en 2002. Dès le 15 novembre, le ministère des Armées aurait fait comprendre à l'avionneur que les études devaient en fait porter sur le Mirage III A, conçu comme un bombardier et non plus comme un chasseur.

Un nouveau cahier des charges est donc élaboré pour un biréacteur. La politique de dissuasion nucléaire est en marche... Dès son arrivée au pouvoir, le général de Gaulle fera sienne, développera et théorisera la politique de dissuasion nucléaire. Il verra dans le Mirage IV la première composante de la force de frappe.

Héritier du Mirage III, le Mirage IV est un avion au fuselage deux fois plus long et aux ailes plus larges. Il est équipé de servo-commandes à impulsions électriques. Son rayon d'action est de 3 000 kilomètres à Mach 2. « Ailes delta pures, biplace, biréacteur, 2 moteurs Atar côte à côte dans le fuselage [...]. Ce fut un magnifique avion, certainement le plus bel avion militaire français de la période 1945-75[2]. »

Le 17 juin 1959, Roland Glavany effectue son premier vol aux commandes du nouvel appareil : « Les deux premiers vols furent si parfaits que nous fûmes autorisés

1. Claude Carlier, *Marcel Dassault. Légende d'un siècle*, *op. cit.*
2. Roland Glavany, *op. cit.*

par les services officiels à effectuer un passage au-dessus du Salon de l'aéronautique du Bourget. » Autorisation d'autant plus nécessaire que, cette année-là, le Salon accueille le général de Gaulle, président de la toute jeune Ve République.

Glavany a toutes les raisons d'être satisfait, et pourtant ses rapports avec Dassault sont devenus exécrables. Il va quitter l'avionneur au début de septembre 1959 : « Les uns se sont attachés à lui, pas moi, se souvient-il. Les raisons de mon départ sont dues au grave différend qui nous opposa au sujet du transfert des essais en vol du terrain de Melun-Villaroche à Istres. L'aviation de transport civile se développait beaucoup et la DGCA (Direction générale de l'aviation civile) nous fit savoir que le périmètre du terrain de Melun-Villaroche se "rétrécissait", les vols de plus en plus nombreux des gros avions à 40 000 pieds nous obligeaient à transférer le Centre des essais en vol à Istres. Il s'y refusait, car, dans ce cas, il ne pourrait plus voir ses avions voler tous les samedis. J'insistai pour qu'il prenne une décision inéluctable. Il m'en voulut, me le reprocha. Cela précipita la rupture entre nous. Nous eûmes une sérieuse explication… Par ailleurs, son comportement vis-à-vis de certains collaborateurs me révoltait parfois.

« Nous nous sommes quand même séparés en nous serrant la main… »

Roland Glavany retrouve l'armée de l'air et, le 19 septembre 1959, un Dakota le conduit à Alger. C'est René Bigand qui lui succède.

Depuis deux mois, Serge Dassault n'assure plus la direction des essais en vol. La vérité est que le différend entre

Marcel Dassault et Glavany sur le transfert des essais à Istres est largement partagé par Serge qui – il le confirme aujourd'hui – engagea alors un « bras de fer avec son père », et finit par emporter la décision. Non sans conséquences : Madeleine Dassault parle même à ce propos de rupture[1]. Le fils est affecté « aux exportations, puis à l'électronique ». Vallières, en particulier, n'a pas vu d'un bon œil l'ascension de ce fils qui risquait de lui porter ombrage. Les nombreuses délégations étrangères que Serge reçoit, ses voyages à l'étranger en tant que directeur des essais en vol pour promouvoir l'entreprise lui ont ouvert les perspectives de responsabilités nouvelles que son père finit par accepter de lui confier malgré les réticences de Benno Claude Vallières. Il sera ainsi nommé, le 11 avril 1962, directeur général des services d'exportation : « La direction de la prospection lui est rattachée, mais celle des ventes continue de dépendre directement de Claude Benno Vallières[2]... » La vieille garde ne veut pas lâcher...

Dassault, ses pilotes et ses ingénieurs ont gagné la confiance et fait reconnaître leur extraordinaire savoir-faire. Ils ont conquis en France le statut de fournisseurs privilégiés de l'État, et deviennent un élément clé de la politique extérieure de la France.

Le 13 février 1960 à 7 h 30 du matin, la première bombe atomique française explose dans le Sahara occidental, sur la base de Reggane. Sa puissance équivaut à trois fois celle des bombes tombées sur Hiroshima et Nagasaki quinze ans plus tôt.

1. Claude Carlier, *op. cit.*
2. Claude Carlier, *op. cit.*

# CHAPITRE XII

## La conquête de l'Oise

Le 2 janvier 1956, Marcel Dassault n'est plus député. Il vit mal son échec électoral dans les Alpes-Maritimes, même s'il n'est pas le seul à sombrer. Le RPF s'est effondré, alors que les poujadistes gagnent 52 sièges, et les communistes 50. L'avionneur reproche à son ami Corniglion de ne pas l'avoir placé en position d'éligibilité. Leurs relations en seront durablement affectées. L'avionneur, pour qui siéger à l'Assemblée nationale fait partie intégrante de sa stratégie, se met alors en quête d'une nouvelle circonscription proche de Paris.

Aux élections qui ont provisoirement compromis la carrière politique de l'avionneur-patron de presse, un autre futur « papivore » est en revanche élu triomphalement dans l'Oise à l'occasion de ce même scrutin de janvier 1956, soit un peu plus de deux ans après avoir racheté un journal, *La Semaine de l'Oise*, et l'avoir transformé en *Oise-Matin*, titre désormais le plus lu du département : Robert Hersant balaie tout sur son passage. Les responsables locaux du RPF et de la droite tout comme les autres patrons de journaux locaux sont prêts à tout pour briser l'irrésistible ascension de cet homme soutenu par la gauche en dépit d'un passé trouble et de la condamnation à dix ans d'indignité nationale qui l'a frappé après la guerre…

En 1955, Robert Hersant s'est fait élire maire de Ravanel, commune de 834 habitants, puis, pour gagner la même année les élections cantonales du canton rural de Saint-Just-en-Chaussée, il a mené une spectaculaire campagne à l'américaine, parfaitement inédite dans ce département : celle-ci se termine en effet par une fantastique kermesse avec la présence de Martine Carol, superstar des écrans, de l'animateur le plus populaire de l'époque, Jean Nohain, et du chanteur Luis Mariano ! À l'issue du spectacle, Robert Hersant fait tirer la grande « tombola du siècle » avec dix voitures à gagner.

Deux journaux tentent de contenir tant bien que mal ce raz-de-marée pour des raisons à la fois économiques et politiques : *Le Progrès de l'Oise* et *L'Oise libérée*. Ils souffrent évidemment du succès de *L'Oise-Matin*. Jean Legendre, député du RPF, puis du Centre national des indépendants et paysans, est l'éditorialiste du premier ; Robert Séné, sénateur RPF, est patron du second. François Bénard, ancien président du conseil départemental sous Vichy, maréchaliste rallié aux gaullistes et qui a repris aux socialistes la présidence du conseil général, et Amédée Bouquerel, ancien chef de la Résistance du secteur est du département, sénateur RPF, se tiennent aux côtés de Legendre et Séné dans ce combat à mort. Pour avoir une idée de la virulence de cette lutte contre Hersant, il suffit de citer le titre d'un article de Legendre publié au printemps 1955 : « Ravanel en Hitlérie ! »

Ces violentes attaques n'ont donc pas empêché Robert Hersant de triompher aux élections législatives du 2 janvier 1956, mais le bouillant Legendre ne s'avoue pas vaincu. Le 18 avril suivant, à l'Assemblée nationale, le député de Compiègne prononce un réquisitoire terrible contre Hersant, dénonçant ses méthodes électorales et surtout son comportement sous l'Occupation. Le passé du patron de presse est brutalement déballé devant les députés abasourdis, dont la plupart en ignoraient tout : Vichy et la collaboration ; sa photo dans le journal *L'Œuvre* de Marcel Déat en 1941 ; la fondation du journal pro-allemand *La Jeune Force*, publié avec l'autorisation de l'occupant. À cela s'ajoutent des événements récents : les condamnations de l'homme de presse, propriétaire de *L'Auto Journal*, pour une fameuse et rocambolesque histoire d'embuscade tendue sur une route du Var afin de filmer et photographier le prototype de ce qui deviendra la DS Citroën... La séance s'achève par un KO psychologique : incapable de se défendre efficacement, Hersant s'exclame dans l'hémicycle, presque touchant de repentir : « Je deviens un monsieur bien », cependant que Jean Legendre, impitoyable, lance alors à ses collègues : « C'est donc qu'il ne l'était pas ! »

Le *Journal officiel* rapporte cette autre repartie de Robert Hersant : « Je n'ai été condamné *qu'à dix ans* d'indignité nationale ! *(Rires sur divers bancs).* » Cruel ! À la suite de ce déballage, une écrasante majorité de députés votent son invalidation : sur 150 présents, 11 seulement se prononcent contre.

Quelques jours plus tard, le journal de Robert Séné publie l'intégralité du compte rendu de cette dramatique séance sous le gros titre : « *L'Oise libérée* vous dit comment et pourquoi Hersant fut invalidé » : « Sur 150 députés, il ne s'en est pas trouvé une douzaine pour oser prendre le parti d'Hersant, qui est finalement et honteusement invalidé par 125 voix contre 11… Le très riche Hersant est abandonné par tous les socialistes, à l'exception de Marcel Mérigonde[1], et par tous les radicaux mendésistes, en un mot tous les élus du Front républicain dont il s'est réclamé. Il n'a pu trouver que 10 collègues pour lui apporter un bulletin de vote avec ce qu'il leur restait de sympathie… »

Hersant invalidé, une autre élection est organisée les 3 et 17 juin 1956. Le patron de *L'Oise-Matin* se représente, et le sénateur Robert Séné se dévoue pour tenter de lui faire barrage. La campagne est à nouveau d'une extrême violence.

Séné est un candidat rassembleur : derrière lui, on trouve les Indépendants et paysans, le MRP, la Gauche républicaine, les républicains-sociaux, les radicaux indépendants et certains radicaux-socialistes qui, sans clairement s'exprimer, s'opposent à Hersant. Antoine Pinay, Maurice Schumann, Paul Reynaud et Edgar Faure apportent à Séné leur soutien personnel. Edgar Faure écrit dans le journal du candidat : « Les démocrates ont choisi

1. Qui se coupe alors de la SFIO départementale. Marcel Mérigonde, revenu lui aussi de déportation, évoluera vers la droite départementale après avoir été député et conseiller général socialiste. À l'opposé d'un autre socialiste, Jean Biondi, député du Front populaire ayant refusé les pleins pouvoirs à Pétain, déporté à bord du même train de Compiègne que le père Riquet, le 8 avril 1944, pour Mauthausen, en Autriche ; président du conseil général de l'Oise, à nouveau maire de Creil et secrétaire d'État au début de la IVe République.

Robert Séné ; Hersant est le candidat de son argent... » Toute la campagne de Séné est axée sur la dénonciation du passé de Hersant.

La réplique de *L'Oise-Matin* est fulgurante. Séné doit faire face, de la part de son adversaire, à des accusations brutales et pas moins terribles. Dans l'éditorial du journal de Robert Hersant du 1er juin intitulé « Surtout pas vous ! », celui-ci accuse à son tour son adversaire d'escroquerie à la Résistance : « Pendant quatre longues années, jusqu'au dernier jour, vous avez véhiculé, diffusé des mots d'ordre nazis, vous avez été jusqu'à la dénonciation de Français en publiant la liste d'opposants probables à la politique de collaboration. Je vous somme de me poursuivre en correctionnelle pour diffamation si ce que j'affirme là n'est pas vrai[1] ! »

Séné le poursuit immédiatement et crie à l'infamie : « Je prouverai aux juges que, dès le début 1941, j'ai fondé un réseau de Résistance qui avait son siège à l'imprimerie du journal. [...] Je me présenterai à la barre avec la croix de guerre gagnée pendant la Résistance ! » Séné reçoit le soutien de grands noms de la Résistance locale.

Il n'en est pas moins largement dépassé en nombre de voix dès le premier tour. Il jette l'éponge entre les deux tours et laisse alors sa place à Pierre Jacoby, maire de Beauvais. La condamnation de Robert Hersant en correctionnelle n'y fait rien : il est réélu confortablement au second tour après le retrait... des socialistes en sa faveur, le 17 juin 1956 !

1. *L'Oise-Matin*, 28 mai 1956, citée par Patrick et Philippe Chastenet, *Citizen Hersant*, *op. cit.*, p. 165.

La gauche locale mettra une vingtaine d'années à se remettre de l'installation de Robert Hersant dans l'Oise. La droite, de son côté, cherche un poids lourd à opposer au *tycoon*. François Bénard, le président du conseil général, proche du sénateur Séné, en parle à son ami Edgar Faure qui est parfaitement au courant de la situation, puisqu'il s'est prononcé en faveur de Séné contre Hersant. Le nom de Dassault vient tout naturellement dans la conversation : c'est à la fois une grande personnalité qui s'intéresse à la presse et qui dispose de beaucoup d'argent. Il pourrait dynamiser à la fois *L'Oise libérée*, en difficulté financière, et revenir en politique. Edgar Faure en parle à son ami Bénouville. Les négociations vont être rondement menées…

Le 12 décembre 1956, la première page du journal de Séné montre aux initiés qu'elles sont même bouclées ! Un reportage raconte par le détail la remise de la grand-croix de la Légion d'honneur à Marcel Dassault par le général Kœnig. Marcel Dassault n'a alors aucune attache avec l'Oise. Le héros de Bir Hakeim, ancien chef des FFI, président de l'Association France-Israël et ancien ministre de la Défense, non plus. L'article n'en apprend pas moins aux habitants de l'Oise que le général Kœnig a rendu un vibrant hommage à l'avionneur : « À l'étonnante carrière novatrice de Marcel Dassault, animateur, patriote, qui, à son retour de déportation, convoquait ses dévoués collaborateurs pour leur remettre le premier plan d'un nouvel avion qu'il avait conçu en captivité… La cérémonie se déroulait dans les salons d'un grand hôtel de la place Vendôme à l'occasion de la 225e livraison du Mystère IV commandé par l'OTAN (nous en reparlerons). On remarquait la présence de messieurs Edgar Faure et Chaban-Delmas, des présidents des deux assemblées, Gaston Monnerville et André Le Troquer, et de Mme Jacqueline Auriol, "la femme la plus rapide du monde[1]" dont le record fut battu sur Mystère IV… » À l'issue de la cérémonie, note encore l'auteur de l'article, « Marcel Dassault devait lui remettre [à Jacqueline Auriol] un magnifique collier supportant un minuscule avion Mystère IV aux ailes en diamants… ». L'article signale enfin la présence de François Bénard à la cérémonie.

Le rachat de *L'Oise libérée* par Marcel Dassault est décidé le 24 octobre 1956, mais les lecteurs ne l'apprendront que le 12 décembre, par un articulet en minuscules caractères, en bas de la page 6 : « Suivant acte SSP[2] en date à Paris du 3 novembre 1956 et enregistré à Beauvais le 6 novembre, les associés de *L'Oise libérée* dont le siège est à Beauvais ont vendu à la Générale immobilière Marcel Dassault, dont le siège est à Cannes et les bureaux, 46, avenue Kléber, à Paris, le titre du journal *L'Oise libérée* moyennant le prix de 30 000 francs. »

L'ensemble du *deal* négocié par Bénouville n'est connu que le jour de l'annonce de la démission de Robert Séné du Conseil de la République (nom que portait alors le Sénat). À 50 ans, Séné a abandonné à l'avionneur et son journal et sa carrière politique ; les contreparties ne seront jamais rendues publiques. Les difficultés financières du sénateur sortant sont en tout cas réglées.

1. Jacqueline Auriol avait battu le record du monde féminin de vitesse à 1 151 km/h le 31 mai 1955.

2. Sous seing privé.

Début 1957, l'équipe parisienne de Dassault débarque à Beauvais. Bénouville en est le pivot. Jean Natali, ex-résistant FFI, ami de ce dernier, est l'homme de terrain politique qui, au fil du temps, finira par disposer de huit permanents, alors que Philippe Alexandre, jeune journaliste parisien, est chargé, avec un seul et unique assistant, de sortir désormais *L'Oise libérée*.

Le 28 janvier 1957, un texte solennel signé de Robert Séné, du général de Bénouville, nouveau directeur de *L'Oise libérée*, et de Marcel Dassault annonce la nouvelle ligne éditoriale : « Amis lecteurs, *L'Oise libérée* ne sera pas le journal d'un homme ni le journal d'un parti. *L'Oise libérée* reste au service du département comme au service de ses lecteurs. La politique dans un département trouve sa raison d'être et son application dans l'administration départementale et municipale. Sur un plan national, nous entendons mener une politique d'union en liaison avec tous les partis nationaux. Avec de légères différences doctrinales, tous ces partis sont unis dans le même amour de la France. »

Toujours cette obsession de la France unie de « tonton Marcel », philosophie qu'il ne cessera d'exprimer dans le « Café du commerce » de *Jours de France*.

Dans ce même numéro de *L'Oise libérée* « relookée » à la façon Bénouville-Dassault, on peut lire en haut et à gauche de la une : « Demain, dans *Jours de France*, les premières photos exclusives de la naissance de la princesse Caroline » ; et, en bas à gauche de la même une, les lecteurs découvrent la photo, en première exclusivité mondiale, de SAS la princesse : un beau bébé joufflu... *L'Oise libérée* devient en quelque sorte l'édition départementale de la « vie en rose » !

« Marcel Dassault m'envoie dans l'Oise en février 1957 comme secrétaire de rédaction. Philippe Raguenaud était rédacteur en chef, Édouard Nessler rédacteur en chef adjoint. En 1958, Philippe Raguenaud devient porte-parole du général de Gaulle, son adjoint se présente aux élections, je suis nommé rédacteur en chef. J'habite l'hôtel du Beauvaisis, où débarquent des cars entiers de touristes anglais arrivés à l'aéroport de Beauvais-Tillé. Le maître d'hôtel leur sert sa spécialité en souriant : beefsteak de cheval. Mon expérience de l'imprimerie est très mince, et mes premières soirées au marbre, éprouvantes. Nous devons sortir un quotidien avec trois éditions différentes. Nous travaillons de 10 heures du matin à une heure le lendemain matin. L'imprimerie de Séné qui continue à sortir *L'Oise libérée* est l'Imprimerie centrale administrative dans laquelle travaillait alors le père de Jean-François Mancel, l'actuel président controversé[1] du conseil général [...] Marcel Dassault faisait extraordinairement confiance et savait donner sa chance... »

Le dynamisme du jeune rédacteur en chef et les campagnes de promotion qui suivent, fortement influencées par les publicitaires parisiens reconnus à l'époque, pionniers du marketing politique, donnent un sérieux coup de fouet à la diffusion. Marcel Bleustein-Blanchet, ami de Dassault, le conseille personnellement dans la relance du journal. Les articles de politique intérieure et internationale disparaissent de la première page pour laisser la place aux faits divers et aux photographies de vedettes.

1. Allusion aux poursuites judiciaires engagées contre Jean-François Mancel et pour lesquelles il a été mis hors de cause par le tribunal d'Amiens en appel.

La démission du sénateur Robert Séné une fois annoncée, Marcel Dassault entame sa campagne pour les élections sénatoriales partielles du 7 avril 1957. Toujours accompagné de Jean Natali, souvent par Bénouville, il se rend dans tous les villages, toutes les fêtes, serrant de nombreuses mains et ne cessant que pour mettre la sienne à son portefeuille. Il a ainsi accepté de patronner, à Chambly, la traditionnelle fête du Bois-Hourdy, toujours fixée le premier dimanche de Carême, et qui commémore la visite rendue par le bon roi Louis à la ville en 1238. Depuis 709 ans, le glorieux anniversaire donne lieu à cavalcades et réjouissances, ainsi qu'à l'embrasement d'un chêne factice par référence à la justice lumineuse et d'inspiration divine de Saint Louis. La fête du Bois-Hourdy bénéficie cette année-là des prodigalités de l'avionneur qui y est accueilli comme le bon roi d'antan : « Au nom du Comité du Bois-Hourdy, je vous adresse mes plus vifs remerciements pour l'aide que vous nous avez apportée dans l'organisation de notre fête ! » C'est en ces termes chaleureux que Barret, le président de la commission des fêtes de Chambly, accueille Marcel Dassault. Ce dernier est là en compagnie de Mlle Nadine Barret, cette année-là déesse du Bois-Hourdy, de ses demoiselles d'honneur et d'un flot de personnalités qui se pressent autour de lui : François Bénard, le président de l'assemblée départementale, Amédée Bouquerel, sénateur, Quentier, conseiller général, et madame, les maires du canton, les conseillers municipaux, les présidents d'association. La presse mentionnera ce qui deviendra, année après année, la traditionnelle remise de chèque au président du comité des fêtes.

La campagne marche bien. Pas seulement à cause de la distribution de chèques : l'ingénieur aéronautique est un homme simple. Naturellement emprunté sur les estrades, il affiche une certaine timidité, une authentique simplicité d'expression, une fragilité physique non affectée. Dans l'Oise, c'est un homme de terrain qu'une certaine forme de gentillesse, malgré sa froideur, rend sympathique aux concitoyens qu'il rencontre. Un homme de terrain qui sait savamment doser ses apparitions et les réserver aux temps forts des consultations électorales. Le mythe du grand avionneur généreux prend son essor. Rien n'est laissé au hasard dans cette forme de campagne qu'il aborde comme la construction d'un prototype : avec le même souci du détail.

Pour ce qui est du choix de l'étiquette politique, il découle directement de son credo « idéologique » : rassembler. Quant à la cible, elle est double : les grands électeurs et le monde rural. Qu'on ne voie pas là une affaire de parti ! Marcel Dassault est donc le « candidat du rassemblement rural ». Vaste programme…

Les personnalités locales, et d'autres plus illustres, dont Michel Debré et Antoine Pinay, viennent dans l'Oise lui apporter leur soutien. Le plus surprenant est celui de Louis Christiaens, ancien secrétaire d'État à l'Air, député du Nord, qui affectionne les baptêmes de l'air dans les avions à réaction de Dassault. *L'Oise libérée* se fait un plaisir de publier sa lettre adressée à Marcel Dassault, qui a tout du grand renvoi d'ascenseur et porte aussi la marque d'une époque :

Monsieur le Président,

La déportation commune à Buchenwald a créé un lien fervent d'amitié basé sur la résistance à la décadence et aux abandons. Cet antre de misère physique n'a pas arrêté le travail de la pensée, ni l'ardente et féconde inspiration de vos conceptions aéronautiques.

Vous avez oublié le destin cruel des camps de la mort et vous êtes revenu avec le cerveau intact, aux facultés aiguisées. [...]

De 1953 à 1954, participant au gouvernement en tant que secrétaire d'État aux Forces armées air, j'ai eu l'occasion bénéfique d'apprécier vos éminentes qualités de chef d'entreprise, d'administrateur, réalisateur, d'une subtilité étincelante en affaires, d'une volonté implacable et d'une source inépuisable de projets dus à vos dons exceptionnels.

Pionnier de l'aviation, vous en avez la passion. À la tête d'usines puissamment équipées, vous assumez une immense responsabilité dans l'industrie aéronautique [...]. J'ai assisté à l'exaltation de vos succès. En 1953, le Mystère n'eut plus de secret, toute la série des Ouragan, des Mystère, comme aujourd'hui des Supermystère, Mirage et Étendard scintillent comme des étoiles à la conquête du ciel. Vous ne manquez pas d'en attribuer la réussite à vos excellents collaborateurs, administrateurs, techniciens, et aux admirables pilotes d'essai, à l'énergie indomptable de l'école des Rozanoff, Boudier, Glavany, qui n'a d'égale que celle des Guignard, Goujon, Nadot, Sarrail... [...]

Vous vous êtes penché sur le sort malheureux des déshérités du logement et vous êtes devenu le "bâtisseur" essaimant de véritables et nombreuses ruches familiales.

[...] Député du Nord, ancien ministre, je vous fais confiance dans les tâches les plus âpres qui vous attendent dans votre incomparable rayonnement d'action, et je vous prie de croire, avec mes meilleurs vœux pour la pérennité de votre brillante carrière, à l'assurance de mon admiration et de mon fier et cordial souvenir.

*L'Oise libérée* publie à la queue leu leu des soutiens de la même encre, qui font souvent référence à Buchenwald. Tout comme il publie et rappelle son programme : une plate-forme très succincte, résumée dans la lettre ouverte qu'il diffuse au dernier jour de la campagne et qui semble intéressante à publier :

> À Mesdames et Messieurs les délégués sénatoriaux,
>
> Au terme de cette campagne sénatoriale, je tiens à remercier les grands électeurs du département qui sont venus si nombreux à ces réunions.
>
> Pour ceux d'entre vous qui n'auraient pas pu assister à mes réunions, je tiens à rappeler l'essentiel de mon programme.
>
> 1 - Amélioration de l'habitat rural ;
>
> 2 - Institution d'un enseignement professionnel agricole sous le contrôle du ministère de l'Éducation nationale, mais sous la direction effective du ministère de l'Agriculture ;
>
> 3 - Création au Parlement d'un intergroupe du Rassemblement rural [...] pour obtenir en tout premier lieu le relèvement des prix agricoles [...] et la revalorisation des salaires. Nous veillerons à ce que la loi-cadre de l'agriculture, actuellement en préparation, soit conforme à l'intérêt bien compris de l'exploitation agricole et surtout de l'exploitation familiale. Ce Rassemblement rural aura pour but non seulement de défendre les intérêts de l'agriculture, mais aussi ceux du commerce, de l'artisanat et des professions libérales ;
>
> 4 - Élu non seulement du monde rural, mais de toutes les municipalités de l'Oise, je m'attacherai également à résoudre les problèmes qui intéressent plus particulièrement les régions industrielles du département.
>
> Vous me trouverez dans l'avenir toujours prêt à défendre vos intérêts, comme ceux du département et du pays tout entier, avec le réalisme et la volonté dont j'ai toujours fait preuve dans le passé.
>
> Marcel DASSAULT.

Le 7 avril 1957, par 781 voix contre 429 à Jean-Michel Berthelot et 94 à Marcel Coene, Marcel Dassault est triomphalement élu sénateur de l'Oise pour un peu plus d'un an, puisque Robert Séné, en fin de mandat, aurait dû se représenter devant les grands électeurs le 7 juin 1958.

Le mois précédant le renouvellement du tiers des sénateurs, les complots succèdent aux complots. Alger est en état d'insurrection et le général de Gaulle revient au pouvoir, ce qui ne peine ni ne surprend les gaullistes Dassault et Bénouville. Celui-ci s'est beaucoup impliqué dans l'agitation visant à faire revenir aux affaires « le plus illustre des Français ». Il a gardé des relations avec ses amis ex-cagoulards et d'extrême droite, et a en effet suivi de près les complots ourdis par le docteur Martin, Robert Martel et divers militaires ; avec son ami Jacques Soustelle, il a fait partie des gaullistes qui ont cherché à les récupérer et à les détourner en faveur de l'ancien chef de la France libre.

*L'Oise libérée* salue le retour de De Gaulle au pouvoir, mais son rédacteur en chef, Pierre de Bénouville, reste éminemment discret sur les dessous et les conditions de ce retour. Au Sénat, Marcel Dassault vote pour la révision constitutionnelle et les pleins pouvoirs, mais sa préoccupation immédiate est évidemment de se faire réélire à l'échéance normale du 7 juin 1958.

Il mène une prudente campagne, compte tenu des tensions de l'heure, mais sans inquiétude excessive. Son bilan est déjà très présentable, tant par les initiatives qu'il a prises que par les financements obtenus pour les communes du département sous forme de prêts personnels accordés à moyen terme dont *L'Oise libérée* publie la liste.

Soutenu par les indépendants et paysans, les radicaux-socialistes, les républicains-sociaux, le MRP, l'Union de défense des commerçants et artisans et le Rassemblement paysan, Marcel Dassault est réélu sénateur à une très large majorité.

Début septembre 1958, l'attentat perpétré contre Jacques Soustelle[1], l'ami de Bénouville, suscite une réaction violente de *L'Oise libérée* sur trois colonnes à la une : « Le FLN est une minorité de fanatiques qu'il ne faut pas confondre avec la masse des Algériens ! »

Le 22 septembre, l'élu de l'Oise au Conseil de la République (qui redevient le Sénat) exprime son soutien au référendum constitutionnel à l'occasion d'une allocution prononcée en l'honneur d'un authentique résistant de l'Oise, personnalité fort estimée à Beauvais, Louis Prache, surnommé « capitaine Bellovaque » et promu ce jour-là au grade d'officier dans l'ordre de la Légion d'honneur : « Au général de Gaulle qui avait toujours vu juste dans le passé, il avait, avant la guerre de 1939, demandé au gouvernement de la République de doter l'armée des moyens techniques qui devaient lui permettre de résister à l'envahisseur, mais il n'avait pas été écouté… »

Nous retrouvons là les accents des Bloch d'avant guerre, ceux notamment du général Paul-Darius Bloch, partisan de la guerre mécanique et des chars d'assaut…

---

1. Arrêté vers 4 h 30 du matin au feu rouge avant d'arriver à son bureau, avenue de Friedland, Jacques Soustelle fut victime d'un tireur qui attendait son arrivée. Il dut la vie sauve au réflexe de se coucher sur la banquette de la voiture. Une balle retrouvée dans sa veste fut arrêtée par son portefeuille. Une jeune passante fut blessée et conduite à l'hôpital.

Le discours rend donc hommage au Général, nouveau président du Conseil de la IV^e^ République, et au rassemblement – sa marotte ! – le plus large possible d'hommes répartis sur tout l'échiquier politique : « Alors, tous ces hommes qui n'avaient pas voulu travailler ensemble acceptèrent de s'unir autour du général de Gaulle, et à leur tête leurs chefs, les Guy Mollet, les Pinay, les Soustelle, les Pflimlin, et d'autres encore, incités à cela par le président Coty lui-même… » Lyrique, le sénateur de l'Oise achève ainsi sa péroraison : « Les OUI des Françaises et des Français des cinq parties du monde courront sur les ondes, le 28 septembre prochain, comme les flammes brillantes d'une procession d'actions de grâces, et feront connaître aux autres peuples que la France a retrouvé son vrai visage, et qu'elle apporte au monde, une fois de plus, l'exemple de l'amour, de l'égalité, de la liberté, de la fraternité entre les hommes de toutes couleurs, de toutes races, de toutes religions, et cela constituera aussi un encouragement pour la paix… » Du grand Marcel !

Soustelle, de son côté, écrit dans *L'Oise libérée* : « Si le NON l'emporte, ce sera le Front populaire, la France subira le sort de la Hongrie… » Dans le registre de la « vie en rose » qu'il affectionne, Marcel Dassault propose enfin à ses électeurs de l'Oise :

> *« Électrices ! Électeurs !*
> *• Pour que vos enfants jouent dans de beaux jardins,*
> *• Pour qu'ils s'instruisent dans des écoles claires,*
> *• Pour qu'ils ne connaissent pas les guerres que vous avez connues,*
> *• Pour que les vieux reçoivent une retraite décente,*
> *Dites OUI à la France, et dimanche sera un très beau dimanche ! »*

Une semaine plus tard, le journal de Dassault et Bénouville titre : « L'union des Français est faite ! » L'Oise a choisi massivement le camp du *Oui* par 77 % des suffrages exprimés (79,25 % en moyenne nationale).

Le 1er octobre, le parti d'Union pour la nouvelle République (UNR) est constitué. Le 7 octobre, le nouveau mode de scrutin législatif est arrêté : ce sera le scrutin majoritaire uninominal à deux tours. La carte électorale est connue le 10 octobre. La date des législatives est fixée au 23 novembre. Marcel Dassault annonce sa candidature dans la circonscription de Beauvais-nord ; François Bénard, président du conseil général, se présente dans la 5e circonscription de Beauvais-sud ; dans la 4e circonscription de Clermont-Crépy-en-Valois, le candidat de l'UNR a un concurrent sérieux, celui de « l'Union des Oui » qui n'est autre que Robert Hersant. Dans l'Oise, Robert Hersant n'est plus désormais le diable pour la droite...

Marcel Dassault et François Bénard font campagne ensemble. Le général de Bénouville vient porter la bonne parole et soutenir son meilleur ami, lui-même étant candidat dans l'Ille-et-Vilaine. Le 11 novembre 1958, Marcel Dassault reçoit un soutien de choix : René Coty, président de la République pour quelque temps encore, vient présider les cérémonies de commémoration de l'armistice à Compiègne, et le salue ostensiblement.

Chaque jour, chaque soir, Dassault et Bénard parcourent ensemble les circonscriptions de Beauvais-sud et Beauvais-nord. Ils font meeting commun avec une compréhension mutuelle parfois altérée par l'oreille paresseuse du président du conseil général de l'Oise. Son coéquipier a néanmoins veillé à régler le problème : « François Bénard était très sourd. Dassault lui fit acheter aux États-Unis une grosse paire de lunettes pour les sourds avec des branches terminées par un appareil auditif. Il adorait alors lui dire : "Bénard, mettez vos lunettes, vous n'allez encore rien entendre[1]" », se souvient en souriant Philippe Alexandre. Les deux hommes visitent toutes les communes de quelque importance.

Bénouville vient notamment à Marseille-en-Beauvaisis, chef-lieu de canton situé au nord de Beauvais, apporter son soutien aux deux candidats ; en verve, avec un talent consommé du raccourci électoral, il rapporte à l'assemblée médusée comment c'est son intervention personnelle, appuyée par celle de Soustelle, qui a décidé Pflimlin à démissionner, et de Gaulle à gouverner. *L'Oise libérée* du 5 octobre 1958 rend compte de cette intervention sous le titre : « Monsieur Marcel Dassault, François Bénard, le général de Bénouville acclamés à Marseille-en-Beauvaisis » : « Lundi soir, dans la salle du cinéma Pinel, la foule s'entassait et ceux qui n'avaient pu rentrer dans l'enceinte écoutaient les haut-parleurs dans la rue.

« Le général de Bénouville expliqua comment il avait organisé l'évasion de Soustelle de son domicile, puis de France, enfin comment il était parti de Suisse pour gagner l'Algérie. Il décrivit l'enthousiasme du petit peuple d'Alger à l'arrivée du président Soustelle, la montée au Forum, les acclamations de la foule.

« L'armée était prête à sauter la Méditerranée. La marine et l'aviation étaient également entrées en dissi-

1. Philippe Alexandre, entretien avec l'auteur.

dence. Quelques heures plus tard, la guerre civile devait commencer en France.

« Le général de Bénouville intervint immédiatement par téléphone, appela le président du Conseil, Pierre Pflimlin, qui envoya monsieur Jean-Louis Vigier, député de Paris, pour prendre contact avec lui et se rendre compte de l'état d'esprit qui régnait dans l'armée. Il fut reçu immédiatement par le général de Bénouville qui s'en retourna immédiatement en France et exposa au président du Conseil la situation exacte. Celui-ci décida de se retirer, et le président Coty fit appel au général de Gaulle.

« C'est le général de Bénouville qui organisa également la première visite de Guy Mollet à Colombey par l'intermédiaire de monsieur Dassault et de monsieur Piette, député socialiste du Pas-de-Calais. Ainsi fut évitée la guerre civile. »

Une intervention qui laisse apparaître, en la « gonflant », une partie de l'action de cet homme de l'ombre, et qui fut saluée par un « tonnerre d'applaudissements », conclut Philippe Alexandre dans *L'Oise libérée.*

Le 30 novembre 1958, au deuxième tour, Marcel Dassault est confortablement élu député de l'Oise (20 268 voix sur 38 171 suffrages exprimés), de même que François Bénard (19 319 sur 35 608 suffrages exprimés) et un troisième UNR, René Quentier, dans la circonscription de Creil. Deux autres élus appartiennent à la nouvelle majorité mais sans se réclamer du nouveau parti : Jean Legendre, indépendant, à Compiègne, et Robert Hersant. Tous les candidats socialistes et communistes sont battus. Le département bascule à droite pour 23 ans.

Marcel Dassault savoure son retour à l'Assemblée nationale. Le 21 décembre, René Coty démissionne et Charles de Gaulle va devenir le premier président de la V^e^ République.

## CHAPITRE XIII

# L'entrée du général Gallois

Une des grandes forces de Marcel Dassault a toujours été de savoir choisir ses hommes. À la fin des années 50, il en cherche un qui non seulement connaisse tous les arcanes du ministère de la Défense, des états-majors, du complexe militaro-industriel, ainsi que le personnel politique français concerné par ces problèmes, mais qui soit également familier de tous les circuits de décision des états-majors des pays membres de l'OTAN et d'autres grands pays, en sorte d'aider à développer le groupe à l'intérieur comme à l'extérieur. Un homme capable de devenir à ses côtés un stratège, le conseiller privilégié. Capable aussi de s'intégrer à une équipe soudée travaillant depuis déjà longtemps avec le « patron ».

Cela fait belle lurette qu'il a repéré l'oiseau rare ; il l'a rencontré à de nombreuses reprises dans les hautes fonctions qui ont été successivement les siennes : « En 1953, j'étais à la fois à l'OTAN, chargé des plans stratégiques de 9 heures du matin à 16 heures, et de 16 heures à minuit chargé de mission au cabinet de René Pleven[1], me raconte l'"oiseau rare", le général Pierre-Marie Gallois. Un jour, monsieur Dassault me téléphone :

« – J'ai un avion à vous proposer. Je voudrais être reçu par le ministre.

« – Je veux vous voir avant pour préparer une fiche technique.

« – Quand ?

« – Venez me voir demain soir à 11 heures.

« – À 23 heures ?

« – Oui, à 23 heures.

« Stupéfait d'avoir rendez-vous à une telle heure, il arrive avec Henri Déplante et Jean Cabrière, manifestement séduit de voir pratiquer de tels horaires de travail dans un ministère, pour parler de son prototype Étendard.

« J'habitais Chatou, à l'époque, près du SHAPE, et Marcel Dassault vint ensuite presque tous les dimanches matin chez moi parler aviation et m'inciter à le rejoindre. »

Qu'a donc celui qui n'est encore que colonel pour intéresser autant l'avionneur ?

Né en 1911, Pierre-Marie Gallois, ses études secondaires terminées, souhaitait devenir architecte. Il aime à raconter le bonheur d'être étudiant, le premier bal des Gadz'Art, le cortège qui, par une nuit de mai, l'a conduit à la grande fontaine de la place de la Concorde pour laver la peinture qui le recouvre, comme tous les autres bizuths de sa promotion. La guerre lui fait prendre une autre route. Ayant déjà suivi un entraînement de pilote à l'école Hauriot à Bourges, puis à

1. Ministre de la Défense sous la IVe République dans les cabinets d'Antoine Pinay, de René Mayer et de Joseph Laniel.

Istres et à Avord, il est affecté en Afrique du Nord à l'escadrille saharienne 588 mise à la disposition du général Trinquet, commandant des confins algériens. La mission de l'escadrille était d'assurer la sécurité du Sahara jusquà Gao, l'entretien des pistes et les missions sanitaires. Gallois est mis aux arrêts de forteresse. Le débarquement en Afrique du Nord lui permet de gagner l'Angleterre. Il arrive seul à Londres. Couche dans le métro. Il se présente à l'état-major des Forces françaises libres qui l'adresse à la RAF pour rejoindre les escadrilles françaises de bombardiers stratégiques. Il contacte les pilotes de la RAF. Au cours d'une permission il rencontre André Labarthe, journaliste, un ancien collaborateur de Pierre Cot (dont on sut beaucoup plus tard qu'il était agent de Moscou). Il était journaliste pour le mensuel anti-gaulliste, *La France libre*, dont le rédacteur en chef était Raymond Aron. « Ce que j'ignorais complètement », tient à souligner le général Gallois. D'une base aérienne du Yorkshire il effectue des missions de bombardement sur l'Allemagne.

À la Libération, Pierre-Marie Gallois est nommé au cabinet du général Piollet chef d'état-major de l'air où il est chargé de la gestion du matériel aérien et de l'industrie aéronautique. Le général Léchères, qui succède au général Piollet, le charge de l'étude du plan aéronautique quinquennal qui est voté en 1950 et qui sera à l'origine de l'essor de l'aviation française. En 1953, devenu colonel, Pierre-Marie Gallois entre au SHAPE, état-major suprême de l'OTAN, en Europe, comme adjoint du général Lauris Norstadt, commandant les forces aériennes de l'OTAN, et devient expert des questions stratégiques ; il fait connaissance avec tous les chefs militaires étrangers. Il fait partie de la commission de l'Otan chargée de décider du choix des matériels aéronautiques et devient un spécialiste des questions atomiques. À la demande de Norstadt, et après en avoir averti Guy Mollet, alors président du Conseil, et Bourgès-Maunoury, son ministre de la Défense, Gallois prit rendez-vous avec le général de Gaulle à l'hôtel Lapérouse où le Général recevait le vendredi.

Le 2 avril 1956, Gallois arrive avec 40 kilos de documents, cartes et tableaux utilisés par l'OTAN, pour illustrer ses propos. « L'exposé terminé, le Général m'a reconduit et aidé à porter mes tableaux jusqu'à l'ascenseur. »

« Allez vous reposer, je veillerai sur votre carrière. »

Cette relation avec de Gaulle ne va pas s'arrêter là. Gallois va devenir l'un des principaux théoriciens de la force de frappe et l'un des principaux inspirateurs de De Gaulle quand celui-ci sera revenu au pouvoir[1]. Il publie en 1959 *Stratégie à l'âge nucléaire* (préfacé par Raymond Aron qu'il a, on l'a vu, connu à Londres), où il expose sa doctrine. Après des années d'état-major, le colonel Gallois obtient le commandement d'une base militaire, mais démissionne de l'armée quelques jours plus tard à la suite d'une histoire que le général raconte non sans humour : « En novembre 1944, Jules Roy, aux commandes de son avion, heurte en vol un autre appareil qui s'écrase au sol. L'accident fait sept morts. Miraculeusement, Jules Roy réussit à atterrir avec son équipage et s'en sort. Le colonel Bailly, qui commande la base d'Elvington, près de York, en Angleterre, l'engueule vertement. Jules Roy,

1. Lire à ce sujet, *De Gaulle*, tome 3. *Le Souverain*, par Jean Lacouture, Le Seuil, 1986, p. 458.

bouleversé, qui estime n'avoir rien à se reprocher – l'accident eut lieu la nuit et fut provoqué par un manque de visibilité – rejoint sa chambre et me réveille en pleine nuit pour se confier à moi. Et je me souviens lui avoir répondu, à propos de la réflexion du colonel : "C'est un con !"

« Jules Roy raconte un jour l'anecdote dans un de ses livres, publié à la NRF[1]. Treize ans plus tard, poursuit Gallois, j'obtiens le commandement de la base d'Elvington. Mes nombreux vols de nuit de bombardement pendant la guerre me confèrent une sérieuse expérience pour assumer cette responsabilité. Le chef d'état-major de l'armée me convoque pour me donner ses consignes. C'était le général Bailly, brillant officier qui avait gravi tous les échelons de la hiérarchie.

« – Dites-moi, Gallois, est-ce vrai que vous avez dit que j'étais un con ?

« – Dans les circonstances de l'époque, ce doit être sûrement vrai, mon général.

« Il me congédie. Un autre officier fut nommé à ma place.

« J'ai donné ma démission de l'armée sur-le-champ. »

Gallois est désormais libre de répondre aux sollicitations de l'avionneur qui, le 3 février 1958, lui confie fictivement la direction commerciale des Avions Marcel Dassault : « J'étais en réalité celui qui faisait les liaisons entre monsieur Dassault et Benno Claude Vallières qui avait toute la confiance du patron. » Il va passer un quart de siècle à initier une politique d'exportation tous azimuts

1. In Jules Roy, *Retour de l'enfer*.

(21 pays vont acheter des Mirage) et de conversion dans le secteur civil avec les Mystère 20 et les Falcon[1].

Le général se souvient de son premier travail pour Marcel Dassault et de la réaction de celui-ci : « Je l'avais rédigé avec la plus grande attention et y avais passé beaucoup de temps. Je le lui remis le lendemain matin sous enveloppe, en mains propres. Il le prit, déchira l'enveloppe et la mit au panier. Frappé de stupeur, je sentis monter en moi une véritable colère… Marcel Dassault, sentant que l'entrevue tournait mal, me dit de sa voix nasillarde : "J'aurais dû vous expliquer : je ne veux pas qu'on m'écrive ; si les choses vont bien, pas besoin de les évoquer ; si elles vont mal, on se contente d'en parler. » L'avionneur savait créer un style de rapports bien particulier. « Un jour, poursuit Gallois, j'ai assisté à l'entretien téléphonique d'un ingénieur, en voyage aux États-Unis, qui l'informait de la nécessité d'acquérir un matériel technique sophistiqué dont le montant s'élevait à une somme considérable. "Commandez-le, commandez-le ! Je vous fais confiance", lui a répondu Marcel Dassault. Dans ses sociétés régnait un véritable sentiment d'entraide. Je n'y ai jamais vu de cas de délation. Lui et ses hommes se respectaient. »

Le général Gallois juge aujourd'hui Marcel Dassault avec lucidité – « Dassault, c'était peut-être à la fois cynisme et naïveté » –, mais il ne peut dissimuler son attachement et une certaine admiration à son égard : « Il voulait certes que ses collaborateurs dépendent de lui. Mais nous aimions

1. Charles Lindbergh devient en 1964 le prestigieux représentant aux États-Unis de son ancien admirateur des années 30 pour la commercialisation des avions d'affaires Falcon.

cette dépendance. Il était tyrannique, mais nous aimions cette tyrannie. »

Gallois est une recrue de choix pour un Dassault qui dépend presque complètement de l'État. Il en connaît tous les rouages et, de surcroît, peut parler d'égal à égal avec tous les protagonistes de la mise sur pied de la force de frappe qui est en train de révolutionner le système de défense de la France. Il conforte ainsi la légitimité d'une société privée à devenir partie prenante à ce système, puisque l'un de ses hauts dirigeants est l'un des pères de la dissuasion nucléaire. Les Avions Marcel Dassault non seulement intègrent l'un des hommes les plus compétents dans les domaines de l'aéronautique et du nucléaire, mais ils débauchent en quelque sorte un « morceau d'État » pour défendre eux-mêmes cet intérêt national qui passe désormais par la mise en œuvre d'un nouveau concept d'indépendance.

Gallois a de surcroît le contact avec le général de Gaulle. Cet ancien de Londres ne serait-il pas, chez Dassault, en mission pour le compte de l'ex-chef de la France libre ? L'arrivée de Gallois chez Dassault ne va-t-elle pas renforcer la tendance du pouvoir politique et de l'État à faire donner priorité et préférence aux sociétés aéronautiques privées, comme ce fut le cas pour l'Ouragan et le Mystère ?

« Le gouvernement prend en 1957 la décision de confier la réalisation des appareils militaires de pointe à des firmes privées – essentiellement Dassault et, à un degré moindre, Breguet –, et de réorienter l'activité des sociétés nationales, en particulier Sud-Aviation, vers des productions civiles. [...] Pour certains projets, Dassault est désigné comme maître d'œuvre, c'est-à-dire qu'il se voit confier les tâches de conception, d'essais et d'assemblage final – tâches nobles et rémunératrices qui ne correspondent qu'à 15 % du plan de charge de fabrication –, ainsi que le monopole de la commercialisation. Commence ainsi à prendre forme un marché international auquel il s'intéresse déjà avec l'encouragement et le soutien des services officiels[1] », écrit Pierre Marion, ancien d'Air France et de l'Aérospatiale avant de devenir un éphémère patron des services secrets français.

En 1960, Pierre Messmer, ministre de la Défense dans le gouvernement de Michel Debré, prend en effet la décision de confier le monopole des avions de combat et la construction du Mirage, futur vecteur de la force de frappe, à Marcel Dassault. « Il [Dassault] en tirera de confortables bénéfices supplémentaires et sera protégé des aléas et des à-coups de la conjoncture, répercutés sur les sociétés sous-traitantes. Il s'agit là d'une véritable inversion des rôles entre sociétés nationales et sociétés privées », poursuit Pierre Marion.

Les deux sociétés nationales, Nord-Aviation et Sud-Aviation, seront chargées respectivement des engins balistiques, pour la première, du transport civil, du transport de troupes et des hélicoptères pour la seconde. Cette répartition des tâches entre secteur privé et secteur public fait grincer bien des dents : André Pujet, patron de Sud-Aviation, la conteste et exige que son entreprise soit présente dans la construction des avions de combat. Le gouvernement le prie alors de quitter ses responsabili-

1. Pierre Marion, *Le Pouvoir sans visage*, Calmann Lévy, 1990, p. 34.

tés et le remplace par Maurice Papon, ancien préfet de police de Paris.

La tranquillité revenue sur le « front » français, assurée par le monopole de construction des avions de combat, et l'arrivée du général Gallois vont permettre aux Avions Marcel Dassault de s'attaquer sérieusement au « front » extérieur. Jusqu'alors, l'avionneur ne considérait pas l'exportation comme un objectif prioritaire. D'autant moins qu'il avait connu là plusieurs expériences malheureuses. Une tentative d'exportation de Mirage III avait échoué avec l'Allemagne, la Luftwaffe ayant préféré le F 104 Starfighter américain : il avait ainsi perdu le premier « marché du siècle ». « Ce qu'il nous faut surtout retenir, c'est qu'une belle opportunité européenne a été manquée[1] », regrettera récemment Serge Dassault. Quelques années plus tard, la Grande-Bretagne préfère elle aussi le F111 américain au Mirage III et au Mirage IV. En revanche, après les démarches de Serge Dassault, l'Australie décide en 1960 de fabriquer sous licence un Mirage III adapté.

À la même époque, une cinquantaine de Mirage sont vendus à la Suisse, au lieu de la centaine prévue. Les conditions de vente – un surcoût imprévu, refusé par le Parlement de Berne – entraînent la création d'une commission d'enquête et répandent un certain parfum de scandale…

Deux champs d'intervention s'ouvrent alors au général Gallois, spécialiste du nucléaire et de l'aviation de

1. Entretien avec Claude Carlier pour son livre *Dassault, 50 ans de défi*, Perrin, 2002.

combat : l'État d'Israël et, quelques années plus tard, l'Irak de Saddam Hussein. Les importants marchés passés avec l'État hébreu vont marquer le véritable décollage international de Dassault. Le père du Mirage est désormais totalement convaincu de l'intérêt du vaste marché étranger, à tel point qu'il décide en 1968 de créer une filiale, Dassault International, installée à la périphérie de Vaucresson : réplique de la ferme de George Washington, construite sur les rives du Potomac dans les années 1750 –, clin d'œil à ses amis et concurrents américains ? –, « Les Mirages » (tel est le nom de la propriété) accueilleront pour de somptueuses réceptions les décideurs internationaux et serviront de cadre à des rencontres inattendues…

Je quitte le bel immeuble de l'avenue Rembrandt, à Paris, où m'a reçu le général âgé de 92 ans. Dans la cour intérieure, un trompe-l'œil occupe une façade sur cinq étages. À chacune des fenêtres peintes, on peut voir le portrait d'un des cinq copropriétaires. C'est l'ancien collaborateur de Marcel Dassault qui l'a peint récemment pendant ses heures de loisir… Il aime également représenter des oiseaux. L'un d'entre eux figure d'ailleurs au-dessus d'une de ses portes de salle à manger. Marcel Dassault aimait les réceptions organisées par son ami Gallois. Pour entrer dans la pièce avant de se mettre à table, il ne passait jamais par l'entrée où figurait l'oiseau : « Les oiseaux sont mes concurrents », disait-il.

## CHAPITRE XIV

# La « filiale » israélienne

Se référant à l'écrasante victoire d'Israël sur ses voisins arabes lors de la guerre des Six Jours, deux ans et demi plus tôt, Marcel Dassault déclarait à la deuxième chaîne de l'ORTF[1] : « Le Mirage est aussi invulnérable aux coups de l'adversaire que le mirage est insaisissable pour le voyageur du désert... » Dassault a fait énormément pour la sécurité d'Israël ; en retour, Israël a partagé avec l'avionneur son image d'invincibilité. Tsahal a été ainsi le meilleur « VRP » de Dassault, qui lui doit par là une bonne part de sa réussite et de son expansion.

En juin 1967, au début de la guerre des Six Jours, les télévisions du monde entier ont popularisé les Mirage. Des avions qui, en quelques heures, ont pris possession de l'espace aérien de l'Égypte, de la Syrie et de la Jordanie, après avoir cloué au sol près de 360 appareils. Cependant qu'au vu et au su de tous, Marcel Dassault assurait, par

1. Le 8 décembre 1970.

ses avions, la supériorité de l'armée israélienne sur ses adversaires, le même préparait depuis quatre ans, dans le plus grand secret, une des armes qui assurerait l'invincibilité à son détenteur dans les années 70 et 80 : le missile sol-sol appelé Jéricho, capable de transporter à 500 kilomètres – c'est-à-dire, tiré depuis Israël, jusqu'au Caire – une ogive nucléaire. Une centaine de personnes fabriquent les éléments de ce missile nucléaire stratégique à Saint-Cloud et à Argenteuil, pour être assemblés ensuite à Martignas-sur-Jalle, près de Bordeaux. Les premiers essais de Jéricho ont été effectués en décembre 1965 à partir de l'île du Levant, à l'est de Toulon.

L'histoire des relations de l'avionneur avec l'État hébreu s'inscrit dans celle des relations entre la France[1] – ou plus exactement d'un club étroit de Français – et Israël – on pourrait parler là aussi d'un petit cercle d'Israéliens – qui ont débuté avant même la création de cet État. L'inscription de Marcel Dassault dans cette histoire encore largement secrète a été facilitée par la présence à ses côtés, depuis le début des années 50, du général de Bénouville, qui fut l'un des membres très actifs de ce club de Français parmi lesquels figuraient également quelques amis proches de celui-ci comme Jacques Soustelle et Pierre Kœnig… Pierre de Bénouville, le militant d'extrême droite antisémite, abjurait ses erreurs de jeunesse, devenant le plus fervent soutien, le pilier défenseur d'Israël en France.

1. J'ai utilisé pour ce chapitre de nombreuses informations puisées dans le livre de Pierre Péan, *Les Deux Bombes*, Fayard, 1982.

De 1945 à 1967, la France a joué vis-à-vis d'Israël le même rôle de protecteur que celui des États-Unis aujourd'hui. De la fin de la guerre à sa création le 14 mai 1948, elle a été la base arrière du futur État. Les socialistes soutiennent la Hagannah, le mouvement terroriste de Ben Gourion, Moshe Dayan et Shimon Peres, alors que la droite appuie l'Irgoun de Menahem Begin. Bénouville, comme on l'a déjà relaté, installe à Fontainebleau « un camp d'entraînement où s'effectuait le premier apprentissage des hommes qu'on faisait partir pour combattre les Anglais et où on leur apprenait le maniement du sabotage[1] ». De son côté, Blumel, l'ancien compagnon de Marcel Bloch à Évaux-les-Bains, mais surtout l'ancien directeur de cabinet et ami de Léon Blum, possède dans sa villa un émetteur mis au service de la Hagannah. Édouard Depreux, ministre socialiste de l'Intérieur de juin à décembre 1946, exige seulement de connaître le code des émissions, et le même ministre facilite l'émigration des Juifs en Palestine en leur procurant des faux papiers. On se souvient, en 1947, de l'épisode de l'*Exodus* où Paul Ramadier, président du Conseil, autorise 4 600 rescapés juifs des camps de la mort à quitter Sète pour la Palestine, malgré les pressions de Londres. Treize jours plus tard, le bateau revient, escorté par trois navires de guerre britanniques. François Mitterrand, porte-parole du gouvernement, déclare alors : « Les autorités françaises ne contraindront pas les émigrants à descendre à terre ! »

1. In *Avant que la nuit ne vienne, op. cit.*

Tous ces acteurs vont continuer à aider Israël et à renforcer sa sécurité. Pour les travaillistes en Israël et pour les socialistes en France, le projet d'installation de coopératives partout sur le territoire hébreu – les *kibboutzim* – représente une forme d'organisation économique et sociale qui rompt avec les pratiques de la société capitaliste. Ce n'est évidemment pas là un argument partagé par des hommes de droite qui défendent eux aussi le droit d'Israël à l'existence. Dès qu'il est élu député, Bénouville devient le très actif président de France-Israël à l'Assemblée nationale, alors que son ami Soustelle est le président fondateur de l'Alliance France-Israël dont Shimon Peres disait : « Vous savez que Soustelle est même plus sioniste que nous, et chaque fois que je le rencontre, je sens en moi un complexe d'infériorité ! »

Peres aurait pu dire la même chose de Pierre Kœnig, qui s'est littéralement épris d'Israël à Bir Hakeim. Il racontera plus tard l'origine de cette passion : après quinze jours d'attaques des Italiens et des Allemands, « le 8e corps d'armée se retirait, brisé, abattu, fatigué. Et soudain nous avons aperçu une colonne qui nous dépassait : elle était fraîche, dotée d'un magnifique esprit de corps, d'un moral excellent – à ne pas croire qu'elle avait participé aux combats comme toutes les autres ! C'était une colonne de Juifs palestiniens qui avaient pris part à tous les combats sans être ébranlés pour autant. La vue de cette colonne était bénéfique et encourageante pour nos hommes. J'ai arrêté tout de suite mes soldats en leur disant : “Regardez ces hommes !” Nous nous sommes rangés, et les deux colonnes ont échangé un salut militaire. C'est cela qui m'a laissé une profonde impression sur les qualités des Israéliens[1]. »

Bénouville a confirmé à Laure Adler l'importance de ses propres liens avec Israël et la profondeur de son soutien à l'État hébreu : « Oui, je me suis beaucoup occupé d'eux. Dans beaucoup de circonstances... » Et il évoque ses « cadeaux aux Israéliens », ses « relations constantes sur le plan de l'approvisionnement militaire ».

Le 29 novembre 1947, une résolution de l'ONU décide le partage de la Palestine en deux États indépendants, l'un pour les Juifs, l'autre pour les Palestiniens. Le 14 mai 1948, David Ben Gourion donne lecture de la charte d'indépendance de l'État d'Israël. L'affrontement sanglant entre les communautés juive et arabe, auquel chacun se prépare, devient inévitable et la Ligue arabe déclare la guerre au nouvel État... Le Conseil de sécurité de l'ONU envoie une mission de négociation en la personne du Suédois Folke Bernadotte. Il est assassiné le 17 septembre 1948 à Jérusalem par un terroriste juif. Israël refuse d'évacuer les territoires arabes qu'il a occupés. Le 19 janvier 1949, François Mitterrand, secrétaire d'État à la présidence du Conseil dans le ministère Queuille, donne lecture du communiqué du Conseil des ministres reconnaissant *de facto* Israël. La toile de fond est installée et ne bougera plus guère jusqu'à aujourd'hui.

---

1. Israël et ses amis continuent à porter le général Kœnig dans leur cœur. L'association France-Israël porte ainsi le nom d'Alliance général Kœnig, et Jérusalem a donné son nom à une rue.

En 1950, le colonel Ben Kajan est envoyé par son gouvernement pour acheter des matériels aéronautiques en France. Il revient à Tel-Aviv avec une offre d'une soixantaine de vieux bombardiers Mosquito de la Royal Air Force, vendus à prix d'ami, et qui embarrassaient un dépôt près de Tours. Les réticences de nombreux fonctionnaires du Quai d'Orsay, traditionnellement pro-arabe, ne facilitent pas les tractations.

C'est en 1952 que commence une extraordinaire opération de lobbying du gouvernement israélien, dirigé alors par le travailliste David Ben Gourion, auprès des autorités politico-administratives de la France, de l'armée et de quelques dirigeants d'entreprises privées comme Marcel Dassault. Shimon Peres, « l'homme au complet bleu », la trentaine, directeur au ministère de la Défense, s'installe à Paris pour la mener à bien. Laissons à Michel Bar-Zohar, le biographe de Ben Gourion[1], le soin de décrire cette campagne couronnée de succès à partir de 1954-55 : « Peres, flanqué de Joseph Nahmias, envoyé spécial du ministère israélien de la Défense à Paris, se lançait avec ferveur et zèle dans cette campagne qui restait enveloppée d'un voile épais de discrétion. Les “émissaires du ministère de la Défense” créaient en effet des contacts à tous les niveaux. Ils parcouraient l'armée française, nouaient des liens d'amitié avec de nombreux officiers tant supérieurs que subalternes, dans l'espoir d'obtenir leur aide, le jour venu. Ils s'attaquaient aussi aux hommes politiques, aux partis au pouvoir et à ceux de l'opposition, à leurs chefs et aux jeunes cadres. Les fonctionnaires de divers ministères,

1. Cf. sa biographie de Ben Gourion parue chez Fayard, Paris, 1986.

de la présidence du Conseil, du ministère de la Défense, de l'Intérieur et même du Quai d'Orsay n'étaient pas épargnés non plus. Les années 1954-55 devinrent le cadre d'un immense effort, presque clandestin, où aucune possibilité, aucune chance ne devait être négligée. Mais ce travail en profondeur exigeait de la patience... »

Une première commande de 70 Ouragan est passée en 1953, puis, en 1954, le gouvernement Laniel donne son accord à la vente de chars AMX 13 et de 24 Mystère II. L'arrivée de Pierre Mendès France à Matignon et de Pierre Kœnig à la Défense imprime un nouvel élan aux relations entre Tel-Aviv et Paris. Moshe Dayan, le ministre de la Défense, avec son légendaire bandeau noir sur son œil perdu, est invité à Paris par le général d'armée Augustin Guillaume, chef d'état-major. Dayan lui tient le langage suivant : « Nous n'avons pas les armes nécessaires. Vous en avez. Nous nous trouvons devant un ennemi commun : les Arabes. Vous êtes en arrière-ligne, et nous sommes sur le front en première ligne. Ne croyez-vous pas que, quand le front brûle, vous devriez transférer les armes de l'arrière-ligne aux avant-postes ? Le général Guillaume entend le message « 5 sur 5 », et, avec lui, les principaux généraux de l'état-major. Dayan est décoré de la Légion d'honneur par Pierre Kœnig, ministre de la Défense.

Le déclenchement de la rébellion algérienne, le 1er novembre 1954, rend possible une véritable « OPA » de Shimon Peres sur l'appareil politico-administratif de la France pour cause de fraternité contre l'ennemi arabe commun. Kœnig approuve la vente de Mystère II le 8 mai 1955. Le rapprochement des deux armées – israélienne et française – se fait de plus en plus étroit. Des pilotes israéliens sont placés dans des escadrilles françaises, des officiers intègrent l'École de guerre ou celle de Saumur. Un flot d'armes arrive en Israël pour contrebalancer les achats massifs de l'Égypte. Le général Kœnig fait du forcing : « Mon attitude, au cours de ces consultations, a-t-il raconté plus tard, était qu'Israël et la France mènent le même combat : nous en Algérie, eux au Moyen-Orient. Nous avions compris que la rébellion algérienne ne pouvait être matée par une action policière. Toutes les apparences démontraient que l'assistance égyptienne était sérieuse et que seule une action vigoureuse de la part de la France pourrait l'arrêter. En conséquence, une aide française à Israël aurait bénéficié aussi à la France. »

Kœnig signe de nouveaux accords avec Israël avant de démissionner[1]. Le général Billotte, qui le remplace, partage le même état d'esprit. Le 12 novembre 1955, un accord portant sur la vente de 61 Mystère IV et 12 Ouragan est signé.

Marcel Dassault est évidemment l'une des « cibles » de Shimon Peres : « J'ai connu Marcel Dassault et j'ai visité ses industries. La première fois que je l'ai rencontré, j'ai été frappé par ce corps de petite taille, d'une mobilité extrême, comme si l'énergie dont il débordait s'y trouvait trop à l'étroit. Sa figure était blanche, de cette blancheur des enfants élevés à la ville. Dassault, avec qui nous avons beaucoup travaillé, avait une attitude ambiguë vis-à-vis

1. Il entend exprimer sa réprobation au sujet de la Communauté européenne de défense et le retour de Mohammed V sur le trône du Maroc le 5 novembre 1955.

d'Israël. Il se sentait sûrement concerné par Israël, mais évitait de le manifester. Peut-être est-ce cette pudeur qui, jusqu'à aujourd'hui, l'a retenu de faire une visite chez nous. Il faut dire qu'avant que ne commence l'âge d'or des relations entre Israël et la France, nombreux étaient les Juifs qui, en France, étaient complètement assimilés, ne portant qu'une attention faible et lointaine à Israël, allant même parfois jusqu'à cacher leur judéité. Cet état de fait explique cet étrange paradoxe qui a voulu que la communauté juive française, loin de favoriser les contacts entre les gouvernements français et israélien – comme on aurait pu s'y attendre –, a au contraire bénéficié du rapprochement franco-israélien, en ce sens qu'il a réveillé chez elle le sens militant. Car ses représentants étaient désormais invités aux repas officiels donnés en notre honneur, que ce soit chez Guy Mollet ou, plus tard, chez de Gaulle[1]. »

Début 1956, Guy Mollet arrive à Matignon et Maurice Bourgès-Maunoury à la Défense. Les ministères de la Défense des deux pays vont désormais être totalement imbriqués. Shimon Peres propose de fournir tous les renseignements dont il dispose sur les activités de la Ligue arabe et les trafics d'armes entre l'Égypte, la Libye et l'Algérie. Il présente une impressionnante liste d'achats qui comprend notamment 60 Mystère IV-A, 60 Mystère IV-B, 24 Ouragan et 12 Vautour. La sollicitude de Matignon à

1. *La Force de vaincre*, par Shimon Peres, entretiens avec Joëlle Jonathan, 1982, éditions Le Centurion. L'auteur raconte aussi dans ce livre comment Guy Mollet, qui faisait à l'époque l'objet d'une campagne calomnieuse l'accusant d'antisémitisme, fut défendu par Pierre Lazareff à qui il le présenta. Celui-ci prit sa défense dans le journal *France Soir*. Les relations entre eux devinrent alors très amicales.

l'égard d'Israël et les relations d'intimité entre les deux armées ne sont pas connues de la Représentation nationale. Tout est mené secrètement par un petit club d'amis d'Israël. L'opinion publique fait en revanche l'objet d'une ample mise en condition destinée à préparer une guerre contre un Nasser traité de nouveau Führer. Le général Corniglion-Molinier signe ainsi un article dans *Paris-Presse* : « L'Égypte a un ennemi, Israël, contre qui elle prépare ouvertement la guerre exterminatrice qu'en 1948 déjà elle avait déclenchée et perdue. La solidarité franco-israélienne n'est pas moins évidente que ne l'était en 1939 la solidarité franco-polonaise. »

Le 26 juillet 1956, Nasser nationalise le canal de Suez, fournissant à Tel-Aviv et à Paris le prétexte recherché pour intervenir conjointement. Londres se joindra aux opérations. En août, des livraisons d'armes massives partent de France vers Israël. L'absence de contrôle permet tous les trucages. Le dernier accord prévoyait ainsi une livraison de 24 Mystère ; Shimon Peres en voulait davantage ; Israéliens et Français gomment et rectifient les contrats dans les bureaux de la rue Saint-Dominique. Les mêmes reçus servent aussi plusieurs fois. Les enlèvements de Mystère se font sans formalités. De jeunes Israéliens munis de faux passeports viennent tranquillement s'installer aux commandes et décollent vers Brindisi ou des aérodromes français d'Algérie. Le 1er octobre 1956, un état-major commun est installé rue Saint-Dominique : c'est l'opération « Mousquetaire ». Le 29 octobre, les Israéliens foncent vers le Canal. On connaît la suite : Moscou et Washington obligent Israël, la France et l'Angleterre à retirer leurs troupes d'Égypte. Guy Mollet, la mort dans l'âme, plie.

L'expédition de Suez puis la décision de repli provoquent de sérieuses turbulences parmi les socialistes.

La « défaillance » d'une partie des amis socialistes du Mapai[1] laisse alors le champ libre aux partisans d'un renforcement de l'alliance France-Israël, avec Jacques Soustelle, ancien gouverneur général d'Algérie, à sa tête, en association avec Menahem Begin. La première réunion du comité pour l'Alliance a lieu le 14 novembre à la salle Pleyel devant une foule enthousiaste qui reconnaît l'identité des combats d'Israël au Moyen-Orient et de la France en Algérie. Il semble pourtant difficile d'aller plus loin dans le rapprochement. Une mission socialiste emmenée par Pierre Monteil, président de la commission de Défense nationale à l'Assemblée, déclare en effet, fin décembre 1956, à Tel-Aviv : « La France est prête à vendre à Israël toutes les armes dont il a besoin, y compris des Mystère IV-B. » C'est l'époque où Guy Mollet a donné son feu vert à une coopération nucléaire totale entre les deux pays qui doit, à terme, procurer la bombe à l'État hébreu…

Jusqu'à la guerre des Six Jours, l'arrivée au pouvoir du général de Gaulle ne change rien aux étroites relations nouées entre les deux pays dans les domaines aréonautique et spatial. Le Général donne son accord au Premier ministre Michel Debré et à Pierre Messmer, ministre des Armées, pour satisfaire une commande de l'État hébreu portant sur 72 Mirage III C, un chasseur bombardier volant à Mach 2. Les ingénieurs israéliens participent à sa conception, prodiguent leurs conseils et suggestions pour

1. Ancêtre du Parti travailliste.

que l'appareil puisse faire face au redoutable Mig 21 soviétique qui équipe maintenant l'armée de l'air égyptienne. Pierre Gallois suit ces questions avec son premier client à l'exportation. Dany Shapira effectue les essais en vol en France même avant que les pilotes israéliens ne prennent en main l'appareil à Istres.

Le Mirage III connaît ses premières « heures de gloire » le 20 août 1963 lorsque deux d'entre eux interceptent 8 Mig syriens à 20 000 pieds d'altitude, et en abattent deux. Exploit renouvelé, le 14 novembre 1964, quand le premier Mig 21 tombe sous les tirs des redoutables canons de 30 mm qui équipent les Mirage Dassault…

L'arrivée au pouvoir de De Gaulle n'a pas davantage empêché Israël d'étudier avec Dassault, en septembre 1962, un contrat pour l'étude et la production en série d'un missile sol-sol susceptible d'emporter une charge militaire (classique ou nucléaire) de 750 kilogrammes sur une distance de 250 à 500 kilomètres. C'est le projet MD-620, évoqué plus haut. L'accord, qui sera officiellement signé le 26 avril 1963 à Tel-Aviv, prévoit le développement du système d'arme jusqu'à la remise à Israël de la liasse de série destinée à permettre à ses techniciens de fabriquer l'engin sur place, une fois que les essais se seront révélés concluants[1].

Mais, au début de 1967, la tension qui monte entre les pays arabes et Israël, celle qui perdure entre l'Est et l'Ouest amènent de Gaulle à reconsidérer sa politique dans la région. Le 2 juin, appuyé par son ministre des

1. In *Dassault 1945-1995, cinquante ans d'aventure aéronautique*, de Claude Carlier et Luc Berger, éditions du Chêne, Paris, 1996.

Affaires étrangères Maurice Couve de Murville, il déclare l'embargo sur les armes à destination du Proche-Orient. La désillusion d'Israël est grande alors même que ce premier embargo n'est que mollement appliqué. Georges Pompidou, Premier ministre, et Pierre Messmer, ministre de la Défense, prodiguent officieusement des assurances à Israël en ce sens. Pierre Clostermann, l'ancien grand pilote de chasse, assurera même que les pilotes français auraient livré 20 Mirage III à la veille du déclenchement de la guerre des Six Jours : « Partis d'Ajaccio, ils ont volé à trente mille pieds [...], accompagnés par un Boeing d'El Al qui guidait leur navigation[1]. » Pendant cette guerre, les avions de Marcel Dassault vont jouer, on l'a vu, un rôle déterminant dans le succès de Tsahal. « Les rotations étaient permanentes, on n'arrêtait même pas les moteurs[2]. »

Dassault utilise médiatiquement les exploits des appareils français : formidable campagne de publicité à laquelle se prêtent les officiers et pilotes israéliens. Un film de présentation des phases de combat entre Mirage et Mig 21, dont l'avion « insaisissable sortait implacablement vainqueur », envahit les écrans pour promouvoir les ventes à l'exportation. Les informations transmises par les Israéliens à Mérignac sont exploitées et permettent « d'apporter plus de six cents modifications. Les ingénieurs Dassault ont su exactement à quel endroit renforcer le blindage, comment perfectionner les instruments de bord et améliorer l'armement », se souvient Pierre Gallois.

1. Cité par Éric Gerdan, *Comme Armes*, Éditions Alain Moreau.
2. Pierre-Marie Gallois, entretien avec l'auteur.

Après un attentat palestinien perpétré sur l'aéroport d'Athènes le 26 décembre 1968, dans lequel un passager israélien est tué, Jérusalem effectue en guise de représailles un raid sur l'aéroport de Beyrouth, qui détruit treize appareils appartenant à des compagnies arabes. De Gaulle exprime sa réprobation et sa colère. Il est en effet très attaché aux liens qui unissent la France au Liban et qui le lient lui-même à ce pays depuis qu'il a passé deux années de sa jeunesse à Beyrouth sous le mandat français. Il décide un nouvel embargo sur tous les matériels de guerre destinés au Moyen-Orient : non plus seulement sur les avions, mais sur tous les matériels de rechange, moteurs ou pièces détachées. Coup de tonnerre en Israël : à cette époque, la France ne commercialisant ses armements qu'au seul profit d'Israël, aucun autre pays du Moyen-Orient n'est donc touché par cet embargo total.

Mais l'embargo officiel n'a pas pour l'État hébreu les inconvénients annoncés : « L'embargo a été immédiatement détourné. Nous envoyions des pièces de rechange, une cellule, une aile, un propulseur... Cela permettait de fabriquer sur place les fusées et les avions, affirme Pierre Gallois. La fabrication de Mirage sous licence permit de continuer à équiper les forces aériennes israéliennes. Ce n'était un secret pour personne. Les Israéliens entreprirent de fabriquer eux-mêmes sous licence AMD (concédée à de très bonnes conditions) un Mirage plus puissant, le Kfir [1], doté d'un réacteur américain. Les usines implantées en Belgique

1. *Kfir :* lionceau en hébreu, à ne pas confondre avec *Lavi*, « jeune lion », qui sera le nom du développement du F 16 Delta américain en Israël.

et en Afrique du Sud, également sous licence, exportèrent régulièrement des Mirage à Israël. Les relations avec le pays de l'apartheid n'étaient pas rompues : la France avait donné à Marcel Dassault, en mars 1963, l'autorisation de vendre 16 Mirage III à l'Afrique du Sud… »

Qu'en est-il du projet Jéricho après l'embargo total décidé après le raid israélien sur Beyrouth ? Officiellement, le programme MD-620 est brutalement arrêté, l'usine de Martignas-sur-Jalle fermée le 30 avril 1969, et, le 2 mai, Israël signe avec le constructeur français un mémorandum d'arrêt des travaux. Mais Claude Carlier et Luc Berger, qui ont eu accès aux archives des Avions Marcel Dassault, racontent, dans *Dassault 1945-1995, cinquante ans d'aventure aéronautique*, qu'en réalité le projet en question ne s'est nullement interrompu là. La société a pu livrer à Israël les engins qu'elle avait conçus, ainsi que les pièces détachées qui permirent de reconstituer les missiles sur place. C'est plus tard, durant les décennies 70 et 80, que l'industrie israélienne a fabriqué, après avoir tiré les enseignements du MD-620, des missiles sol-sol de 500 kilomètres de portée qu'elle a baptisés Jéricho-1, dérivés du précédent. Puis, à partir de 1987, elle a testé le Jéricho-2, un engin capable de couvrir une distance de 1 500 kilomètres.

Jean-Michel Boucheron[1], député d'Ille-et-Vilaine, pendant de nombreuses années président de la commission de la Défense à l'Assemblée nationale, rapporte une anecdote qui date de 1985. Lors d'un voyage en Israël avec une délégation de l'Assemblée nationale conduite par Pierre de

1. Entretien avec l'auteur.

Bénouville, celui-ci, encore président du groupe d'amitiés France-Israël, interpelle des représentants de la Knesset :

– Pourquoi ne nous achetez-vous plus jamais d'armes ? se plaint-il.

– Nous n'avons pas envie d'être victimes d'un nouvel embargo, lui réplique un député israélien.

L'ami de Marcel Dassault se dresse alors comme un ressort, manifestement furieux :

– Vous n'avez pas été victimes de l'embargo ! C'est moi qui étais chargé, sous de Gaulle, d'appliquer secrètement nos conventions…

Serge Dassault n'accrédite pas la thèse de l'embargo sciemment détourné. Patron de l'Électronique Marcel Dassault, il possède à l'époque la maîtrise d'œuvre des équipements électroniques de bord et au sol. Responsabilité majeure quand il s'agit de guider des missiles balistiques. « J'ai initié personnellement le projet Jéricho, nous avons arrêté ce projet quand on nous a dit d'arrêter. Qu'ils aient poursuivi la construction eux-mêmes. Peut-être disposaient-ils des éléments pour le faire. Mais nous avons livré Jéricho jusqu'au moment où le gouvernement nous a dit d'arrêter[1]. ». Un désaccord de plus entre deux hommes aux rapports conflictuels.

La guerre des Six Jours, le bombardement de l'aéroport de Beyrouth, l'embargo vont néanmoins marquer le commencement de la fin des relations quasi familiales entre la France et Israël. La France reconsidère sa politique à l'égard du Proche et du Moyen-Orient, et renoue progressivement avec la politique qu'elle suivait traditionnellement depuis… François I^er^ ! Un rééquilibrage

1. Serge Dassault. Entretien avec l'auteur.

qui n'est pas guidé par les seules considérations politiques : le marché des pays pétroliers est en effet attirant.

Peu après avoir pris le pouvoir à Tripoli, le colonel Kadhafi annule des contrats de fournitures d'armements passés avec la Grande-Bretagne. Il fait alors savoir à Paris qu'il achèterait bien les 50 Mirage refusés à Israël. Le gouvernement français lui conseille de s'orienter vers un matériel plus récent... Et un communiqué annonce officiellement, le 9 janvier 1970, « la décision d'autoriser une société française à vendre des avions de combat à la Libye ». La commission des Affaires étrangères n'a pas été prévenue. Le 1er février 1970, André Fontaine est le premier, dans *Le Monde*, à parler du choc produit dans l'opinion française par cette annonce qui a déjà semé beaucoup d'émoi parmi la classe politique, surtout « lorsque celle-ci apprendra qu'il s'agissait non pas de cinquante, mais de cent, voire davantage... Les services de renseignement israéliens ignorant peu de chose de ce qui se passe dans les hautes sphères administratives françaises, Jérusalem était au courant dès le lendemain de la décision. Et il ne fait guère de doute que c'est de source israélienne, soit à Washington, soit à Paris, que le *New York Times* a obtenu l'information que la France s'apprêtait à livrer. » André Fontaine de conclure avec humour : « Ajoutons qu'il ne serait absolument pas question de livrer des appareils à l'Irak. Contrairement à certaines rumeurs, il n'est pas davantage question de lever l'embargo sur les Mirage achetés par Israël... »

Le 28 avril 1970, Maurice Schumann, ministre des Affaires étrangères, évoque pour la première fois ce délicat sujet dans l'hémicycle : « On est venu nous dire : la Libye, en choisissant la France, fait une expérience qu'elle voudrait exemplaire ; notre sujet est non de changer de bloc, mais de prendre nos distances à l'égard des blocs. Fallait-il refuser de tenter la chance[1] ? »

Plusieurs défenseurs d'Israël contestent la décision française de livrer des avions de combat à un pays hostile à Israël, et l'interprétation ainsi faite du champ de l'embargo. Le général Stehlin informe alors l'Assemblée d'un projet d'unification de l'Égypte, de la Libye et du Soudan...

Le 13 septembre 1972 éclate l'affaire Aranda. Gabriel Aranda, membre du cabinet d'Albin Chalandon, menace de publier des documents compromettants si le contrat de vente de Mirage à la Libye est honoré. Gabriel Aranda remet au juge 367 feuillets phococopiés qui mettent en cause plusieurs dizaines de personnalités qui auraient confondu la politique et les affaires[2].

On n'a aucune peine à imaginer l'embarras de Marcel Dassault qui prend toute la mesure de sa dépendance vis-à-vis de l'État français, son principal client. Il se retrouve à exécuter une politique étrangère qui est contraire à tout ce que lui-même et son ami Bénouville ont défendu depuis près de vingt ans. Le voici contraint d'armer les ennemis de ceux avec qui il a noué des relations étroites et qui ont été ses meilleurs clients à l'exportation. Il essaie alors de décourager les Libyens d'acheter ses avions en mettant l'accent sur les obstacles

1. Les éléments concernant ce « marché libyen » proviennent de la consultation des archives de l'Assemblée nationale.

2. Gabriel Aranda, *L'État piégé*, Stock, 1972.

qu'ils rencontreront et sur leur coût prohibitif. En 1971, Georges Pompidou refuse ainsi la livraison de 50 Mirage V déjà payés ; les avions seront affectés à l'armée de l'air et entreposés à Châteaudun. Les Phantom américains vont bientôt remplacer les Mirage... Israël recevra en pièces détachées l'équivalent d'une partie des 50 Mirage F V qui ne lui furent officiellement jamais livrés.

Quand il estimera Israël en danger, en 1973, il n'hésitera cependant pas à contourner les règles imposées par la France. Mais, avant même la guerre du Kippour, les conditions de l'embargo, fussent-elles contournées, inquiètent vivement les amis de l'État hébreu. Le plus actif d'entre eux, Bénouville, prend l'initiative, avec Pierre Giraud, président du groupe d'amitié France-Israël du Sénat, de créer un groupe de pression critiquant vivement la politique du Premier ministre, Pierre Messmer, lequel « soutient sans discrimination ni nuance les thèses arabes ». Les deux parlementaires publient un *Manifeste de solidarité française avec Israël* qui réclame une attitude d'équilibre et de conciliation entre les uns et les autres.

Le 6 octobre 1973, la IIe armée égyptienne franchit le canal de Suez et, contre toute attente, occupe en quelques heures les positions clés de la ligne Bar-Lev, sorte de ligne Maginot construite par les Israéliens à l'est du Canal, destinée à protéger le Sinaï occupé par Israël depuis la guerre des Six Jours. Les Syriens ont également opposé une résistance inattendue : le 9 octobre à 22 heures, le major israélien Yitzhak Hoffi informe Moshe Dayan qu'il a le plus grand mal à contenir leurs troupes. Dayan obtient de Golda Meir, Premier ministre, l'autorisation d'armer

13 missiles Jéricho[1]… Pour la première fois, Israël est prêt à se servir des bombes fabriquées avec l'aide de la France et lancées par un missile conçu par Dassault. On est au bord de la Troisième Guerre mondiale. Brejnev décide d'armer ses missiles Scud basés en Égypte. Nixon l'apprend et déclenche une alerte nucléaire à l'échelle de la planète. Jérusalem cède aux injonctions de Washington, mais a pu arrêter les troupes égyptiennes et syriennes.

Le lendemain 10 octobre, réunion de crise dans la salle à manger de l'hôtel particulier du duc de Morny, au rond-point des Champs-Élysées, où se trouvent les bureaux du constructeur du missile Jéricho. Marcel Dassault et le général de Bénouville accueillent Ben Nathan, l'ambassadeur d'Israël à Paris. Plusieurs amis politiques d'Israël ont été conviés, parmi lesquels Jean Lecanuet, Jacques Soustelle, le général Stehlin, Maurice Faure. L'ambassadeur ne cache pas son inquiétude et évoque le danger que représentent les nouveaux missiles soviétiques livrés à leur voisin et ennemi égyptien. Une partie des 110 Mirage livrés récemment à la Libye[2] n'ont-ils pas rejoint le champ de bataille et été opposés aux Mirage israéliens ? La France ne se prépare-t-elle pas également à livrer 50 Mirage à l'Arabie Saoudite[3] ? Les

1. Selon un rapport américain cité par le *Times* du 12 avril 1976.

2. La commande des Mirage libyens prévoyait une livraison par tranches qui s'achevait en 1974.

3. 50 Mirage venaient d'être vendus quelques mois plus tôt, en mars 1973, à Fayçal d'Arabie au Salon du Bourget. Georges Pompidou avait confié à Hugues de L'Estoile, l'homme des missions secrètes, la direction des matériels d'armement, poste éminemment sensible, pour traiter du dossier de la vente à l'Arabie Saoudite des 36 Mirage F III, lesquels seront en réalité livrés et envoyés à l'Égypte en pièces détachées.

convives échangent leurs arguments pour savoir comment faire pression sur l'Élysée afin que la France change de position. Et, plus généralement, des moyens à mettre en œuvre pour aider Israël, qui se retrouve dans une position délicate.

Des Mirage opposés à des Mirage : ce n'est plus du tout un de ces mirages insaisissables pour les voyageurs du désert[1] !... Il n'est décidément pas facile d'exercer un monopole sur les avions de combat qu'équipe et qu'exporte la France, et d'incarner par là *les Ailes du pouvoir*...

1. Le 21 octobre 1973, pour la première fois, les Mirage se sont battus contre les Mirage. La Libye viola les conventions et envoya plusieurs dizaines de Mirage sur le territoire égyptien. Il fut attaqué par les Mirage israéliens. Quatre Mirage égyptiens furent abattus.

# CHAPITRE XV

## Drôle de drame

J'ai beaucoup parlé de l'avionneur et quelque peu négligé l'homme. Celui-ci, au long des années 60, a amassé beaucoup et même énormément d'argent. Son entreprise marche à merveille. C'est donc aussi l'époque où il réalise ou tente de réaliser quelques-uns de ses rêves...

Après sa confortable réélection de 1962, il entend disposer d'une demeure à la dimension de ce qu'il est devenu. Dans l'Oise ? Non pas ! Il ne faut pas confondre circonscription électorale et lieu d'accomplissement des rêves d'enfance. Dassault fait plutôt porter sa quête sur un site de la banlieue ouest de Paris, dans la proximité de Boulogne, Saint-Cloud et Vaucresson où sont installés ses principaux bureaux d'études et entreprises. Il jette son dévolu en 1963 sur une propriété et des terrains situés à proximité du petit village de Coignières (Yvelines), aujourd'hui enserré dans un amas disparate de grandes surfaces proliférant à une sortie d'autoroute.

« Un bel avion vole bien », disait-il. Une belle demeure abrite harmonieusement les générations qui l'habitent. Elle les protège. La proportion des espaces qui la composent, les objets et œuvres d'art qu'elle abrite influent avec bonheur – c'est le mot – sur le comportement de ses hôtes. Comme, au début du siècle, dans la plaine Monceau, l'hôtel particulier de l'oncle Camondo où le petit Marcel Bloch accompagnait sa mère. Et donc de vouloir reproduire le petit Trianon…

On aurait tort de voir là une manifestation de la *Folie des grandeurs*, pour reprendre le titre d'un film interprété par Louis de Funès qu'il adorait, chez le fortuné descendant des Allatini. Il estime simplement avoir aussi droit, lui qui n'accède aux bureaux des palais de la République « que par les escaliers de service[1] », à une demeure à la hauteur des services qu'il a rendus et rend à celle-ci. Ceux qui l'ont bien connu témoignent en effet qu'il fait montre par ailleurs d'un comportement plutôt modeste, attaché qu'il est par-dessus tout à Madeleine et à sa vie familiale. On ne lui connaît pas d'aventure ni de liaisons amoureuses, hormis ses avions…

Il achète donc les 450 hectares nécessaires à la réalisation de son projet. Rien n'aurait dû venir troubler une opération qu'il entend mener avec le souci du plus infime détail (n'allait-il pas jusqu'à « mesurer l'épaisseur de la tranche de foie gras sur les toasts destinés à ses invités[2] » lors des cocktails toujours somptueux qu'il donnait ?). Il confie les travaux de construction du mur d'enclos (long de trois kilo-

1. Émile Blanc. Entretien avec l'auteur.
2. Madame Jeannine Grandin. Entretien avec l'auteur.

mètres) à l'entreprise de travaux publics de son collègue de déportation Max Brézillon, conseiller général de l'Oise. Un mur de deux mètres de haut à la surface recouverte d'un ciment travaillé de telle sorte qu'on le croit fait de larges moellons hexagonaux. La consultation d'architectes, de sculpteurs, de peintres, de tapissiers, de ferronniers et de jardiniers est imminente, quand soudain… la foudre !

Le 22 mai 1963, par une très belle soirée de printemps, l'avionneur et « madame Dassault » – c'est ainsi qu'il la nomme habituellement – sont reconduits par le chauffeur à leur domicile parisien, avenue du Maréchal-Maunoury. En cette veille de week-end, ils viennent de dîner chez leur ami Max Heilbronn, créateur des Galeries Lafayette et grand ami du général de Bénouville, les deux hommes ayant fait partie du même réseau Combat. Le chauffeur se range le long de l'avenue du Maréchal-Maunoury, face au bois de Boulogne, dans le quartier de La Muette, devant leur domicile, sis au numéro 1, et il ouvre la porte. Il est environ minuit. Marcel Dassault descend le premier de la longue Cadillac et gravit les marches du perron. Soudain, un cri strident perce le silence de la nuit. C'est celui de Madeleine, son épouse. Marcel se retourne, se précipite, aperçoit deux hommes masqués qui arrachent brutalement son épouse hors de la voiture. Le chauffeur gît allongé de tout son long, assommé. « Au secours ! À l'assassin ! » Il n'a pas le temps d'en dire plus : la crosse d'un revolver le frappe violemment à la tête. Il s'écroule et perd connaissance. Les agresseurs prennent la fuite à bord d'une ID 19, aussitôt poursuivis par une voiture de police en patrouille et par un témoin qui perdent leur trace au pont de Suresnes.

L'alerte est donnée en haut lieu par un Marcel Dassault encore sous le choc. Ayant recouvré ses esprits, il téléphone au domicile de Roger Frey, ministre de l'Intérieur, un ami gaulliste, récemment élu secrétaire général de l'UNR. Toutes les polices sont sur les dents. La traque se met en place, mobilisant 14 hélicoptères, 4 000 CRS et 800 gendarmes qui vont dresser 400 barrages… Paul-Darius est le premier à venir réconforter son frère ; quelques intimes, dont le général Gallois, le suivent : il a reçu un coup de téléphone de Marcel, à deux heures du matin, et s'est installé dès son arrivée à côté du téléphone. « Je l'ai trouvé très pâle, la tête entourée d'une bande. À 72 ans, il subit l'épreuve d'un rapt, de la violence perpétrée sur la femme qui partage harmonieusement sa vie depuis plus d'un demi-siècle… Déchirement, inquiétude sourde et paralysante… »

Le samedi matin, Marcel Dassault reçoit un pneumatique indiquant que sa femme lui sera rendue contre paiement d'une rançon de 4 millions de nouveaux francs[1] en coupures usagées de 100 et 500 nouveaux francs, le tout dans quatre valises solides[2]. Un mot de Madeleine Dassault accompagne la demande de rançon : « Mon chéri, ne t'inquiète pas, je suis très bien traitée ; fais ce que l'on te dit, je reviendrai bientôt. »

Le même samedi matin, une information anonyme parvient à l'AFP, au *Monde* et à *France-Soir*, selon laquelle

1. *Le Canard enchaîné* du 24 juin 1964 avance, lui, une demande de 4 millions de francs suisses, soit 4,5 millions de francs français de l'époque.

2. In *Monsieur Dassault*, déjà cité.

l'OAS revendiquerait l'enlèvement et exigerait non pas 4, mais 10 millions de francs, ainsi que la libération du général Salan. La presse apprend par ailleurs que le général de Bénouville vient de s'envoler pour la Suisse après avoir rencontré Roger Frey, ministre de l'Intérieur. L'ami de Dassault a, semble-t-il, reçu mission de retirer l'argent réclamé d'une banque de Genève pour le remettre l'après-midi même. Marcel Dassault confirme dans une interview à l'ORTF que son ami « Bénou » est effectivement chargé par lui de contacter d'anciens éléments de l'OAS. Bénouville refuse pour sa part de répondre aux journalistes qui l'attendent à l'aéroport de Genève, mais la présence à ses côtés de Claude Dumont, l'ancien délégué général de l'Union pour le renouveau et la sauvegarde de l'Algérie française (URSAF), accrédite la thèse que le rapt implique d'anciens membres de l'OAS. Grande barbouze devant l'Éternel, Claude Dumont a été aussi un grand résistant à Libé-Nord, puis il est devenu l'adjoint de Dominique Ponchardier (le « Gorille »), au service d'ordre du RPF ; il s'est engagé à fond pour la défense de l'Algérie française aux côtés de Jacques Soustelle, est devenu sénateur de Sétif-Batna, puis il s'est engagé dans l'OAS sous le pseudo de « Lux ». En novembre 1961, il reste protégé par certains gaullistes, dont Bénouville. Après un séjour en Belgique et en Italie où il se lance dans le trafic d'armes, il revient en France grâce à la protection de ses mêmes amis gaullistes... Pourquoi ce voyage en Suisse ? « Nous nous affolions et agissions un peu dans tous les sens », pense le général Gallois.

Ce même samedi matin, un avocat rend visite à l'un de ses clients emprisonné à Fresnes. Une heure plus tard, l'avocat est reçu toutes affaires cessantes par le procureur de la République et lui tient le langage suivant : « Mon cher client sait des choses sur l'enlèvement de madame Dassault. Il connaît la bande qui a fait le coup et l'endroit où elle a préparé un repaire pour y séquestrer la victime. Mais il ne parlera que si on le remet en liberté avec destruction de son dossier judiciaire. »

Jean Foyer, garde des Sceaux, est informé d'emblée et donne son accord sans même prévenir son collègue Roger Frey. Sur le coup de 11 heures, le taulard de Fresnes, après avoir reçu les promesses escomptées du procureur en personne, donne au juge d'instruction chargé de l'affaire les noms de la bande de Darmon-Casanova et l'emplacement du village où ceux-ci ont acheté une ferme[1]. Le prisonnier est aussitôt libéré.

Même sans ces révélations du détenu de Fresnes, les limiers n'auraient sûrement pas mis beaucoup de temps à retrouver les ravisseurs, puisque, ce même samedi, des collaborateurs de *Jours de France* désignaient déjà entre eux le ravisseur : « C'est sûrement Casanova ! »

Tout s'accélère. Jean Foyer téléphone au préfet de l'Oise, toujours sans en aviser son collègue de l'Intérieur. Le préfet de l'Oise prévient à son tour la gendarmerie… Le dimanche 24 mai, deux gendarmes, Pierre Dupond et Serge Lefebvre, ayant aperçu par une fenêtre une tente montée à l'intérieur de la pièce, frappent à la porte d'une ferme de Villers-sous-Saint-Leu, dans l'Oise. Une dame d'un âge certain leur ouvre et s'élance vers eux :

---

1. *Le Canard enchaîné* du 24 juin 1964. Jamais démenti.

– Je suis madame Dassault ! s'exclame-t-elle avec enthousiasme.

– Vos papiers d'identité ! réclament poliment les pandores.

Madeleine ne les retrouve pas, mais avise un exemplaire de *France-Soir* qui traîne sur la table.

– Regardez, c'est ma photo en pleine page ! Vous me reconnaissez ?

Les deux geôliers sont arrêtés sans opposer de résistance. Il s'agit de Mathieu Costa, un ancien CRS révoqué, et de Gabriel Darmon. Quant au cerveau de l'opération, Jean Casanova, huissier à *Jours de France*, il s'est volatilisé...

Le dimanche en fin d'après-midi, Bénouville, après avoir appris la libération de Madeleine Dassault, reprend l'avion pour Paris. Devant les journalistes, il nie que son voyage ait eu quelque rapport que ce soit avec le rapt.

Quant aux deux gendarmes, fiers de leur double arrestation et de la libération de l'épouse du député de l'Oise, ils se répandent devant les journalistes accourus à la brigade de Saint-Leu-d'Esserent et leur racontent leurs exploits. Roger Frey fulmine : il fait mettre leur capitaine aux arrêts de rigueur et punit les deux libérateurs de Mme Dassault pour violation du secret de l'instruction !

Deux mois plus tard, Casanova, naguère sympathique boute-en-train du second étage de *Jours de France*, est arrêté. Renaud Vincent, ancien journaliste du magazine, qui l'a connu, fait revivre devant moi ce personnage qui défraya la chronique : « Joueur de poker dans ses moments de loisir, on le retrouvait le soir au cercle de jeux Le Galion, au deuxième étage d'un immeuble situé à l'angle des Champs-Élysées et de la rue de Berri, au-dessus du restaurant Jour et nuit : il y accueillait la clientèle, revêtu de son costume d'amiral, casquette sur la tête et ample manteau vert à boutons dorés. Il tenait à être pris très au sérieux… Jusqu'au matin où il fut retrouvé ficelé dans son beau costume en bas de l'escalier du cercle qui avait été cambriolé dans la nuit par des voyous parisiens auxquels il avait vraisemblablement ouvert la porte… Quand nous avons eu confirmation que c'était lui qui avait enlevé Madeleine, nous n'avons pas été étonnés. Au journal, nous avions toujours pensé que c'était Casanova qui avait fait le coup. »

Soucieux d'assurer la sécurité de ses amis, Pierre de Bénouville offrit quelques semaines après le rapt un magnifique berger allemand à Marcel Dassault. « On l'appela Coco, je crois, on l'installa sur la banquette à côté du chauffeur, mais les oreilles du bel animal touchaient le plafond. On dut faire rehausser le toit de la Rolls-Royce. Puis le maître prit l'habitude de le laisser l'attendre dans la voiture auprès du chauffeur. Les jours et les mois passèrent ainsi. Le chien, devenu encombrant, était manifestement délaissé par son maître, décidément trop occupé. Celui-ci décida alors de le donner à un propriétaire plus attentif, son propre chauffeur :

– Vous avez passé tant de temps avec Coco ! Je vous l'offre… et je vous fait cadeau de la voiture avec… Il s'y sent bien, il sera ainsi moins dépaysé[1]. »

---

1. Propos recueillis auprès d'un ancien photographe de *Jours de France* et de Pierre Chassigneux, ancien préfet de l'Oise. Entretiens avec l'auteur.

Remis de ses émotions, Marcel Dassault peut à nouveau s'impliquer dans la construction du « Petit Trianon » de Coignières qui va lui coûter entre 30 et 40 millions de francs de l'époque pour une surface au sol de près de 2 000 mètres carrés. La rumeur prétend même que l'avionneur a fait aménager un abri atomique dans les sous-sols.

Si tout va bien pour lui en politique, en affaires et dans sa vie privée, il est un autre de ses rêves qui est resté en souffrance : celui de devenir un grand patron de presse, même si *Jours de France* marche bien et va jusqu'à concurrencer *Paris Match. L'Oise libérée* et *L'Essor du Limousin* ne suffisent à l'évidence pas à combler son ambition dans le domaine de la presse d'information. Ambition ambiguë, comme l'est son attitude à l'égard de la presse et des journalistes en général, qu'il méprise un peu, ainsi que me l'a rapporté le général Gallois : « Marcel Dassault affichait une conception de l'humanité hiérarchisée. En premier venaient ses pilotes d'essai, à l'égard desquels il éprouvait un véritable respect. Il rangeait ensuite les ingénieurs, *ses* ingénieurs. Puis il y avait les hommes de presse pour qui il nourrissait un véritable mépris, et qu'à ses yeux il suffisait d'"acheter". Enfin venaient les militaires : "Ce ne sont pas des génies…" »

Marcel n'envisage donc vraiment la presse que servile, et seule la sienne a droit à une certaine indulgence. Il n'a évidemment pas aimé la façon dont beaucoup de titres ont relaté l'enlèvement de Madeleine. Il envie un Pierre Lazareff, patron de *France-Soir*, qui fait venir à sa table le Tout-Paris parce qu'il se trouve à la tête du journal le plus lu de France.

« Dans une épicerie corse de la rue Gît-le-Cœur transformée en table d'hôte, Carmen Tessier, la célèbre commère de *France-Soir*, reçoit chaque semaine, en compagnie de Pierre Lazareff et de ses amis, dont je suis, un invité d'honneur qu'elle régale de spécialités corses [...]. Sont ainsi venus Marcel Dassault, Paul Reynaud, le maréchal Juin, Jacques Chaban-Delmas, Henri Queuille, Maurice Bourgès-Maunoury, Pierre Mendès France et même Vincent Auriol redevenu simple citoyen... », se souvient un ancien photographe de *Jours de France*.

Le nouveau rêve de *Citizen* Marcel prend progressivement forme : lui aussi veut un quotidien, comme Lazareff. Car c'est avec un quotidien qu'on peut exercer du pouvoir. Il est désormais possédé par ce démon-là. Et le 5 octobre 1965, *Vingt-Quatre Heures* est présent dans tous les kiosques. Marcel Dassault en est l'éditeur, Marcel Minckès, son beau-frère, le directeur de la publication, et le directeur de la rédaction n'est autre que Pierre de Bénouville. Philippe Alexandre, rédacteur en chef, complète le dispositif qui ressemble à s'y méprendre à celui de *Jours de France*. Marcel Dassault supervise la bonne marche du quotidien jusque dans les moindres détails.

Le général de Gaulle considère la naissance du nouveau journal avec méfiance : « Voyez avec le Premier ministre : il faut lui mettre le marché en main ! Dassault gagne des mille et des cents sur les commandes que nous lui passons. Ce serait un comble qu'il aille faire un journal qui se mettrait à baver sur nous[1] ! »

Les compliments sont plutôt rares après la sortie du premier numéro. Certes, Marcel Bleustein-Blanchet et

1. Relaté par Jacques Foccart dans son livre de mémoires, *Tous les soirs avec de Gaulle, journal de l'Élysée*, tome 1, Fayard/Jeune Afrique, 1997.

Pierre Lazareff, deux personnalités qui comptent aux yeux de Marcel Dassault, le félicitent, mais le premier est un ami et le nouveau quotidien est imprimé sur les presses de *France-Soir*. Les autres concurrents, eux, sont ou muets, ou féroces. « Si vous ne savez pas lire, achetez *Vingt-Quatre Heures* », titre le *Canard enchaîné*.

La ligne éditoriale est fixée par le patron dans des notes à la rédaction : « Je rappelle que le style de *Vingt-Quatre Heures* est celui de *Jours de France*, c'est-à-dire que l'on ne dit du mal de personne et que l'on essaie d'arranger les choses. Exemple : on ne doit pas dire : *"Les 14 de l'Otan repoussent les thèses françaises"*, mais : *"Les 14 de l'Otan affirment leur confiance en l'Alliance atlantique et sont heureux de voir la France continuer à y participer."* [...] Et il n'est pas bon de retenir les informations tendancieuses. Au surplus, les Américains sont nos amis [...] et m'achètent des avions qui permettent de faire vivre *Vingt-Quatre Heures*[1]. »

Pendant trois mois, le journal connaît une activité singulière, ignorant même quelque temps les dépêches d'agence et notamment celles de l'AFP. Néanmoins, « au bout de huit jours, l'AFP réintègre le journal, *Vingt-Quatre Heures* ayant été le seul quotidien de la place de Paris à n'avoir pas parlé de l'affaire Ben Barka ; un ratage inoubliable[2] ! » Marcel Dassault trouvait d'abord que l'AFP coûtait trop cher. Puis, il s'y abonna et en fit recopier les

1. *Libération*, « Les notes de Dassault à ses journalistes », 19 et 20 avril 1986.

2. Pierre Assouline, *Monsieur Dassault*, p. 265.

dépêches… « Vous savez, les pertes ne s'additionnent pas, elles se multiplient », énonçait-il.

Les ventes de *Vingt-Quatre Heures* ne sont pas bonnes. Philippe Alexandre s'exprime à ce sujet avec une pointe de nostalgie : « Il [Dassault] fut très encouragé par Bleustein-Blanchet (qu'il appelait monsieur Blanchet) avec qui il signait d'importants contrats de publicité, et par Pierre Lazareff, de *France-Soir*, qui assurait l'impression. Ils le félicitaient beaucoup pour son journal… et ils se sucraient ! »

Le procès des ravisseurs de Madeleine Dassault s'ouvre le 9 mai 1966 au grand dam, dit-on, de quelques ministres du gouvernement et de son chef, Georges Pompidou lui-même. Marcel Dassault s'est constitué partie civile. Me Bernard Le Coroller, assistant de Tixier-Vignancour et ancien avocat de certains membres de l'OAS, est le conseil de Mme Dassault. Les rumeurs les plus folles courent à propos de la présence de cet avocat du Palais. *On* aurait tenté de dissuader Dassault et Bénouville de conserver cet avocat, mais ils s'y seraient refusés pour accorder quelques satisfactions à leurs anciennes relations de l'extrême droite. *On* prétend aussi que les deux amis, en concertation avec le ministre de l'Intérieur, auraient mis en cause l'OAS pour faire diversion en Suisse et laisser tranquillement les kidnappeurs percevoir la rançon en France…

Madeleine et Marcel Dassault sont assis l'un à côté de l'autre. Dans leur box, les accusés n'ont point l'air trop abattu. « Ils n'ont pas l'air antipathique », rapportent, indulgents, les comptes rendus de presse. Apparemment des amateurs, petits malfrats désireux de faire un coup lucratif qui a piteusement échoué. Le mobile politique paraît à cent lieues de leurs préoccupations. Casanova disposait évidemment de bons renseignements sur les Dassault, leurs domiciles, leurs allées et venues. Il a avoué avoir enlevé, puis chloroformé sa victime. Ce qui n'a pas empêché celle-ci de déclarer « qu'ils avaient été très gentils avec elle ». Le procès ne dissipe pourtant pas les zones d'ombre apparues dès le début du fait divers. Le verdict tombe : Casanova est condamné à vingt ans de prison, Costa à sept ans, Darmon à cinq mais pour Darmon, madame Dassault avait vanté la qualité des frites qu'il cuisinait et le verdict fut plus clément. *Le Canard enchaîné* parle d'« une affaire pleine de mystères[1] ».

La presse, dès l'ouverture du procès, le lundi 9 mai 1966 au matin, consacre de nombreux articles à l'événement.

Renaud Vincent, entré à *France Soir*, livre de nouvelles informations sur Casanova, ancien huissier de l'hebdomadaire qu'il connaissait bien : natif de Corte, amateur de pêche au lancer léger – à la planchetta dit-on là-bas – qu'il pratique depuis sa tendre enfance, il retrace son parcours atypique : apprentissage du pilotage d'avions aux États-Unis, armée de l'air en France, puis employé des contributions indirectes avant de devenir huissier le jour et veilleur de nuit au cercle de jeu où il assiste, pendant de longues soirées, aux échanges d'argent sur le tapis vert des tables de baccara ou de black-jack. « J'ai enlevé madame Dassault pour vivre bourgeoisement le reste de ma vie. »

1. *Le Canard enchaîné*, 24 juin 1964.

Le 9 mai *Vingt-Quatre Heures,* « le plus jeune des grands quotidiens consacre ses pages à divers sujets d'actualité : la rencontre du pape, en voyage à New York et de Johnson, président des États-Unis ; la rencontre de Charles de Gaulle avec Jazy, le champion olympique recordman du monde de 3000 mètres, à Paris ; l'annonce de la naissance de Jean-Pierre Falloux, le bébé de la présentatrice vedette Anne-Marie Peysson ; le procès de Brojardsky, le faussaire du siècle, mais pas une ligne sur le procès de Casanova, Darmon et Costa. Il faudra attendre le 13 mai pour trouver cinq lignes en caractères gras, en bas à gauche de la page 5 dont le titre est : « Affaire Casanova ». On apprend qu'un procès se tient au tribunal correctionnel de Paris. Un verdict est annoncé pour le lendemain.

Le lendemain, toujours en gras, placé au centre du journal, on trouve un article concernant l'affaire Casanova : « Après la plaidoirie des avocats de la défense, la cour s'est retirée pour délibérer pendant une heure. À la reprise de la séance, le président a donné lecture du verdict, Casanova est condamné… »

Ce verdict ne donnera lieu à aucun autre commentaire les jours suivants.

La situation du journal n'est pas glorieuse ; ceci explique peut-être cela. Toujours est-il que, constatant l'évolution dangereuse de la courbe des ventes de *Vingt-Quatre Heures*, Marcel Dassault en a modifié le format, changé la maquette, puis est revenu au format d'origine. Les millions de francs déjà engloutis dans l'aventure donnent le vertige à Minckès et à Bénouville. Dassault jette finalement l'éponge un peu moins d'un an après le lancement du quotidien. Le dernier numéro paraît le

10 septembre 1966. Philippe Alexandre lui-même, « las de l'expérience », était parti pour le *Nouveau Candide*, « mais en gardant d'excellentes relations : on ne se fâchait pas avec Marcel Dassault ».

Le général de Gaulle s'était inquiété pour rien : Marcel Dassault n'avait nulle intention de le critiquer dans son quotidien. Le député de l'Oise s'était d'ailleurs adressé à lui pour qu'il l'aide à réaliser un autre de ses rêves : son projet de « maisons industrialisées », construites en série, composées de modules métalliques préfabriqués qui se juxtaposent selon l'importance de la maison, moyennant un prix défiant toute concurrence. Le général Gallois se souvient fort bien de cet épisode, puisqu'il accompagna l'avionneur et deux de ses collaborateurs à l'Élysée : « Nous avions conçu un système très au point, et monsieur Dassault, qui appartenait à la commission du Logement à l'Assemblée nationale, toujours soucieux de loger ses concitoyens dans de bonnes conditions, voulait faire partager sa conception de logements confortables et bon marché au Général, qui le reçut. Il présenta son projet et les maquettes. Le Général se tut quelques instants puis lui dit :

« – Monsieur Dassault, vous faites de bons avions : continuez !

« L'entretien était terminé. En sortant, nous avions compris que monsieur Dassault ne serait jamais ministre de la Construction. »

Jamais patron de presse d'un grand quotidien, pas ministre : le coup est rude, l'avenir terne. Mais ces menues turbulences n'ont pas compromis l'avancement de la construction du « Petit Trianon ». L'architecte en chef, Tigrane

Hékimian, n'a pas la tâche facile : il lui faut conjuguer les impératifs des constructions modernes, fonctionnelles, avec les colonnes doriques et une charpente métallique. La villa patricienne s'étend tout en rez-de-chaussée et sous-sol sur un parc de 35 hectares clôturé par un mur de 3,5 kilomètres, lui-même enclavé à l'intérieur d'un domaine de 450 hectares. Hormis la construction principale, il y a, à l'arrière, les dépendances pour les collaborateurs de Marcel Dassault, et cinq pavillons pour héberger les gardiens, dont quatre hors les murs de la propriété en tant que telle. Enfin, on a installé « un poste à essence dans le parc pour la Rolls… car il faut tout prévoir », raconte en souriant un ancien photographe de *Jours de France*.

Une armée de peintres et autres artistes, dont le sculpteur Paul Belmondo, les décorateurs de la maison Jansen s'agitent dans cette immense ruche. La demeure de Coignières tend à se rapprocher imperceptiblement du souvenir que Marcel a gardé de l'hôtel particulier de son oncle Camondo. À quelques détails près, cependant : les arêtes trop vives, les matériaux récents, l'allure générale plus proche du style hollywoodien que des vieilles pierres de Versailles. Pour habiter un si noble endroit, il lui faudrait un titre nobiliaire : il en rêve. Dans *Marcel Dassault, légende d'un siècle*, Claude Carlier cite à ce propos l'avionneur : « Mon cousin issu de germain, le comte Nissim de Camondo, est mort en 14-18 sans laisser de descendant. Je souhaiterais relever ce titre pour m'appeler, dans l'avenir, comte de Camondo… »

Le « Petit Trianon » s'achève alors que les nouvelles générations bousculent le monde dans lequel Marcel Dassault campe sur ses hiérarchies immuables, ses certitudes décalées par rapport à l'évolution des mentalités et à la quête de valeurs plus authentiques. Mai 68 éclate comme un feu d'artifice. Aux côtés de Daniel Cohn-Bendit et de Jacques Sauvageot, les étudiants érigent des barricades au Quartier latin aux cris de « Sous les pavés, la plage », « Il est interdit d'interdire » ou « Nous sommes tous des juifs allemands ». De Gaulle s'esquive à Baden-Baden et, un an plus tard, Georges Pompidou va s'installer à sa place à l'Élysée…

Les cris des « révolutionnaires » privilégiant l'être sur l'avoir sont encore audibles quand Marcel Dassault poursuit son accumulation de biens. Pour ne plus imposer à sa femme et à lui-même de faire la queue pour aller au cinéma, il rachète la salle Le Paris, ainsi que l'immeuble entier qui jouxte le siège de *Jours de France*. « Tous les dimanches, il emmenait Madeleine au cinéma, raconte le général Gallois. Il faisait parfois très froid dans la file d'attente, malgré les écharpes impressionnantes qui les emmitouflaient. À force d'attendre, madame Dassault attrapait froid. Un jour d'hiver, le chauffeur lui suggéra d'acheter le cinéma. Ce que fit Marcel Dassault. C'est ainsi que naquit sa passion et qu'il commencera à produire ses films[1]. »

Il fait rénover Le Paris, et, pour l'inauguration, fait projeter un de ses films de prédilection, *Irma la douce*. L'avionneur devient bientôt producteur en imprimant la même « ligne » éditoriale à ses films qu'à ses journaux : pas de mistoufles, pas de catastrophes, rien que du bonheur.

Il crée donc la société Production 2000 (comme le Mirage), désigne son petit-fils Olivier comme président-directeur général et achète 10 % du capital de la

1. Entretien avec l'auteur.

Gaumont. Olivier, le fils aîné de Serge, est le chouchou de Marcel. Ingénieur sorti de l'École de l'air, il a passé ses brevets de pilote professionnel, malgré, dit-on, un mal de l'air qui le tenaille à chaque vol. Marcel et Olivier se téléphonent chaque jour, et le petit-fils préféré a un bureau jouxtant celui de son grand-père. L'avionneur a-t-il déjà choisi son successeur par une sorte de « sacre avant l'heure[1] » ? Mais la belle et grande vie ne réussit pas au jeune dandy. Il fréquente le Tout-Paris, les boîtes à la mode, et dépense beaucoup. Toutes choses qui finissent par affecter ses relations avec un grand-père qu'il surnomme affectueusement *Coco*, lequel apprécie modérément les innombrables conquêtes de son préféré, « frivole et léger comme une plume[2] ».

« C'est Olivier qui incarne le mieux l'esprit Dassault, mais nous avons des relations plus orageuses. Quand il fait des bêtises, je ne le défends pas. Par exemple, il achète une deuxième agence de publicité pour 20 millions de francs sans avoir le premier sou pour la payer », livre Marcel Dassault à Denis Pingaud, en 1980, avant d'ajouter : « On ne fait plus aujourd'hui ce qu'on pouvait faire en 1917. C'était le plus proche de moi[3]… »

Les incursions d'Olivier dans les galeries d'art contemporain généreront aussi d'impressionnantes ardoises. À tel point que l'héritier trouvera un jour close la porte du bureau qu'il occupe dans la société. Les serrures en ont

1. Philippe Alexandre, entretien avec l'auteur.
2. *Le Dernier Round*, par Alexandra Swarztbrod, 1992.
3. Interview de « Marcel Dassault » dans un documentaire de Denis Pingaud, *Le Mirage IV*, A2, 1980.

été changées[1]. Marcel Dassault le met alors sous la tutelle de Gilbert Pottier pour lui apprendre à compter…

Au début, tout allait pourtant comme dans les films de Marcel Dassault. Il est vrai que l'entrée des Dassault dans les milieux du Septième Art fut joyeuse et magnifique. Marcel Dassault, qui a dépassé les 80 ans, jubile en compagnie de Bourvil, Louis de Funès[2], Alain Delon, Mireille Darc, Jean Yanne et Sophie Marceau, l'héroïne de l'extraordinaire film à succès, *La Boum*. Le papy s'encanaille et, certains soirs, quitte le bel immeuble du XVIe arrondissement, accompagné par son fils Serge et par Bénouville, pour aller voir les « girls » de l'Alcazar… En moins de dix ans, Marcel Dassault produit ou coproduit de nombreux films, les principaux d'entre eux étant *La Gifle* (1974), *Le Téléphone rose, On a retrouvé la septième compagnie* (1975), *Le Chasseur de chez Maxim's, Le Grand Escogriffe* (1976), *Gloria, Le Maestro, Le Temps des vacances* (scénariste), *L'Hôtel de la Plage, Le Dernier Métro, Jamais avant le mariage, L'Été de nos quinze ans…*

À Coignières, près de l'impressionnant bowling, les invités triés sur le volet assistent aux projections privées dans la superbe salle aménagée par le nouveau grand producteur parisien à la mode…

Toujours en ces années-là où l'on a l'impression que le « papy » a enfin jeté sa gourme, le château de Couperic, petit domaine de 24 hectares acheté en 1955, accède au rang de grand cru classé de Saint-Émilion. « On a acheté

1. Danièle Shreyer, entretien avec l'auteur.

2. Il coproduisit *La Grande Vadrouille*, avec Louis de Funès et Bourvil.

une vigne qui ne valait pas grand-chose, puis on a eu de la chance : tout a gelé. On a donc replanté et obtenu un grand cru classé[1] » : le château-dassault…

Quelques mois après sa libération, Casanova est retrouvé mort en bas de son escalier, le 28 octobre 1977. « Il a tout raté, même la marche de son escalier… À moins qu'on ne l'ait poussé ? Voilà ce que c'est que de trop parler… », commente Renaud Vincent, ancien journaliste de *Jours de France*.

J'ai eu la curiosité d'aller visiter les abords du « Petit Trianon ». Après avoir franchi l'entrée du parc, gardée par un monumental portail de fer forgé, on traverse, par des allées bien entretenues (aujourd'hui bitumées de rouge), de grandes pelouses monotones plantées de conifères clairsemés. Puis on arrive face à la haute façade à colonnes de la spacieuse habitation entourée de massifs de roses et de rhododendrons méticuleusement choisis par Marcel Dassault, ainsi que de peupliers d'Italie aujourd'hui coupés assez court et quelque peu déplumés. Je n'y retrouve guère l'âme de l'entreprenant avionneur, plutôt le décor d'une histoire d'un autre temps…

---

1. Marcel Dassault, interviewé dans le documentaire de Denis Pingaud, *Le Mirage IV*, sur A2, en 1980.

# Chapitre XVI

## Tous les coups sont permis pour gagner le « marché du siècle » !

Le 23 avril 1974, quatre pays européens appartenant à l'OTAN – la Belgique, le Danemark, les Pays-Bas et la Norvège –, résolus à remplacer leurs avions de combat, décident de s'entendre pour acheter en commun 348 nouveaux appareils pour quelque 18 milliards de francs. La presse parle d'emblée de « marché du siècle ». Le combat pour l'obtention de celui-ci va rapidement se réduire à un face-à-face entre le F16 de l'américain General Dynamics et le Mirage F1 M 53 (rebaptisé Mirage F1 « E », comme Europe) du français Dassault. Un combat d'une rare violence, où tous les coups seront permis non seulement entre les deux avionneurs, mais entre les hommes politiques et les appareils d'État concernés. Un général français qui soutenait l'appareil américain de préférence à son rival a été agoni d'injures et qualifié de « traître » par un autre officier général, à la fois parlementaire et employé de Dassault. Non content de bénéficier du total soutien de Jacques Chirac, l'avionneur français n'a pas hésité sur les moyens pour tenter de « convaincre » des responsables politiques étrangers. Nos compatriotes ébahis ont alors découvert certaines méthodes en usage dans le monde de l'armement ; ils ont aussi eu la révélation qu'un avion français pouvait tenir la dragée haute au meilleur des appareils de la toute-puissante Amérique…

Avant d'évoquer quelques pans de l'incroyable histoire de ce « marché du siècle », il faut revenir sur celle du Mirage F1 E qui montre une fois de plus combien les intuitions de « Marcel » confinaient parfois au génie. En 1966, après le retrait de la France de l'organisation militaire intégrée de l'OTAN, l'armée de l'air se trouve dans une impasse. Pour des raisons techniques ou financières, tous les prototypes qu'elle a commandés ne font plus l'affaire. Elle est ainsi contrainte d'abandonner le concept d'avion à décollage vertical, lancé au début des années 60 pour tenter de pallier les conséquences d'une frappe atomique de l'ennemi privant le pays de ses terrains d'aviation ; le raisonnement stratégique des états-majors était le suivant : « Si toutes ces pistes sont détruites, il n'y a plus de France, il n'y a plus de guerre possible. Comment utiliser des avions après une attaque nucléaire ? » Le grand ingénieur Jean Cabrière égrène quelques souvenirs à propos du Mirage V (comme Vertical) : « Le prototype de l'avion que nous construisîmes ne se révéla pas très brillant au combat, ni très manœuvrant. C'était une mécanique très forte en grosse ferraille, avec huit petits moteurs ; il lui fallait dix minutes à un quart d'heure avant d'être opérationnel au décollage et à l'atterrissage. Il fallait faire pivoter les moteurs selon un système de rotation compliqué. Chaque fois que cet appareil décollait, j'en étais malade ! C'était une mécanique épouvantable [...]. Sans compter de très lourds handicaps : un prix de revient de l'heure de vol très élevé ; un rayon d'action limité ; une faible capacité d'embarquer des charges militaires (c'étaient des missiles au pétrole) [...]. Le Mirage V ne pouvait se poser n'importe où, au coin de n'importe quel bois. Il était de surcroît très repérable. Il devint pourtant une réussite technique volant à Mach 2... »

Le programme fut définitivement arrêté en 1966 après un accident de vol de ce cercueil volant. Roland Glavany conclut ainsi la triste histoire de l'avion à décollage vertical : « Plus d'un milliard et demi de francs investis pour rien... par l'État ! »

Le Mirage III G (comme « géométrie variable ») est lui aussi condamné : son moteur est américain et introduit donc une dépendance insupportable pour l'aviation tricolore. Et Jean Cabrière de dévoiler le *happy end* de ces échecs : « On tournait en rond. Devant le véritable désarroi de l'armée, Marcel Dassault eut l'intuition de concevoir un nouvel avion, le Mirage F1. » Un avion qui se caractérise par un important écart de vitesse : il peut à la fois voler très vite en altitude (plus de Mach 2) et se poser à basse vitesse (125 nœuds) et utiliser ainsi des terrains d'aviation courts. Le projet est confié à François Cordier et Pierre Atlan, puis à l'équipe de Jean-Jacques Sanin. Les études se poursuivent malgré le terrible accident de Fos-sur-Mer où René Bigand, chef-pilote, se tue après le détachement des empennages horizontaux le 18 mai 1967. Des essais du nouveau modèle piloté par Jean-Marc Saget et Jean Coureau autorisent le développement du Mirage F1.

Roland Glavany ne voit pas dans le succès de Marcel Dassault le résultat de sa seule intuition : « C'est par sa puissance politique que Marcel Dassault l'a imposé à l'armée de l'air comme successeur du Mirage III. » Jean Cabrière corrige : « On ne l'a pas imposé à l'armée de l'air ; il correspondait à ce dont elle avait besoin. »

Le Mirage F1 entame en tout cas une brillante carrière dans ses différentes versions, tant en France qu'à l'exportation – notamment, comme nous le verrons ultérieurement, en Irak. Le premier vol de l'avion de série a lieu à Mérignac, le 15 février 1973. Pour répondre aux besoins en avions de combat des pays étrangers durant la fin des années 70, Dassault lance la version Mirage F1 M53, dotée notamment d'un réacteur plus puissant. Le 28 février 1973, Pierre Messmer, Premier ministre, donne instruction de lancer au plus vite le nouveau Mirage. Quand les quatre pays européens de l'OTAN décident de changer leur flotte d'appareils de combat, le Mirage F1 M53 prend un nom plus simple et symbolique : le Mirage F1 E.

Pour convaincre les différents pays d'acheter son appareil, l'entreprise Dassault et le gouvernement français vont utiliser des arguments plus ou moins élégants et plus ou moins légaux. L'avionneur propose de construire en Hollande la moitié des Mirage et 70 % du montant des commandes. Il garantit ainsi d'importantes retombées économiques, la création de nombreux emplois (30 millions d'heures productives et 3 000 emplois directs pendant quinze ans) et la fabrication sur place des équipements électroniques. Le gouvernement français n'est pas en reste : il s'engage à ne pas répercuter la hausse des coûts liée à l'inflation. « Ne pas choisir l'avion français est contraire à la déontologie européenne ! » lance par surcroît Jacques Chirac, nouveau Premier ministre, en visite officielle au Danemark au cours de l'été 1974.

Les États-Unis ne font pas non plus dans la dentelle. En septembre 1974, le Pentagone annonce son intention d'acquérir 650 chasseurs américains, dont 250 seraient basés sur le Vieux Continent et dont la maintenance serait assurée par les pays européens qui achèteraient américain. Il joue sur la peur des petits pays d'Europe membres de l'OTAN de ne plus être protégés par le bouclier américain. Henry Kissinger fait les gros yeux : « Ne pas choisir l'avion américain pourrait entraîner le retrait des troupes US en Europe et remettre en cause l'alliance Atlantique ! » Une loi a d'ailleurs été votée, quelques mois plus tôt, par le Congrès, subordonnant la présence des GI's en Europe au volume des ventes d'armes américaines à l'OTAN. Enfin, les États-Unis promettent la création en Europe de 5 000 emplois dans les usines de fabrication d'alliages nouveaux utilisés pour construire le F16.

Le 10 septembre 1974, *Le Monde* met le feu aux poudres en faisant état de rumeurs sur des tentatives de corruption d'hommes politiques néerlandais. Trois quotidiens des Pays-Bas reprennent l'information : le journal conservateur *Het Vanderland*, le socialiste *De Volksrand* et le communiste *Warheid*. Marcel Dassault réagit aussitôt et avec vivacité. Il récuse les accusations de propositions financières que sa société aurait pu faire par l'intermédiaire de M. Botterman, représentant en Hollande de l'Office français d'exportation de matériel aéronautique (OFEMA), à qui il renouvelle sa confiance, et il n'hésite pas à exhorter le ministre de la Justice hollandais à engager les poursuites qui conviennent.

Le 17 septembre, le député réformateur Paul Stehlin, ancien général et ancien chef d'état-major de l'armée de l'air, prend position pour le F16 américain dans une lettre adressée au président de la République, Valéry Giscard d'Estaing. Il en adresse copie à quatre ministres : Jacques Soufflet, ministre de la Défense, Michel Poniatowski, ministre de l'Intérieur, Michel d'Ornano, ministre de l'Industrie, et Michel Durafour, ministre du Travail. Cette lettre est un véritable rapport de plus de 15 pages. Après un historique des difficultés d'après guerre rencontrées par l'aviation alors sous la responsabilité de « ministres communistes », le général-député aborde certaines questions techniques touchant les avions en compétition, mais aussi plus largement les questions stratégiques liées à la conception de la politique de défense face à la menace soviétique. Sa vision atlantiste s'oppose clairement à une politique d'indépendance nationale qu'il juge au-dessus des moyens de la France : « Et ce n'est pas notre concept de dissuasion nucléaire, auquel personne ne croit, si ce n'est ses protagonistes, qui peut conjurer la situation de plus en plus angoissante de notre sécurité en France », écrit-il.

Sa conception se fonde sur la nécessité d'une coopération européenne de défense en matière de construction des avions de combat, appuyée sur la technologie américaine : « Les approvisionnements européens en équipements militaires sont le plus souvent motivés par le désir de créer et de soutenir l'industrie productrice, à un degré moindre par la valeur opérationnelle des matériels. Dans la mesure où les choix militaires français et européens sont régis par de telles préoccupations plutôt que par le souci de la meilleure utilisation des ressources disponibles pour des fins de défense, la sécurité occidentale restera inférieure à celle qu'elle pourrait être s'il existait une coopération plus poussée entre l'Europe et les États-Unis. L'ampleur du vide technologique européen est exposée ci-après pour ce qui concerne le domaine aérospatial. Les talents individuels, pas plus d'ailleurs que la compétence technique et industrielle des sociétés telles que Dassault, ne sont ici en cause. Le retard technologique s'explique par l'effort considérable, continu et convergent, mené aux États-Unis dans l'étude et la recherche technique, comparativement aux programmes fragmentés et d'un rendement moindre lancés en Europe et plus particulièrement en France. Au cours des dix dernières années, les dépenses annuelles pour la défense américaine ont été de 325 à 350 milliards de francs, alors que la moyenne du budget français correspondant a été de l'ordre de 27 milliards de francs. »

Le général Stehlin prend donc très nettement position contre le Mirage et contre Marcel Dassault. Les arguments contenus dans sa lettre revêtent un caractère moral autant que technique : « Le fameux contrat du siècle serait surtout et, le cas échéant, une fois de plus une bonne affaire pour Dassault, une mauvaise affaire pour l'industrie aéronautique dans son ensemble, et ruineuse pour l'argent public des Français. Je ne mets dans ces propos aucune passion, encore que, chef d'état-major de l'armée de l'air, j'aie eu à souffrir, pour le développement de mon armée, des décisions que monsieur Dassault réussissait à nous faire imposer par le gouvernement, contre mon avis et celui de mon état-major. »

Un désaccord profond avec l'avionneur à qui il reproche d'avoir toujours fait cavalier seul et cherché à imposer sa conception par trop hexagonale de la construction aéronautique. Il dénonce en particulier « une industrie française plus soucieuse de ses propres intérêts que des intérêts de notre défense... Un processus farouchement nationaliste ». Et – sacrilège ! – le général affirme la supériorité technique du F16 sur le Mirage F1 E, ainsi que sa supériorité lors des essais comparatifs. L'avion américain est plus puissant, son électronique est plus sophistiquée.

Les arguments étayant cette vision atlantiste ne sont certes pas médiocres, mais des attaques *ad hominem* vont décrédibiliser leur auteur... Près de trente ans après cette lettre, le général Gallois l'explique encore par le ressentiment et l'intérêt conjugués : « Les Stehlin étaient très proches des De Gaulle, qui les recevaient régulièrement. Le Général appréciait beaucoup la compagnie de Stehlin, qui commanda un moment la force de frappe, et de sa femme. Arrivé à l'âge de la retraite, Stehlin demanda au Général, qui accepta, l'ambassade de France à Washington, mais Couve de Murville refusa qu'un militaire vienne s'immiscer ainsi dans la carrière diplomatique, attitude contraire à la tradition et aux règles de nomination. De Gaulle donna raison à Couve. Stehlin ne lui pardonna pas. Il rejoignit les centristes et se présenta à Paris contre un candidat UDR. Son train de vie important, un grand appartement rue Barbet-de-Jouy, des besoins d'argent l'obligèrent à trouver un emploi rémunérateur. Il devint représentant des laboratoires Hugues (USA), candidat pour équiper les projets de l'OTAN. Il favorisa sa firme dans le choix de l'achat des avions américains et s'en prit publiquement à la force de dissuasion française... »

Le Premier ministre n'est pas le destinataire de la lettre de Stehlin, mais il en prend connaissance dans les heures qui suivent, puisque quatre de ses ministres en détiennent un exemplaire. Sans la mentionner, le 19 septembre 1974, Jacques Chirac prend fermement position en faveur du Mirage F1 E et annonce devant la presse anglaise une commande de l'armée de l'air de 40 exemplaires...

C'est Pierre de Bénouville qui va être l'organisateur de la violente riposte contre le « traître », en parfaite harmonie et connivence avec les propos du Premier ministre. Bénouville retrouve Pierre Messmer et Max Lejeune, député de la Somme, dans le bureau de Jacques Chirac. La presse dans son ensemble se montre sévère à l'égard de l'attitude de Stehlin, et le *Figaro* éreinte le « vice-président de l'Assemblée nationale qui joue contre son pays ».

Pendant que le feu couve sous la marmite française pour en finir avec l'imprudent général, le chaudron hollandais commence à son tour à bouillir. La commission parlementaire de la Défense a été convoquée par son président qui interroge brutalement ses membres pour savoir si Dassault ou ses représentants leur ont proposé des pots-de-vin. Piet Dankert, jeune et brillant député socialiste, président de la commission des Affaires étrangères et membre de la commission de la Défense, parle de « pressions intolérables », mais ne fournit aucun détail. Le lendemain, Win Keja, député du parti libéral, informe son président de commission qu'un certain Botterman, représentant de la firme Dassault en Hollande, lui aurait offert 30 000 florins (5 millions d'anciens francs) pour plaider en faveur du Mirage. Le ministre de la Justice ordonne une enquête.

Piet Dankert décide finalement de se mettre à table, à la fois devant le magistrat instructeur et la presse. En février 1973, il a été approché par Botterman. Celui-ci l'a convaincu d'accepter un déjeuner offert par Pierre François, son propre patron, de passage à La Haye. Après cette première rencontre qui s'est bien déroulée, le même Pierre François a montré une touchante sollicitude à l'égard du député batave ; il lui a présenté Marcel Dassault en personne, mais aussi son fils Serge. Puis, un beau jour, Botterman a annoncé à Dankert que Marcel Dassault avait décidé de consacrer un millième de la valeur de la commande hollandaise à des relations publiques privilégiées, et qu'il aurait bien aimé le recruter comme conseiller technique et politique[1]. Excédé par les pressions de Botterman, Piet Dankert cesse alors toute relation avec lui, mais Pierre François intervient pour réparer les pots cassés. Il lui envoie un Mystère 20 pour le faire venir à Paris. On lui parle technique, et il croit même qu'on tente de lui parler argent... Au cours de l'un de ces entretiens, un représentant de Dassault lui montre une série de documents américains ultrasecrets, interprétés par les services secrets français, selon lesquels le Mirage aurait une supériorité technique sur le F16. Surpris de voir de tels documents entre les mains d'une société privée, le député socialiste s'entendit répondre : « Mais, mon cher ami, mettez-vous bien dans la tête que Dassault, c'est la France[2] ! »

En septembre 1974, Pierre François fait le déplacement en Hollande pour rencontrer une nouvelle fois Dankert et tenter de convaincre le député de s'engager à fond en faveur du Mirage, enjeu vital non seulement pour la

1. Dans *Le Canard enchaîné*, mercredi 16 octobre 1974.
2. D'après *Le Canard enchaîné*, 23 octobre 1974.

France, mais pour l'Europe. Dans son style si caractéristique, *Le Canard enchaîné* raconte que le député croit « qu'on lui offrirait, s'il voulait bien et savait se montrer influent où que de droit, une assez jolie somme : un million et demi de florins, pour tout dire, ce qui représente près de 300 millions d'anciens francs ».

La presse belge révèle dans le même temps que Dassault aurait menacé la Belgique de fermer une usine d'aéronautique sise à Charleroi, qu'elle contrôle, si Bruxelles n'achetait pas son Mirage.

Menaces, pressions, tentatives de corruption, désinformation émaillent toute cette histoire. Le journal belge de langue flamande *Het Laatste Nieuws* écrit ainsi : « Des bombes [françaises] qui, dépourvues de stabilisateur, ont tendance à s'élever au lieu de tomber lors de leur largage : c'est ainsi qu'au cours d'un exercice, un Mirage aurait été endommagé par ses propres bombes aspirées par l'appareil[1]... » Les bombes remontantes !

Le 17 octobre, la Hollande est secouée par une autre révélation. Un certain Kikert, ancien député de l'Union chrétienne historique, spécialiste des questions de défense, avoue avoir touché de l'argent pour informer Marcel Dassault des rumeurs le concernant et portant principalement sur le Mirage, telles qu'elles bruissent et sont colportées dans les couloirs du Parlement.

Confusion générale ! Un invraisemblable face-à-face est organisé à la télévision hollandaise entre Piet Dankert et Pierre François, le secrétaire général de chez Dassault. À son issue, la presse batave sacre le Français « meilleur

1. Cité dans *A... comme Armes*, *op. cit.*, p. 179.

comédien français de l'année » ! « Du grand art, en effet. Pendant cinquante minutes au lieu des dix prévues, et monopolisant le crachoir, Pierre François n'a rien expliqué du tout, mais improvisé, avec des trémolos dans la voix, un extraordinaire numéro d'où il ressort que tout est la faute de la CIA, monstre lubrique qui s'apprête à violer l'innocente Marianne Dassault ! Tutoyant Dankert, qu'il appelait "son plus cher ami", le secrétaire général de Dassault s'est emparé des mains du député hollandais éberlué en criant, les yeux fixés vers le ciel : "Pourquoi, Piet, pourquoi ?" Le pauvre Dankert était d'autant plus surpris qu'avant l'émission, le même Pierre François, glacial, avait refusé de lui serrer la cuiller, et que, d'autre part, les rapports entre les deux hommes avaient jusque-là été toujours du genre professionnel, voire cérémonieux[1]. »

Pendant ce temps, Bénouville continue de ferrailler contre le général Stehlin et prépare la séance de questions au gouvernement qui se tient à l'Assemblée nationale le 6 novembre 1974. Le matin de l'intervention, il fait paraître dans *Le Figaro* un papier signé de son ami et patron Marcel Dassault, mais qu'il a très probablement rédigé lui-même : « La reconnaissance que porte le général Stehlin à son ancien patron en préconisant l'achat pour l'Europe d'un avion américain n'est qu'une manifestation de sa gratitude », écrit perfidement le député avionneur.

L'après-midi, Jacques Cressard, député UDR, lance le débat en posant une question fielleuse à Jacques Soufflet, ministre de la Défense : « Monsieur le ministre, pouvez-vous nous préciser si des services officiels du ministère de

1. *A... comme Armes*, *op. cit.*, p. 179.

la Défense ont fourni des éléments d'appréciation sur les qualités techniques de l'appareil qui se trouve en compétition avec les appareils américains pour remplacer les avions de combat de plusieurs États européens, à un parlementaire français, monsieur Stehlin, qui se trouve être un officier général... ? Est-il admissible que ce parlementaire se permette de parler et d'écrire en tant qu'ancien chef d'état-major, alors que nul n'ignore qu'entre 1964 et 1968 il a été employé par une compagnie américaine spécialisée dans l'électronique militaire, intéressée par le marché en question ? »

Le général Stehlin avait affirmé avoir démissionné de ce poste *après* avoir été élu à l'Assemblée nationale.

« J'ai décidé, répond le ministre, de convoquer le Conseil supérieur de l'air pour prendre son avis sur l'éventualité d'une mise à la retraite anticipée. »

L'Assemblée s'enflamme. Les députés UDR scandent : « Démission ! démission ! ». L'intervention de Bénouville, employé de Marcel Dassault, ne calme évidemment pas les esprits. Il a beaucoup de mal, dans le brouhaha, à lancer son morceau de bravoure, desservi qu'il est par sa voix haut perchée. Il entend « rassurer le personnel de toutes les industries aéronautiques et aérospatiales... un ensemble de commandes qui représente 920 milliards d'anciens francs garantissant l'emploi de 60 000 travailleurs. [...] Monsieur Stehlin critique avec vigueur le Mirage F1, mais peut-on supposer que les ventes à l'exportation de cet appareil auraient atteint depuis sa récente mise en service près de 500 milliards d'anciens francs ? »

« Dassault ! Dassault ! » scande l'opposition qui lance successivement : « Pour qui, les bénéfices ? », puis :

« Nationalisez, nationalisez Dassault ! »... dans un indescriptible charivari.

L'ordre du jour appelant une autre question, un député crie : « La lessive est finie ! »

Bénouville poursuit sa croisade contre Stehlin à l'extérieur de l'hémicycle. Certains ne manquent pas de faire remarquer que les intérêts de la maison Dassault sont aussi les siens, et qu'en matière d'opposition aux relations « industrielles » avec les États-Unis, d'autres sont mieux placés que lui. Dans les couloirs, les défenseurs du député centriste sont peu nombreux : seul Jean-Jacques Servan-Schreiber soutient l'infortuné général proaméricain.

Bénouville et Stehlin se retrouvent face à face dans l'émission de radio *Inter-Soir* du 6 novembre à 19 heures. Stehlin se défend contre ceux qui dénoncent son prétendu manque de patriotisme : « Oui, mais enfin, comme nous l'avons dit au début, c'est un mauvais procès, je ne me préoccupe pas d'une affaire commerciale, je me préoccupe, je vous le dis, des intérêts de la défense de mon pays, et la défense de mon pays... on est bien obligé, aujourd'hui, comme je le dis... elle doit être collective, je l'inclus dans un ensemble européen... ensemble européen qui n'existe aujourd'hui qu'au travers de l'Alliance atlantique... »

Bénouville s'insurge et demande réparation : « Non, je crois que le général Stehlin a pris une responsabilité... non pas, comme il le disait tout à l'heure... dans une affaire qui opposerait Dassault au général Stehlin... mais vis-à-vis de l'industrie aéronautique et aérospatiale tout entière, qui est une des industries principales de notre pays. Il y a une faute grave qu'il faut réparer. Seul le gouvernement peut, en contredisant, avec preuves à l'appui, les renseignements erronés diffusés par le général Stehlin, réparer le mal qui est fait [...]. Il s'agit, écoutez-moi bien, du travail de 60 000 hommes pour toute une année ! Voilà le problème. Nous exportons, nous devons exporter ! La France subit, comme toute l'Europe et comme le monde entier, une crise économique terrible [...]. Quand le général Stehlin propose l'appareil américain, il oublie une chose essentielle : cet appareil n'est pas opérationnel... Ce qui veut dire qu'il oppose un appareil sur papier à un avion existant, le F1, qui est en service depuis peu de temps, qui s'est déjà vendu pour un chiffre d'affaires global de 500 milliards de francs à l'étranger. Il s'agit donc de la main-d'œuvre française, et de la monnaie étrangère qui rentre chez nous... Croyez-vous honnêtement que nous aurions pu convaincre l'étranger de prendre notre avion s'il avait été mauvais... ? C'est une farce !... »

Jacques Isnard, dans *Le Monde* du 7 novembre 1974, ne se laisse pas emporter par la passion et rétablit l'équilibre entre les deux positions :

« Entre ceux qui répètent avec le général Stehlin que ce qui est bon pour l'industrie aéronautique américaine l'est aussi pour la France, et ceux que la passion nationaliste emporte au point de confondre les intérêts de l'État avec ceux de la société privée Dassault, il n'y a peut-être guère de différence. »

Stehlin démissionne de son poste de vice-président de l'Assemblée nationale et du groupe centriste.

Le 6 juin 1975, une dépêche AFP rend compte qu'une mission d'enquête de la sous-commission du Sénat des États-Unis vient de révéler que la compagnie aéronautique Northrop payait des honoraires au général Stehlin – comme à d'autres parlementaires et officiers – afin qu'il détecte des « affaires » sur le Vieux Continent. Le montant de ses émoluments est précisé par la sous-commission : « 5 000 dollars par an de 1964 à 1968, et 6 000 à 7 500 dollars jusqu'en 1975. » Si les montants ne sont pas énormes, ils achèvent néanmoins de ruiner la défense du général.

Un journaliste du service politique de *France-Soir* appelle aussitôt le général Stehlin pour lui lire la dépêche et lui poser quelques questions. Bouleversé, le général sort de son bureau pour se rendre à un cocktail. « À environ un mètre cinquante du passage clouté, j'ai vu un homme s'engager sur la chaussée, dans le couloir réservé aux autobus, j'ai klaxonné, il a reculé vers le trottoir. Puis il est redescendu comme pour traverser. J'ai freiné, mais il était impossible de l'éviter. Mon bus l'a heurté à sa gauche. »

Marie-Thérèse Grange, la jeune conductrice de l'autobus de la ligne 27 (gare Saint-Lazare-Porte d'Ivry), bouleversée, n'ose s'approcher de l'homme étendu dans le caniveau, inerte. Transporté d'urgence à l'hôpital Cochin, Stehlin succombera deux jours plus tard.

Le lendemain de l'accident, le jour où Jacques Chirac doit prendre la parole au Salon du Bourget, la décision des quatre pays européens est annoncée : Northrop emporte le fabuleux « marché du siècle ». Avec l'honnêteté intellectuelle qui le caractérise, Jean Cabrière commente aujourd'hui sans passion : « Nous n'étions pas persuadés que l'on pouvait se battre contre le F16 américain. » Mais, à l'évidence, seuls deux grands constructeurs d'avions de combat existaient sur la planète : Northrop et Dassault. Tout le monde avait compris que ce qui était bon pour Dassault était bon pour la France, tout comme on disait que tout ce qui était bon pour Ford était bon pour l'Amérique. Tout le monde avait également compris que tous les coups seraient permis pour décrocher de tels marchés.

Des « affaires » plus ou moins similaires ont éclaté en Suisse, au Pérou, en Colombie, et continueront d'éclater, même si la vérité n'y trouve pas toujours son compte, et encore moins l'éthique commerciale.

Le procès intenté aux Pays-Bas contre le prétendu corrupteur Botterman s'ouvre le 9 février 1976. Il tourne rapidement à son avantage et au détriment du député Dankert. « Les preuves qui justifieraient une condamnation de l'ingénieur Joop Botterman pour tentative de corruption son insuffisantes. Que le comportement des deux parlementaires, vis-à-vis du délégué de l'OFEMA ait provoqué un malentendu n'est pas exclu. En conséquence, je demande l'acquittement de M. Botterman », explique le procureur hollandais. Et l'avocat de Botterman de souligner que le député Dankert « a fait des déclarations dont l'inexactitude peut être prouvée. Il a modifié ses dires à plusieurs reprises. Les déclarations d'un témoin de ce genre ne peuvent, à mon avis, être retenues par le tribunal dans l'affaire de mon client[1] ».

Le 25 février 1976, Joop Botterman est donc acquitté. Mais la conclusion de l'affaire n'entrave en rien la carrière de Piet Dankert qui sera élu président du Parlement européen le 19 janvier 1982, date à laquelle il succède à Simone Veil. Marcel Dassault et Pierre François en furent, dit-on, extrêmement contrariés...

---

1. *Les Dessous du marché du siècle*, par Jean Philippe, Jacques Grancher éditeur, 1998, p. 150.

## CHAPITRE XVII

# Irak-Chirac

La logique de cette biographie imposait de traiter de l'engagement surprenant de Dassault aux côtés de l'Irak de Saddam Hussein après avoir décrit celui qui fut le sien en faveur d'Israël. Ou à tout le moins de tenter de répondre à quelques questions élémentaires : l'avionneur éprouve-t-il de ces états d'âme qu'il eut pendant la guerre du Kippour ou vis-à-vis de la Libye ? Considérait-il Saddam Hussein comme inoffensif pour Israël ? A-t-il parlé de ce nouveau marché avec ses amis israéliens, ainsi qu'à ceux qui étaient réunis au rond-point des Champs-Élysées, le 10 octobre 1973[1] ? Leur a-t-il promis de reverser tout ou partie des bénéfices réalisés dans son commerce avec les pays arabes aux collecteurs de fonds sionistes[2] ? Les graves questions

1. Réunion à laquelle était convié l'ambassadeur d'Israël Ben Nathan. Voir *supra*, p. 263.

2. Comme l'affirma le *Dictionnaire des dynasties bourgeoises et du monde des affaires* publié sous la direction de Henry Coston, éditions Alain Moreau, 1975.

qui se posaient sur le comportement au pouvoir de Saddam Hussein, alors même qu'il n'était encore que numéro deux du régime, sa conception de l'État de droit et du respect des droits de l'homme, n'incitaient-elles pas à s'interroger sur la coopération d'État à État, sur les ventes d'armes, sur le transfert du « nucléaire » à l'Irak ? À poser au minimum des conditions ? Marcel Dassault a-t-il fait sienne une fois pour toutes l'idée qu'il n'était qu'un exécutant de la politique extérieure de la France et que les avions de combat n'étaient après tout que des marchandises comme les autres ? N'était-il guidé en tout que par la logique du profit ?

Avant même de formuler ces questions, je savais qu'il me faudrait traiter aussi dans ce chapitre de Jacques Chirac et de l'Irak. Entraînement automatique suscité par une rime riche ? Concomitance des engagements de Dassault et de l'« ami de la famille » vis-à-vis de Bagdad ? Réflexe de militant socialiste vis-à-vis de deux hommes que je savais liés et que j'ai combattus ? Il y a certes de tout cela à la fois. Toujours est-il que je devais réintroduire dans le déroulement de ce livre un Chirac que j'ai laissé en culottes courtes au Rayol, près de Toulon, pendant la guerre, attendant le retour de Buchenwald de « tonton Marcel ». Je dois néanmoins aviser le lecteur que ni Marcel ni Jacques ne se sont épanchés auprès de moi sur leurs relations, et que tous les livres que j'ai pu consulter reprennent *grosso modo* les mêmes informations, et souvent les mêmes erreurs. Si Serge Dassault ne m'avait pas démenti catégoriquement cette information, j'aurais par exemple écrit à mon tour que Jacques Chirac était le filleul de Marcel Dassault. Ce qui est sûr, en revanche, c'est que l'avionneur a toujours montré beaucoup d'affection pour le petit Jacques, lui a offert son premier train électrique et a régulièrement veillé sur la carrière du fils de son ancien banquier.

On dit qu'à l'issue de son service militaire en Algérie, diplôme de l'ENA en poche, le futur chef de l'État pensa entrer dans l'entreprise Dassault, mais préféra finalement le Secrétariat général du gouvernement. Il y est remarqué pour son efficacité, et Jacques-Henri Bugeard le recommande à Pompidou en novembre 1962. « Fasciné instantanément par le personnage, le Premier ministre, Georges Pompidou, lui confie le secteur de l'équipement, de la construction et des transports, et le place aussitôt sous sa protection », raconte Jean-François Probst[1]. Jacques Chirac a-t-il été de surcroît appuyé par Marcel Dassault, comme le laisse entendre Jean-Marie Colombani à la suite d'Henri Deligny[2], son premier biographe ? « Et l'on peut penser que l'influence dont disposait Marcel Dassault dans le mouvement gaulliste ne fut pas étrangère à l'entrée de Jacques Chirac au cabinet de Georges Pompidou. Car qu'est-ce qui aurait bien pu conduire le Premier ministre d'alors à le distinguer parmi une multitude de jeunes hauts fonctionnaires aux dents également aiguisées ? Il n'est pas interdit d'y voir la paternelle sollicitude de Marcel Dassault[3]. »

L'avionneur se sentait à cette époque assurément plus proche de Pompidou qu'il ne l'avait été de son illustre prédécesseur au cours des dernières années de ce dernier à l'Élysée. Le Général n'appréciait pas toujours ses initiatives et se souvenait des sérieux écarts de Bénouville, en particulier

1. In *Chirac et dépendances*, Ramsay, 2002.
2. *Chirac ou la fringale du pouvoir*, Alain Moreau, 1977.
3. Jean-Marie Colombani, *Le Résident de la République*, Stock, 1998, p. 54.

de son soutien aux hommes de l'OAS qui l'avait fait exclure de l'UNR en 1961. Ainsi quand, en octobre 1965, Marcel Dassault avait lancé le quotidien *Vingt-Quatre Heures*, Jacques Foccart en avait averti le général qui avait répondu : « Il va coller ça à Bénouville qui va prendre quelques OAS plus ou moins blanchis. Il faut surveiller cela de près[1]. »

Foccart ne parle pas dans *Journal* du financement de *L'Essor du Limousin* : l'avionneur paie, Chirac dirige. L'objectif étant de le faire élire aux élections législatives, mais aussi de soutenir Pierre Mazeaud à Limoges contre le maire socialiste Pierre Longequeue, Jean Charbonnel à Brive et le docteur Pons à Figeac. Bénouville et Dassault confieront le lancement du journal *L'Essor du Limousin* à Philippe Alexandre. Jacques Chirac est élu député d'Ussel, en Corrèze, grâce à son indéniable talent sur le « terrain », mais aussi grâce à l'argent de « tonton Marcel ».

Marcel Dassault et Bénouville participent à la campagne de Georges Pompidou et à son financement[2].

---

1. Dans *Tous les soirs avec de Gaulle. Journal de l'Élysée,* tome I, de Jacques Foccart, publié par Fayard/Jeune Afrique.

2. Marie-France Garaud, au cours d'un entretien téléphonique avec l'auteur, dément néanmoins pour sa part tout financement par Marcel Dassault de la campagne présidentielle de Georges Pompidou en 1969 : « Les sondages favorables au président Poher ne contribuaient pas à décider les entreprises à nous accorder leur aide. Nous avons financé la campagne avec un budget de 10 millions de francs. Quant à Marcel Dassault, je ne le rencontrai jamais ; je fus invitée une seule fois à déjeuner dans l'immeuble du rond-point des Champs-Élysées, je me demande encore pourquoi ! Je quittai la table immédiatement après le café tant la chaleur était insupportable. »

Pompidou élu à la plus haute charge de l'État, le protégé de l'avionneur entre au gouvernement. Secrétaire d'État au Budget, Jacques Chirac réforme la législation sur les sociétés dans un sens qui bénéficiera à son protecteur. Député, ce dernier s'empressa de voter cette loi « l'autorisant à profiter de la procédure exceptionnelle qui permet de réduire l'impôt des sociétés les plus méritantes et les plus utiles[1] ».

Chirac poursuit son ascension. Pompidou meurt. Chaban-Delmas est le candidat du parti gaulliste, mais il est trahi par une partie des siens, dont Chirac. Dassault et le général de Bénouville ont signé l'« appel des 43 » qui va permettre l'élection de Valéry Giscard d'Estaing à l'Élysée, et, consécutivement, l'arrivée à Matignon de Jacques Chirac. Celui-ci prend les rênes du gouvernement en pleine crise pétrolière, amplifiée par la guerre du Kippour et l'embargo décrété par les pays arabes. Les prix sont multipliés par cinq en moins d'un an. Pour payer ce pétrole, il faut exporter beaucoup plus, notamment à destination des pays producteurs. Les politiques sont suspendus au prix du baril de brut.

Il faut revenir quelques années en arrière pour comprendre la situation géopolitique de la France dont a hérité le protégé de Marcel Dassault. Cette situation a en effet modifié aussi du tout au tout les perspectives d'exportations de l'avionneur. La neutralité du général de Gaulle lors de la guerre des Six Jours, cinq ans après la fin de la guerre d'Algérie, a fondamentalement changé l'image de la

1. Jean-Marie Colombani, *Le Résident de la République*, *op. cit.*, p. 54.

France auprès des pays arabes. L'Irak a livré depuis décembre 1961 une bataille féroce contre les *majors* entrant dans le consortium de l'Irak Petroleum Company. Le général Kassem a fini par exproprier 99,5 % des concessions. Sitôt après la guerre des Six Jours, Bagdad manifeste le désir de nouer avec la France une relation pétrolière privilégiée, espérant ainsi enfoncer un coin dans le camp occidental. Un accord entre Elf et la compagnie nationale irakienne (INOC) est signé le 23 novembre 1967. Le général de Gaulle accepte de se rendre à Bagdad en décembre, mais c'est finalement le chef de l'État irakien, le maréchal Ali Aref, qui se rend en février 1968 à Paris où il est reçu en grande pompe. Le numéro un irakien demande alors pour la première fois à faire l'acquisition de Mirage. L'Irak sort de son isolement et Paris reprend pied dans le monde arabe en commançant à y mener une politique indépendante de celles de Londres et de Washington.

Le 18 septembre 1968, nouveau coup d'État à Bagdad : le parti Baas accède au pouvoir. Le nom du nouveau patron de l'Irak, le général Al-Bakr, sera vite oublié. C'est le supposé numéro deux du régime, Saddam Hussein, qui s'impose bientôt comme l'homme fort du pays, même s'il est contraint de composer avec le premier auquel de nombreux conflits l'opposent au sein du parti Baas[1]. La Compagnie française des pétroles (Total), qui est dans une position ambiguë puisqu'elle

1. En particulier sur le choix entre les partisans de l'alliance avec Nasser et de sa conception de l'unité du monde arabe et ceux qui privilégient la confrontation avec Israël. Ou encore entre les partisans du projet d'union Syrie-Irak et ceux, comme Saddam Hussein, qui s'y opposent et affichent la volonté d'en découdre avec l'Iran.

fait partie des *majors* [1] mais est française et, à ce titre, n'est pas perçue comme *impérialiste*, tente de recoller les morceaux entre l'IPC et le pouvoir irakien. Sans succès : le 1er juin 1972, Bagdad nationalise dans l'allégresse populaire l'IPC, mais fait savoir dans la journée à l'ambassadeur de France en Irak que « toutes les dispositions seront prises pour sauvegarder les intérêts français ». Une assurance précieuse, puisque le pétrole irakien représente le quart de l'approvisionnement de la CFP et 15 % de celui de la France, mais délicate à accepter… Saddam Hussein est invité officiellement à Paris, du 14 au 17 juin. Il n'y a pas unanimité, parmi les membres du gouvernement, sur la position à adopter à son égard et face à ses demandes d'armes, notamment de Mirage. VGE, ministre des Finances, se montre réservé sur une augmentation trop rapide des exportations françaises, et Maurice Schumann, ministre des Affaires étrangères, est foncièrement hostile à la vente d'armes à l'Irak.

Dès son arrivée à Paris, le 14 juin, à l'occasion d'un dîner offert par Jacques Chaban-Delmas, Premier ministre, Saddam Hussein met les pieds dans le plat : « Nous avons claqué notre porte au nez des Américains, à celui des Anglais et à celui de tous ceux qui n'avaient pas respecté notre dignité. Nous savons que la France – son histoire le prouve – respectera notre dignité. Aussi vous proposons-nous de collaborer avec nous dans les mêmes conditions que nous collaborons avec notre meilleure amie, l'Union

1. Après la guerre de 14-18, la France, vainqueur aux côtés des États-Unis et de la Grande-Bretagne, avait touché sa part (23,75 %) des dépouilles de la Turkish Petroleum Company.

soviétique. » Quarante-huit heures plus tard, Saddam Hussein est reçu à l'Élysée par Georges Pompidou. Le président français dit « non » aux Mirage, « oui » aux hélicoptères, et « peut-être » aux matériels terrestres. Le lendemain, les deux gouvernements paraphent un accord assurant la pérennité pendant dix ans des intérêts pétroliers français. La CFP pourra acheter autant de barils qu'elle aurait pu en enlever s'il n'y avait eu la nationalisation.

L'envolée des cours du pétrole et la volonté de garrotter l'hémorragie de devises qui s'ensuit font sauter un à un les verrous de la sagesse. Fin 1973, la CFP obtient un rendez-vous à Matignon, avec le directeur de cabinet de Pierre Messmer, pour le gendre du général Al-Bakr, le numéro un irakien. Ledit gendre s'occupe pour le compte de Bagdad des achats d'armes. Cette fois, Paris ouvre toutes grandes les portes de ses arsenaux. Dès 1974, Thomson CSF signe avec l'Irak un contrat de couverture aérienne radar pour 1,764 milliard de francs. De son côté, Bagdad plaide pour que la France soit épargnée par des décisions d'embargo sur les produits pétroliers prises par les pays du Golfe après le déclenchement de la guerre du Kippour, en 1973, et exige en revanche qu'elles soient appliquées sans faille avec les États-Unis, accusés de soutenir l'État hébreu.

Quelques mois plus tard, la France de Valéry Giscard d'Estaing non seulement honore ses engagements vis-à-vis de l'Irak, mais les développe. Une délégation irakienne débarque à Paris, en août, pour préparer le voyage à Bagdad de Jacques Chirac, nouveau Premier ministre. Elle visite le Commissariat à l'énergie atomique, dirigé par André Giraud, qui lui a vanté la qualité des centrales nucléaires françaises. Le 1er septembre, les deux gouvernements signent un accord « relatif à l'équipement des armées irakiennes ». Encouragées par Hugues de L'Estoile, alors directeur général de l'Armement, les premières négociations s'engagent entre les responsables de l'aviation militaire irakienne et Dassault.

Le 1er décembre 1974, Jacques Chirac est accueilli à bras ouverts à Bagdad par Saddam Hussein. « Le nouveau Premier ministre "séduit" littéralement Saddam Hussein, l'homme fort irakien, notamment par ses façons de "perdre" du temps et de jouer avec ses enfants, à genoux sur les tapis[1]... » Enthousiasmé par l'accueil qui lui est réservé, Chirac annonce la signature de 15 milliards de contrats pour les entreprises françaises. Le chiffre est à l'évidence gonflé, mais les filières entre les deux pays se multiplient et se consolident, y compris... une filière de financement pour le parti gaulliste[2].

Le 12 mars 1975, une délégation Dassault-SNECMA débarque à Bagdad pour présenter un Mirage F1. Le 5 septembre de la même année, l'avion du président irakien se pose à Orly. Jacques Chirac l'accueille en des termes extrêmement chaleureux : « Vous êtes mon ami personnel. Vous êtes assuré de mon estime, de ma considération, de mon affection[3] ! » Les deux hommes

1. Dans *Les Émirs de la République*, de Pierre Péan et Jean-Pierre Séréni, publié au Seuil en 1982. J'ai utilisé ce livre pour brosser la toile de fond des relations entre Paris et Bagdad.

2. In *Les Émirs de la République*, *op. cit.*, p. 121, et *Notre Allié Saddam* de Claude Angeli et Stéphanie Mesnier, 1992, p. 226.

3. Extrait du discours d'accueil et cité dans *Notre Allié Saddam*, *op. cit.*, p. 44.

passent plusieurs jours à visiter ensemble les installations militaires de Cadarache, puis à mieux se connaître dans le cadre d'un week-end privé. Les habitants des Baux-de-Provence se souviennent encore du commun séjour de ces illustres hôtes. La table du restaurant L'Oustan de Beaumanière fut appréciée par Saddam Hussein qui bénéficia aussi de l'honneur insigne d'être logé au château de Bity, propriété personnelle de Jacques Chirac, en Corrèze, à la fin de ce chaleureux week-end. Chirac voit en Saddam le dirigeant arabe laïc qui entend moderniser son pays et que la France doit aider. « Ils sont tombés dans les bras l'un de l'autre. Chirac cherchait à se constituer un domaine de politique étrangère que Giscard ne voulait pas lui céder. Saddam, lui, voulait se désengager de la tutelle soviétique au profit d'un pays européen à la technologie avancée. Chirac savait que l'Irak était un pays important. Il a saisi l'occasion[1] », se souvient l'ambassadeur Jacques Morizet.

Au terme de cette visite, lors du dîner officiel donné à Versailles dans la galerie des Glaces à son hôte illustre, le Premier ministre confirme les bonnes dispositions de son gouvernement à l'égard de l'Irak : « La France est prête à apporter à votre pays ses hommes, sa technologie, ses compétences. » Marcel Dassault est parmi les convives. Il sait mieux que personne que son protégé est disposé à vendre à Bagdad les technologies françaises les plus sophistiquées, tout comme la France l'a déjà fait pour Israël, une vingtaine d'années plus tôt. Ingénieurs et techniciens de la « bande des Quatre » – Aérospatiale, Matra

1. Georges Malbrunot et Christian Chesnot, *Saddam Hussein, portrait total*, Éditions 1, 2003.

(fournisseur de roquettes à Israël dès 1956), Thomson CSF et Dassault –, tout comme Hugues de L'Estoile font de continuels allers et retours entre Paris et Bagdad. Dès novembre 1975, des officiers de l'armée de l'air irakienne sont envoyés visiter les usines où se fabriquent les éléments du F1 qu'ils espèrent acquérir. Dans le même mois, les deux gouvernements signent un accord nucléaire.

La symétrie entre la coopération franco-irakienne d'aujourd'hui et la coopération franco-israélienne d'hier est parfaite : seul le gouvernement et quelques sigles de sociétés ont changé. Dans la tête de Saddam Hussein comme hier dans celle de Ben Gourion, il y a, au bout du chemin, l'acquisition de la bombe A et, au gré d'étapes intermédiaires, celle des meilleurs avions de combat et des meilleurs missiles. Marcel Dassault reste une pièce maîtresse de la France sur cet échiquier. Seules différences : ses avions sont encore plus performants, et lui-même a vieilli de vingt ans…

À ce stade du récit, j'aurais aimé savoir ce que le général de Bénouville pensait et éventuellement faisait pour Israël qui considérait évidemment d'un très mauvais œil l'aide apportée par la France à un pays qui souhaitait ouvertement sa disparition. La seule indication que j'aie trouvée se trouve dans le *Dictionnaire des dynasties bourgeoises et du monde des affaires* publié sous la direction du très sulfureux, très antisémite mais généralement précis Henry Coston[1] : « Le général de Bénouville, son principal collaborateur, est […] l'animateur du groupe France-Israël à

1. Éditions Alain Moreau, 1975.

l'Assemblée nationale. Ses amis affirment que les bénéfices faits dans le commerce des avions militaires Dassault avec les pays arabes sont reversés discrètement aux collecteurs de fonds sionistes. »

Quant à l'état d'esprit de Marcel Dassault, il a évolué depuis la guerre du Kippour. Son ami Chirac est parvenu à Matignon. Un Chirac qui l'a convaincu de la justesse de son engagement aux côtés de Bagdad, ainsi que me le raconte le général Gallois : « Marcel Dassault vouait une très grande affection à Jacques Chirac. Avant son arrivée à Matignon, il avait l'habitude de dire à son sujet : “Il ira loin, ce petit.” Il avait une grande confiance dans ses orientations politiques et partagea vite ses raisons d'encourager une politique d'indépendance nationale de l'Irak l'incitant à rompre son alignement sur l'URSS. Marcel Dassault finit par être totalement convaincu de l'importance pour la France de mener une grande politique arabe. Il était même assez fier d'avoir obtenu le marché irakien. Et puis, les affaires sont les affaires… Il croyait de surcroît en la force de persuasion. Quand il avait un ennemi, qu'une personne lui faisait du mal, il me disait : “Invitez-le donc à déjeuner.” Pour lui, de la même façon, il suffisait de persuader Saddam Hussein de ne pas attaquer Israël… »

Les propos prêtés à son ancien patron ne choquaient pas le général qui était lui aussi favorable aux transferts de technologies – y compris nucléaires – à l'Irak. Pourquoi ? Il soutient aujourd'hui la même théorie qu'il reconnaît être controversée : « La prolifération horizontale de l'arme atomique est la garantie d'une dissuasion entre États. L'Inde ne fait plus la guerre au Pakistan depuis qu'il possède la bombe. » Autrement dit, l'équilibre nucléaire entre l'Irak et Israël devait assurer la paix. Un équilibre de la terreur… plutôt terrifiant !

Pour Serge Dassault, sur le marché irakien et l'attitude de la société des AMD BA, l'interprétation, la ligne de conduite sur cette affaire d'exportation comme sur d'autres d'ailleurs est dénuée d'ambiguité « Nous sommes tenus de vendre à tous les clients potentiels, sans état d'âme, la première considération d'un patron est de faire progresser son chiffre d'affaires et développer l'emploi. Et c'était à l'État de nous autoriser ou de nous interdire[1]. »

Moins de deux mois après la signature de l'accord nucléaire, en janvier 1976, au retour d'un voyage officiel en Inde, Jacques Chirac fait escale à Bagdad en compagnie de Raymond Barre, ministre du Commerce extérieur, pour rencontrer l'ami Saddam et s'enquérir de l'avancement des pourparlers des Irakiens avec la « bande des Quatre ». Marcel Dassault ne peut que se féliciter de l'activisme de ce VRP de luxe. Mais Jacques Chirac est un homme bouillant qui ne supporte plus guère la tutelle de Valéry Giscard d'Estaing : il démissionne, le 26 août, laissant son fauteuil à Matignon à un Raymond Barre qui est d'emblée en mesure de gérer le gros dossier « Irak »…

Le 25 juin 1977, le nouveau Premier ministre se déplace à Bagdad avec pour mission affichée de « négocier pour Dassault[2] ». Il signe un premier contrat de

1. Voir en annexe 5 les principes essentiels des ventes d'armement qui vont dans le sens des affirmations de Serge Dassault.

2. Cf. *Notre Allié Saddam*, *op. cit.*

36 Mirage F1, le dernier modèle[1]. Le contrat prévoit un paiement de 30 % à la commande et un deuxième de 30 % en cours de fabrication. Un confort de trésorerie d'autant plus grand pour Dassault que les intérêts des avances sont très élevés et que chaque appareil est vendu à 38,5 millions, avec une surfacturation de quelque 10 millions de francs par rapport au prix pratiqué en faveur d'autres clients – une marge substantielle servant notamment au « financement de la démocratie », ainsi que nous le verrons ultérieurement !

Un Premier ministre qui « négocie pour Dassault », un directeur général de l'Armement – autrement dit un très haut fonctionnaire de la Défense nationale – qui lui aussi « négocie pour Dassault » avant de devenir, au cours de cette même année 1977, directeur des affaires internationales de Dassault au mépris de toutes les règles régissant les rapports de l'État avec ses hauts fonctionnaires d'autorité : deux exemples, parmi beaucoup d'autres, qui montrent bien qu'en la matière il n'y a plus de frontière entre le public et le privé, et que le gouvernement et l'administration considèrent que Dassault travaille pour la France.

Déjà, le général Gallois estimait qu'en entrant chez l'avionneur il était en mission d'intérêt national. Lui non plus n'a pas hésité à mettre ses talents et son prestige en jeu pour aider la France et Dassault à s'implanter en Irak et à en faire une puissance nucléaire. C'est lui qui a veillé à rattraper quelques bévues diplomatiques que « le patron » avait

1. Ce sont en réalité 60 premiers Mirage F1, des missiles Magic super 530, 100 chars AMX 10 et 60 hélicoptères qui furent livrés à l'Irak en janvier 1981.

commises dans ses relations avec les pays arabes, depuis le contrat avec la Libye auquel il s'était mal résigné. Il se souvient : « Alors que je me trouve à Bagdad pour des raisons commerciales, Saddam Hussein me fait venir et me dit :

« – Je veux que vous teniez une réunion dans le grand cinéma de Bagdad pour informer les responsables irakiens sur la politique d'indépendance nationale de votre pays.

« Le lendemain, je me retrouve dans ce cinéma bondé et je tiens conférence pendant plusieurs heures, traduit simultanément par le général Alba, tandis que derrière moi, sur un écran géant, sont projetés les cérémonies de la Libération, des extraits du discours de Bayeux, des images du retour au pouvoir de De Gaulle, etc. Mon séjour est agrémenté de voyages dans tous les hauts lieux de l'Irak. Huit hommes d'équipage m'accompagnent dans l'hélicoptère ou le Mystère 20, et l'on me vante la laïcité du régime ; Tarek Aziz affiche son socialisme et son progressisme, mais ajoute :

« – J'en ai assez d'entendre parler russe !

« Le pays est électrifié, l'adduction d'eau existe dans les fermes et les femmes jouent un rôle dans la société. Je suis moi-même étonné de ce que je constate. »

Et le général Gallois d'expliquer au cours d'un entretien récent : « Nous connaissions l'histoire de ce pays, une terre de grande violence où les coups d'État sanglants se succédaient au détriment d'une population multi-ethnique confrontée aux pires épreuves. Le régime de Saddam a fait beaucoup, un temps, pour améliorer la situation économique et l'alphabétisation. Et l'on a pris Saddam Hussein comme étant le levier capable, dans le monde arabe, de s'opposer à l'Union soviétique. »

Coiffé de sa casquette de professeur à l'Institut des hautes études de Défense nationale (IHEDN), le général Gallois s'est rendu à Bagdad en 1977 pour dispenser des cours de géopolitique et de stratégie nucléaire aux Irakiens, et notamment au principal d'entre eux, Saddam Hussein. « J'avais réellement le sentiment que nous incitions l'Irak à devenir une puissance nucléaire », a-t-il exposé le 27 mars 2001 devant la mission d'information de l'Assemblée nationale « Guerre du Golfe : vérité sur un conflit ». En quelques années, grâce à la sollicitude de la France, l'Irak est en effet devenu une puissance militaire qui a bouleversé les équilibres anciens prévalant dans la région, au grand dam d'Israël et de l'Iran.

Dès lors, Israël va livrer une intense guerre secrète destinée à la fois à empêcher l'Irak de se doter de l'arme nucléaire et à aider l'Iran à contenir son voisin. C'est ainsi que, le 6 avril 1979, le Mossad sabote, à La Seyne, des éléments du réacteur Osirak, et assassine, le 14 juin 1981, à l'hôtel Méridien de Paris, Yahia El-Meshad, un savant égyptien, spécialiste de la physique nucléaire. Le 7 juin 1981, des avions israéliens finissent par bombarder et détruire la centrale nucléaire Osirak – « Ô Chirac », ironisent les journaux israéliens. Israël fait également parvenir en secret des armes à l'Iran, désormais dirigé par l'ayatollah Khomeiny et qui est attaqué par Bagdad le 22 septembre 1980[1].

---

1. Les raids aériens ordonnés par Saddam Hussein ne visent pas seulement, ce jour-là, les objectifs militaires situés en Iran, mais surtout les champs pétrolifères d'Abadan, sur le Chatt el-Arab.

La France a choisi son camp, et Dassault avec elle. Le 5 décembre 1979, elle cosigne une commande de 24 Mirage F1 supplémentaires, et en octobre 1981, malgré les promesse électorales d'un François Mitterrand qui entendait remettre en cause les accords passés avec Bagdad, Dassault signe un deuxième important contrat avec l'Irak pour la fourniture d'un Mirage F1 amélioré : un avion d'attaque au sol et en mer opérant à basse altitude, ravitaillable en vol et capable de tirer deux Exocet, dont ne dispose pas même l'armée française. Les livraisons ne débuteront qu'en 1985.

À l'automne 1982, l'armée irakienne connaît de grandes difficultés. Bagdad voudrait disposer d'avions capables d'atteindre les terminaux pétroliers iraniens pour inverser le cours de la guerre ; elle ne peut attendre 1985. Il y a bien le Super-Étendard, équipé d'Exocet, qui a fait merveille du côté argentin pendant la guerre des Malouines, mais l'avion n'est plus fabriqué et seule la marine en dispose. Les Irakiens demandent à Paris de mettre à leur disposition cinq ou six de ces Super-Étendard. Charles Hernu, ministre de la Défense, et Claude Cheysson, ministre des Relations extérieures, y sont favorables. Le 22 octobre 1982, Pierre Mauroy accepte de prélever sur les stocks de la marine cinq Super-Étendard en attendant la livraison des Mirage F1 améliorés. Hernu convoque Hugues de L'Estoile, devenu directeur des affaires internationales de Dassault, et lui précise le rôle d'intermédiaire que l'entreprise privée doit jouer dans cette affaire : les avions de la marine seront cédés à Dassault qui les revendra à l'Irak, puis les rachètera à l'Irak avant de les rétrocéder à la marine. À charge pour l'avionneur de former les pilotes et d'assurer le soutien logistique des appareils. L'exécution de cette décision prend du temps, l'Irak étant financièrement exsangue. Durant l'été 1983, alors que l'opération a été signée entre l'État d'un côté, les sociétés Dassault et SNECMA (pour les Exocet) de l'autre, François Mitterrand n'est plus du tout convaincu de son opportunité, mais, après de longues tergiversations, donnera à contrecœur son feu vert. Pierre Mauroy, me racontant cette affaire, en livre un détail inédit : « Pour ne point trop déséquilibrer les forces dans l'autre sens, nous avions pris soin de livrer les Super-Étendard sans le système de guidage électronique des Exocet qui leur aurait permis d'atteindre leur cible à tous coups [...]. Il fallait que les pilotes apprennent à bien viser pour atteindre leur objectif... Peut-être une fois sur six ! »

Et Pierre Mauroy d'évoquer avec un brin d'amusement le parcours « quelque peu compliqué » de l'acheminement des avions jusqu'à Bagdad pour échapper aux regards indiscrets, et le suivi, escale après escale, par Charles Hernu qui lui rendait compte par téléphone toutes les deux heures...

Les Super-Étendard étaient censés revenir en France une fois les Mirage F1 livrés. À la fin des années 80, Bagdad négocie avec Dassault l'installation d'une usine qui permettrait la révision de ces mêmes F1, voire l'assemblage des nouveaux Mirage 2000 que l'Irak souhaiterait à présent acquérir, mais ce pays n'a plus d'argent et la France exige désormais d'être payée comptant...

Je ne m'étendrai pas sur le changement de la politique irakienne de la France après l'invasion du Koweït, le 2 août 1990, par les troupes de Saddam Hussein. Paris se range alors aux côtés de la coalition emmenée par les États-Unis. Aux côtés des avions américains et anglais, les Mirage à cocarde tricolore vont à présent bombarder l'Irak.

Jacques Chirac, l'ami de Saddam Hussein, est élu président de la République en mai 1995. Surveillé par la communauté internationale qui a placé l'Irak sous un embargo sévère, sa marge de manœuvre est étroite, mais il essaie néanmoins de faire revenir son ancien ami dans le concert des nations, en même temps qu'il tente de faire alléger des mesures qui font souffrir une population exsangue. Finalement, la rupture entre les deux présidents intervient en 1998 : Jacques Chirac a soutenu Kofi Annan, secrétaire général de l'ONU, dans la négociation portant sur les sanctions et sur les mesures de désarmement global visant l'Irak. C'est Tarek Aziz qui informe Hubert Védrine, ministre des Affaires étrangères du gouvernement de Lionel Jospin, du refus de Saddam Hussein d'accepter tout compromis. « L'Irak m'a manqué », s'est borné à commenter Jacques Chirac.

Longtemps, l'homme fort de Bagdad a trompé son monde. Nous savons aujourd'hui que sa cruauté n'avait d'égale que son charme et son sens calculé de l'hospitalité. L'ignorait-on hier ?

La tragique affaire des pendus de Bagdad fit l'objet en 1972 de nombreux reportages dans la presse française. Celle-ci se fit aussi l'écho de la rumeur (avérée) du transfert de population de plus d'un millier de villages kurdes (400 à 500 000 habitants : le chiffre est contesté) déportés vers le sud du pays : une mesure digne de l'ère stalinienne. Puis il y eut la liquidation des communistes irakiens et la persécution des chiites « dans l'ombre de Bakr[1] ». Quant à la position géostratégique du pays, elle ne paraissait pas à beaucoup d'observateurs déséquilibrée par rapport à celle de l'Iran, ce qui se révéla inexact, puisque les hostilités tournèrent un temps à l'avantage de Téhéran – jusqu'à l'intervention des Super-Étendard…

On n'ignorait rien non plus de la passation du pouvoir du 28 juillet 1979, quand le général Al-Bakr, malade et affaibli, consentit à laisser la place à son impatient cousin, lequel inaugura en cette occasion une cérémonie d'une rare cruauté. « Ces événements furent filmés sur ordre personnel de Saddam[2] » qui désigna à la vindicte, dans la salle où étaient réunis quatre cents dignitaires du régime, soixante traîtres. Il furent expulsés de l'assemblée et fusillés sur-le-champ par un peloton d'exécution comprenant des dirigeants du régime.

Autant de raisons sérieuses de s'interroger, me semble-t-il, sur le pacifisme de « notre allié Saddam » et sur son attachement aux valeurs républicaines de tolérance et de respect des oppositions…

Les impératifs géopolitiques continuèrent cependant de commander la politique française. Les menées de la République islamique d'Iran imposeront de ne pas tolérer qu'elle étende sa dangereuse suprématie de part et d'autre du Chatt el-Arab. Au cours d'un entretien à Damas, le 26 novembre 1984, avec le président syrien Hafez El-

---

1. *Saddam Hussein. Portrait total*, par Georges Malbrunot et Christian Chesnot, *op. cit.*, p. 33.

2. Saïd K. Aburish, *Le Vrai Saddam*, éditions Saint-Simon, 2003, p. 147.

Assad, François Mitterrand affirma ainsi devoir « poursuivre sur sa lancée avec l'Irak, et nous serons bien contents si la guerre s'arrête » – puis il ajouta : « Les États-Unis commencent à s'intéresser à l'Irak ; ils ne vont pas arranger les choses ! »

Les États-Unis s'y sont en effet intéressés. En 1991, avec nous pour alliés pendant la guerre du Golfe en vue de libérer le Koweït. En 2003, sans nous, pour « libérer » l'Irak… J'ai alors manifesté, avec mes amis politiques, pour soutenir la position du président de la République contre l'agression américaine dont l'objectif affiché était de détruire des « armes de destruction massives » qui se sont révélées jusqu'ici inexistantes : un insupportable mensonge d'État ! Cette position n'excuse en rien les crimes passés de Saddam Hussein.

Pour ce qui est des Mirage F1 ou F5 livrés par Dassault à Bagdad, trente d'entre eux seraient immobilisés sur divers aérodromes d'Iran. Ils se détériorent sans doute inexorablement, rongés par la rouille et encrassés par les fins cristaux de sable du désert. Les autres auront été vendus en pièces détachées bien avant l'attaque américaine de mars 2003, et ce qu'il en restait a été détruit par les bombardements massifs avant la prise de Bagdad[1].

1. Informations fournies à l'auteur par Christian Chesnot.

## CHAPITRE XVIII

# Le « financement de la démocratie »

– Monsieur le Président, il faut faire cesser cette hémorragie d'argent !

– Mais, mon cher Gallois, vous n'avez rien compris : je finance la démocratie, je finance tous les partis, il le faut !

Or, comme chacun sait, l'exercice de la démocratie coûte cher. Tout spécialement à Marcel Dassault. Quant à ses préférences, elles ne sont un secret pour personne : « J'ai subventionné le RPR, c'est une de mes danseuses », lança-t-il, provocateur, le 15 février 1980, à Philippe Bouvard[1]. Les souvenirs qu'égrène devant moi le général Gallois se rapportent à une époque antérieure à la déclaration de l'avionneur, mais celle-ci démontre seulement qu'en 1980 Marcel Dassault finançait toujours « la démocratie ».

– Mon cher Gallois, poursuivit-il, nous vendons beaucoup à l'exportation, c'est l'étranger qui finance les

1. In *Paris Match* du 15 février 1980.

campagnes politiques. Il suffit de majorer un peu les prix de vente à l'exportation…

Le spécialiste de la dissuasion nucléaire, devenu l'un des rouages essentiels du « système Dassault », fut bien obligé de travailler lui aussi dans les cuisines où se mijotaient les « petits plats » appréciés par nombre d'hommes politiques de l'Hexagone. Le général Gallois se souvient d'avoir été ainsi interpellé par un de ses jeunes employés qui voulait se lancer dans une campagne électorale :

– Le patron m'aiderait-il dans ma campagne ?

– Je lui en parle, répond Gallois.

Le général s'en ouvre effectivement au vieil avionneur qui lui réplique :

– Votre ami est-il jeune ? A-t-il des chances d'être ministre ? Amenez-le-moi !

Ce que fit le général Gallois. Tout intimidé, le jeune collaborateur voit donc le patron, lequel rend compte ensuite de l'entretien en ces termes à Gallois :

– Votre ami est un imbécile : il ne m'a rien demandé !

D'autres hommes politiques n'avaient pas les mêmes pudeurs. Pierre-Marie Gallois me confie : « L'entourage de Valéry Giscard d'Estaing faisait partie des fidèles habitués. Monsieur Poniatowski venait au rond-point des Champs-Élysées. On appelait Jeannine Grandin, la secrétaire particulière de Marcel Dassault : “Jeannine, apportez-moi le paquet n° 8”, lançait l'avionneur. »

Et le général de commenter : « Il avait peur de Giscard d'Estaing. “Il est bien capable de couper les commandes”, me disait-il. »

D'autres témoignages recoupent le témoignage de Pierre Gallois. Ainsi, Danièle Schreyer, la fille de Gilbert

Pottier, ancien responsable de la comptabilité de la maison Dassault, me rapporte une autre anecdote relative aux visiteurs du Rond-Point : « Un jour, sortant du bureau en compagnie de mon père, je crus reconnaître, emmitouflé dans un grand châle, un éminent homme politique qui entrait à bord d'une Peugeot 404 noire un peu ancien modèle. “Tu l'as reconnu, c'est Peyrefitte, il vient chercher son petit paquet[1]”, me souffla mon père. »

Le financement des partis politiques, auquel s'ajoutaient les dépenses des campagnes personnelles dans l'Oise, représentaient des montants considérables. Rappelons que les abus de biens sociaux n'étaient pas encore poursuivis avec la même vigilance et qu'aucune loi n'avait encore fixé les règles du financement de la vie politique. Marcel Dassault faisait comme beaucoup d'autres patrons qui voulaient s'attirer les bonnes grâces des responsables des pays – à une nuance importante près : il distribuait beaucoup plus que les autres. Seule Elf a commencé à jouer dans la même catégorie que lui après le quadruplement des prix du pétrole dans les années 70.

Les « petits paquets » conditionnés par Marcel Dassault et Pierre de Bénouville dans un beau papier kraft, étaient rangés dans un grand coffre qu'on appelait « le frigidaire ».

1. Danièle Shreyer, fille de Gilbert Pottier, comptable aux AMD, entretien avec l'auteur. Ces témoignages ne comportent aucune allégation de pratiques d'enrichissement personnel, mais montrent bien, en revanche, les modes de financement électoral courants à l'époque et plus récemment encore… avant la loi de 1991 fixant les modalités du financement public des campagnes.

Jeannine, la secrétaire de toute confiance, détenait la clé du coffre des libéralités électorales. Dassault et Bénouville étaient les seuls à partager l'intégralité du grand secret de la maison ; Jeannine Grandin elle-même n'en connaissait qu'un bout. Secret bien plus important que ceux des prototypes ou du missile Jéricho, plus mortel même que les Exocet qui équipaient les Super-Étendard : la révélation publique des destinataires des « petits paquets » marron auraient en effet pu « tuer » certains grands noms de la politique française…

« Non, ce n'était pas moi qui confectionnais les paquets numérotés, témoigne Jeannine. Je ne savais pas combien ils pouvaient contenir. Marcel Dassault les préparait avec Bénouville. Bénouville, vous savez, c'était aussi le bouffon du roi ! Il était extrêmement drôle et faisait rire Marcel Dassault. La séduction passe souvent par le rire. Cela lui valait d'ailleurs ses innombrables succès féminins…

– Et les relations entre Marcel Dassault et Jacques Chirac ?

– Jacques Chirac venait de temps à autre au Rond-Point. Marcel Dassault avait une réelle affection pour lui. “Il ira loin”, disait-il. Un jour, peu après la création du RPR, Jacques Chirac téléphone et demande s'il peut passer le lendemain ou le surlendemain matin. Marcel Dassault lui répond : “Demain matin, quand vous voulez, mais pas trop tôt, car Jeannine n'arrive pas avant dix heures.” Nous l'avons accueilli, revêtus de tee-shirts sur lesquels on pouvait lire *En avant, le RPR !* C'est évidemment Bénouville qui avait eu cette idée. Quand Jacques Chirac nous a découverts ainsi revêtus, moi dans un tee-shirt beaucoup trop large pour moi, il est parti d'un grand éclat de rire… »

Jeannine Grandin éprouve manifestement beaucoup de plaisir à se replonger dans ce passé qui se confond avec celui de Marcel Dassault.

Philippe Alexandre prend le relais et complète son évocation. Les montants distribués par l'avionneur aux partis politiques variaient en fonction de son humeur plus que de ses opinions. L'argent ainsi transféré ne se limitait pas aux remises de « petits paquets » de « Pascal » (billets de 500 francs), mais pouvait prendre aussi la forme d'achat de pages de publicité dans des journaux, y compris dans *L'Humanité*, ou celle du règlement de factures d'imprimeurs.

« Dans l'Oise, Marcel Dassault finançait en effet tous les partis politiques, y compris le Parti communiste et les socialistes... À Paris, c'est lui qui, longtemps très lié à Guy Mollet, hébergeait gratuitement l'OURS (Observatoire universitaire de recherche socialiste). » À la mort de l'ancien président du Conseil, Dassault a décidé, « en souvenir de M. Guy Mollet », de faire don de l'appartement sis à Paris, 86, rue de Lille, à la ville d'Arras qui y installa alors la Fondation Guy Mollet et l'OURS.

Jean-Marie Colombani raconte[1] une anecdote qui complète les confidences des collaborateurs de Marcel Dassault : « J'interrogeais, il y a quelques années, à son domicile, [le général de Bénouville] sur le parcours de François Mitterrand pendant la guerre. Nous étions enfouis dans de profonds fauteuils, devisant tranquillement. Puis vint le moment de se séparer. Le général-député se leva et vit mon étonnement : il regarda ce qui semblait me surprendre, à savoir le fond du fauteuil dont il venait de s'extraire. Y repo-

1. In *Le Résident de la République*, *op. cit.*

saient deux liasses de “Pascal”, ces billets de 500 francs qu’on ne voyait qu’au cinéma et qui, à l’évidence, venaient de glisser de sa poche. Excusez-moi, dit le général, c’est pour les visiteurs qui vous suivent : ce sont des clients. »

Le général Gallois, qui n’a pas hésité à lever le tabou sur les sources du « financement de la démocratie », confirme les propos de Dassault sur les modalités de celui-ci : « C’est effectivement l’étranger qui finançait les campagnes politiques. Il suffisait de majorer un peu les prix. De toute façon, sans commission pour les intermédiaires, on ne vendait rien, que ce soit dans les pays arabes ou ailleurs. C’était facile : on demandait l’autorisation de payer un certain nombre d’intermédiaires locaux, et on ne leur en versait qu’une certaine partie. Exemple : sur 50 millions, 25 étaient payés aux intermédiaires du pays acheteur. Quant aux 25 restants, grâce à la complicité des banques, ils revenaient en espèces, *via* des paradis fiscaux, aux partis politiques. La France [le général Gallois dit « la France » pour désigner ici Dassault !] n’était pas la seule à avoir de telles pratiques. Les Américains de Lockeed faisaient de même pour arracher des marchés avec la Suisse[1], et rappelez-vous le scandale aux Pays-Bas : le prince Bernhardt touchait des pots-de-vin[2]… »

1. Un contrat portant sur 100 Mirage en 1960 fut réduit à 57 après une contestation des décisions du département militaire fédéral. Commission d’enquête, scandale dans la presse, tout cela sur fond de concurrence entre Lockeed et le Saab suédois.

2. Allusion aux commissions versées au prince Bernhardt des Pays-Bas sur le marché de l’avion Lockeed F 104.

Le marché irakien a ainsi beaucoup aidé Dassault à « financer la démocratie ». On a déjà vu que la surfacturation était de l'ordre de huit millions de francs par Mirage vendu. Ce n'est qu'en 1981 que le gouvernement a limité le montant de ces commissions, ainsi que me le rappelle Jean-François Dubos, conseiller spécial de Charles Hernu à la Défense : « Leur taux fut très sérieusement encadré par Charles Hernu en 1982 et ramené à 7 %, car il n'était pas rare jusque-là qu'il atteigne 20 à 30 % du montant des commandes ! »

Le montant des commissions, rétrocommissions et surfacturations pouvait faire l'objet d'âpres et sordides discussions. C'est ainsi, si l'on en croit Saïd K. Aburish, l'un des proches conseillers de Saddam Hussein dans les années 70, qu'un grave différend survint entre Saddam Hussein et Jacques Chirac sur le montant de la surfacturation d'une commande de Mirage. Saïd K. Aburish évoque d'abord la facilité avec laquelle la société Dassault obtint le feu vert « de son gouvernement pour obtenir les garanties exigées » mais précise : « Plus tard, des difficultés pour conclure le contrat de vente des F1 apparurent. Les Irakiens, informés par des sources inconnues de moi, soupçonnaient les Français de leur surfacturer les avions, peut-être parce que ces derniers avaient eu connaissance de ce qui s'était passé à Londres. Cette fois-ci, Dalloul me chargea de déterminer le prix demandé par la France aux autres pays pour les mêmes Mirage F1. L'Institute of Strategic Studies de Londres s'avérant incapable de m'aider, je décidai d'utiliser les fichiers du Peace Institute de Stockholm. Dans ce but, je soudoyai un reporter américain qui partit pour la Suède et obtint les informations nécessaires. Quand Dalloul et moi nous rencontrâmes à Paris pour lire le rapport du journaliste, nous découvrîmes que les Irakiens avaient raison. Dalloul leur conseilla de jouer la montre. Un peu plus tard, le Premier ministre Chirac se rendit en visite à Bagdad où il rencontra son ami Saddam Hussein. Chirac l'ayant interrogé sur le retard pris dans le bouclage du contrat, Saddam poussa vers lui une grande feuille de papier et lui demanda en souriant : "Et ça ?" Il s'agissait d'une analyse des ventes du F1 faites par la France à tous les pays concernés. Regroupant les informations du Peace Institute et les rapports des services secrets de Saddam, il prouvait que l'on avait tenté de facturer à l'Irak un prix excessif. Chirac ne contesta pas les chiffres, mais offrit sur-le-champ une réduction de 1,75 million de dollars par avion. Saddam accepta et les deux hommes se serrèrent la main. Dans le monde arabe, seul l'Irak pouvait parvenir à ce niveau de coordination entre ses renseignements et son armée pour le bénéfice du pays, et ce, uniquement sous la supervision de Saddam Hussein[1]. »

L'expression « financement de la démocratie » prête évidemment à sourire. Qu'entendait par là l'avionneur ? S'agissait-il d'un simple paravent pour cacher l'achat généralisé des consciences politiques au profit de sa société, et des remerciements pour services rendus ? Il n'y avait pas que cela. Pourquoi aurait-il continué à acheminer des gratifications au Parti communiste et à

1. Saïd K. Aburish, *Le Vrai Saddam Hussein*, traduction française, Éditions Saint-Simon, 2003.

*L'Humanité* alors que ceux-ci ne se privaient pas d'attaquer l'avionneur ?

Le 19 février 1975, Étienne Fajon, membre du bureau politique du parti communiste, lança ainsi sur FR3, dans le temps imparti aux partis politiques, une violente offensive sur le thème « Marcel Dassault pille les fonds publics ». Il présenta à l'antenne une facture datée du 29 février 1972, émise par la société Dassault International pour la vente d'un Mirage destiné au Pakistan. On pouvait y lire notamment :

> « *Monsieur le directeur,*
>
> *Nous vous serions très reconnaissant de bien vouloir effectuer la démarche nécessaire, dans le cadre obtenu de la direction générale des Douanes, pour le paiement de la commission occulte suivante :*
>
> *Pakistan : Tranche N° 2, [soit] 223 223 dollars correspondant à la tranche de 0,25 % du marché total [...] que M. Pierre-François demande de verser sur le compte de Marcel Dassault International tenu à Genève, en Suisse, par le Crédit Lyonnais.* »

Et le responsable communiste de faire sur cette lettre force commentaires repris dans *L'Humanité* du lendemain : « Monsieur Dassault, qui est déjà passé maître dans le pillage des fonds publics, a pu verser, entre 1973 et 1974, 4,8 milliards d'anciens francs sur son compte suisse. »

Fajon dénonce par la même occasion la collusion entre l'avionneur et le pouvoir politique, et parle de « libéralisme à la sauce giscardienne ».

Bien avant les confidences du général Gallois sur les sources du « financement de la démocratie », les Français ébahis avaient déjà découvert, en octobre 1976, les révélations de Hervé de Vathaire, chef comptable de Marcel

Dassault qui était parti en cavale après avoir prélevé huit millions en espèces sur le compte bancaire personnel de l'avionneur. À l'occasion de ce fait divers sur lequel nous reviendrons plus longuement, de Vathaire décrivit sur dix-sept feuillets nombre de dissimulations et détournements à l'égard du fisc, mais aussi quelques éléments relatifs au fameux « financement de la démocratie ». Il évoquait les subsides versés à une publication électorale de Jacques Chirac en Corrèze, mais aussi des frais de campagnes politiques pour un montant de 30 millions par an, notamment des dépenses engagées dans le département de l'Oise : « Aménagement d'un parc et construction d'une piscine ; construction de tennis ; sommes versées à *Jours de France* pour la distribution gratuite de l'hebdomadaire aux électeurs, etc. » Le comptable indélicat fournissait par ailleurs quelques bribes d'information sur la complexe machine à fabriquer du *cash* propre au système Dassault. Un *cash* qui, empaqueté au Rond-Point par Marcel Dassault et Pierre de Bénouville, servait notamment à acheter des voix et des décisions. « Personne ne résiste à l'argent », avait l'habitude de constater le vieil avionneur. De Vathaire révélait également l'existence d'une fabrique de faux documents comptables située au 46, avenue Kléber, à Paris, pour gonfler artificiellement le prix de revient des avions…

Marcel Dassault ne limitait pas ses attentions aux seuls partis politiques. Le bon fonctionnement de la démocratie qu'il souhaitait favoriser incluait celui des syndicats. Ses rapports avec ceux de l'entreprise prenaient des formes singulières. Gérard Desseigne, qui appartint longtemps à la direction générale de l'Aérospatiale[1] avant de devenir universitaire, en parle savamment : « La gestion des relations avec les syndicats s'inscrit dans le système, et ce, depuis fort longtemps. On se souvient comment furent réglés les conflits de 1936, et des avantages appréciables consentis alors ; aussi des relations historiques privilégiées de Marcel Dassault avec Marcel Paul qui se rendait encore, dans les années 60, au Rond-Point récupérer des pages de publicité pour *L'Humanité.* Il existe aussi un patriotisme d'entreprise chez les 15 000 salariés du groupe, et pour des motifs on ne peut plus sérieux : les salaires y sont très supérieurs à ceux de la branche. Non seulement le niveau des rémunérations est plus élevé qu'ailleurs, mais un soin particulier est porté aux conditions de travail. Des avantages sociaux accompagnent les salaires : un treizième mois et une participation qui en représente un quatorzième. À cela s'ajoutent les droits à la détente, les congés supplémentaires offerts à l'occasion de la grande manifestation du Salon de l'Aéronautique : les "jours Vallières"[2]. Le comité d'entreprise, qui organise de multiples activités (sport, voyages, aéroclub, colonies de vacances, etc.), dispose d'un budjet important[3].

« En Mai 68, les débats furent houleux, poursuit Desseigne, notamment parmi les cadres, quant au devenir éventuel de l'usine occupée par ses salariés. Mais les

1. Gérard Desseigne a publié de nombreux ouvrages dont *L'Évolution des structures de l'emploi dans l'aéronautique*, aux éditions Cujas.

2. Congés supplémentaires attribués par Benno Claude Vallières, président d'AMD.

3. « Le système Dassault », *L'Expansion*, mai 1977.

résultats des négociations de sortie de grève furent à la hauteur des circonstances. Pourtant, cette année-là, ce sont les syndicats du Sud-Aviation [Aérospatiale] qui avaient été en pointe, avant même Renault, “entreprise phare”. La reprise se régla par une négociation en direct avec Marcel Dassault après que celui-ci eut visité les piquets de grève avec courtoisie et leur eut envoyé, pour qu'ils ne s'embêtent pas trop, un plein camion de postes de télévision… Et l'affaire s'arrangea ! Les revendications, ambitieuses, furent acceptées, et le règlement partiel des jours de grève fut prélevé sur son compte personnel… Comme à chaque conflit, les syndicats, et notamment la CGT, sont embarrassés, car la Régie Renault fait plus souvent parler d'elle que Dassault, et on continue de dire : Dassault achète la paix sociale ! »

Gérard Desseigne s'exprime longuement sur les comportements singuliers de la CGT, majoritaire jusqu'en 1982 : « En apparence, la CGT était chez Dassault un des syndicats parmi les plus combatifs de la Fédération de la métallurgie. Dans les années 60, les grèves étaient nombreuses et pugnaces, mais souvent de courte durée. Surtout, “les Dassault”, suivant l'expression utilisée par les syndicats des autres entreprises, étaient fréquemment pris à contre-pied : partant en conflit les premiers, ils s'arrêtaient aussi les premiers, leurs revendications satisfaites, alors que les autres tentaient encore de les imiter. Et si les entreprises de l'ensemble de l'aéronautique, voire de la métallurgie entière se mettaient en mouvement, la CGT Dassault, longtemps hégémonique, se contentait d'actions de solidarité symboliques.

« Si le conflit éclatait dans une des usines Dassault, il s'étendait souvent à l'ensemble. C'était la marque d'une forte identité entre les salariés, les syndicats, et l'entreprise toujours associée à son fondateur, appelé familièrement, le "père Dassault". C'est avec lui et avec lui seul que les leaders syndicaux entendaient négocier les sorties de conflit, après s'être prêtés aux négociations intermédiaires avec d'autres interlocuteurs. Et Marcel Dassault se prêtait au jeu de plus ou moins bonne grâce... »

Pourtant, durant l'année 1976, alors que tout allait bien et que s'ouvraient des marchés prometteurs avec l'Irak et au Proche-Orient, le ciel brusquement s'assombrit. Le conflit débute en mars par des arrêts de travail quotidiens, puis une grève générale s'engage pour exiger des augmentations de salaire et la révision des classifications professionnelles. Depuis Mai 68, on n'avait plus vu ça. « Ce conflit de l'année 1976 est resté célèbre dans l'aéronautique non par sa durée ("normale"), mais par son issue : une âpre négociation sur les salaires entre la CGT et le patron s'est conclue par le paiement des jours de grève avec un chèque conséquent signé par le "père Dassault" en personne (prélevé sur sa cassette personnelle, dira-t-on) et remis discrètement au comité central d'entreprise, à charge pour lui de redistribuer la manne. »

Un chèque qui suscita le courroux du syndicat patronal de l'Aéronautique...

Desseigne estime ne pas pouvoir terminer son « cours » sur les relations syndicales dans le groupe Dassault sans évoquer un des syndicalistes qui acceptait de jouer le jeu en mariant puissance revendicatrice et sens du compromis : « Matthieu, un solide ajusteur aux cheveux bouclés, souriant, bon débatteur, mettant souvent son syndicat CGT en délicatesse avec la hiérarchie syndicale de la métallurgie, mais que les succès syndicaux – donc salariaux – mettaient à l'abri de trop vertes réprimandes… »

## CHAPITRE XIX

# « Voler Dassault n'est pas voler »

1976 : *annus horribilis* ! Il y a cette année-là quelque chose de pourri au royaume de Dassault. Tout va bien en apparence malgré les 84 ans de Papy : les avions sont bons, ils se vendent même très bien, en dépit des surfacturations, l'argent coule à flot, mais, dans le même temps, la belle machine semble se gripper. Les relations avec la CGT ne sont plus ce qu'elles étaient, les grèves déclenchées en mars ont été plus dures qu'en 1968, et le 6 juillet, Hervé de Vathaire, le si fidèle chef comptable, un des hommes qui connaît tout ou presque des dessous du fonctionnement de la maison, est allé prélever huit millions[1] en espèces sur un compte Dassault à l'agence

1. Environ 3,9 millions d'euros d'aujourd'hui.

BNP de l'avenue de la Grande-Armée, puis s'est fait la belle avec sa maîtresse… Vingt-sept ans plus tard, les mystères entourant cette affaire n'ont pas tous été élucidés, Jean Kay, ancien mercenaire, l'homme clé de cette histoire, n'ayant livré qu'une partie de la vérité…

Je vais néanmoins tenter de reconstituer quelques chapitres de ce mauvais roman de gare qui bouleversa le groupe. Un groupe qui se crut un temps au-dessus des lois parce qu'il constituait un rouage essentiel de la conquête gaulliste de l'indépendance nationale, et pensait pouvoir s'abriter derrière le mur du secret-défense et l'intérêt d'État. D'une certaine façon, cette affaire marque le terme d'une époque où l'on estimait que la fin politique – l'indépendance nationale –, justifiait tous les moyens. D'où une conception de la justice définie par la Ve République comme l'« autorité judiciaire » et non plus comme un authentique pouvoir capable d'équilibrer et contenir le pouvoir d'État. Et une absence totale de réglementation du financement de l'action politique.

Pour la première fois, le grand public va découvrir les pratiques du grand marchand d'armes, les trucages de sa comptabilité, ses liens incestueux avec l'appareil d'État, ses fraudes fiscales, à tel point que le pouvoir politique, pourtant on ne peut mieux disposé à son égard, ne sera pas en mesure d'éviter la création d'une commission d'enquête parlementaire. Celle-ci va pouvoir s'introduire dans l'antre obscur pour comprendre notamment comment la nébuleuse des sociétés du groupe utilise l'argent public, c'est-à-dire l'argent du contribuable. Dans l'histoire de l'entreprise Dassault, il y aura ainsi un avant et un après l'« affaire de Vathaire ».

Pour reconstituer cet extravagant fait divers, j'ai utilisé la presse de l'époque, le propre livre de souvenirs de Jean Kay[1], le rapport de la commission d'enquête parlementaire et le témoignage de certains proches des protagonistes qui, pour la première fois, ont accepté de parler…

Jamais les deux principaux acteurs de cette histoire n'auraient dû se rencontrer. Jean Kay est un aventurier connu du grand public pour avoir, le 3 décembre 1971, déclaré vouloir faire sauter un Boeing 707 de la Pakistan International Airlines, à Orly, si on ne distribuait pas vingt tonnes de médicaments aux enfants du Bangladesh. La bombe n'était rien d'autre, en réalité, que son rasoir électrique ! André Malraux fit scandale en témoignant en sa faveur, et Jean Kay fut gracié… Avant cet épisode, Kay s'était battu du côté de l'OAS ; il s'était ensuite fait mercenaire au Yémen, puis au Biafra, toujours persuadé de défendre l'Occident et ses valeurs. Après son engagement en faveur du Bangladesh, il reprit ses combats en entraînant les Phalangistes libanais, puis en se battant pour l'indépendance de Cabinda, petite enclave angolaise coincée entre les deux Congo : une lutte qui se termina pour lui dans une geôle de Brazzaville. Jean Kay est proche du fameux Bob Denard, un « chien de guerre » utilisé par Jacques Foccart dans les « coups tordus » fomentés par la France en Afrique. Excessif mais charmeur, cet éternel adolescent veut refaire le monde avec des idées d'hier : il ne s'est jamais remis de l'indépendance de l'Algérie…

Hervé de Vathaire n'avait rien d'un aventurier, lui, mais avait obtenu « la totale confiance de Marcel Dassault qui ne faisait pourtant confiance à personne », confie

1. *Le Guerrier de l'espoir*, Fixot, 1997.

Danièle Schreyer, fille de Gilbert Pottier qui fut l'adjoint de De Vathaire avant de prendre sa succession après le coup de folie qui allait le conduire en prison. À preuve : l'avionneur méfiant lui avait « confié la gestion de la GIMD, la société qui chapeautait l'ensemble, son épine dorsale ». Mon interlocutrice se souvient d'un « homme intelligent, grand amateur d'échecs », mais aussi de « sa femme très dépressive, morte dans des circonstances tragiques, qu'il avait retrouvée sans vie en pénétrant, un soir, dans sa salle de bains ». Jeannine Grandin, la secrétaire particulière de Marcel Dassault, confirme ce portrait flatteur : « Hervé était un homme charmant, d'une honnêteté scrupuleuse. Il ne pouvait avoir décidé *cela* tout seul. Sans doute fut-il victime d'un chantage. Celui d'un certain Jean Kay, dont on apprit plus tard l'existence, et de cette femme qui l'avait séduit et qui a sans doute été aussi la maîtresse de Jean Kay. »

Chez cet homme si parfait, il y avait donc une faille que Louve de Vathaire, belle-sœur de l'ancien chef comptable, décrit crument : « Hervé était très discret, sans aucune esbrouffe. Plein de bons sentiments, sans doute un peu royaliste, très boy-scout et vulnérable au baratin. Il rencontrait des problèmes sociaux et sexuels. Sa femme Anne était très intelligente, mais complètement fêlée. Depuis la naissance de ses deux filles jumelles, elle lui avait annoncé que la porte de sa chambre resterait désormais fermée. Mais nous ne fréquentions plus vraiment Hervé depuis son mariage[1]… »

---

1. Témoignage de Mme Louve de Vathaire, épouse de François de Vathaire, frère d'Hervé, aujourd'hui disparu.

Ceci expliquant peut-être cela, l'homme de confiance de Marcel Dassault avait rencontré, quatre ans avant son irruption à l'agence BNP de l'avenue de la Grande-Armée, Bernadette Roels, une ancienne hôtesse d'établissements à la réputation sulfureuse, comme le Shako ou le Lauriston, qui avait ensuite ouvert un restaurant dans le XII^e arrondissement. Hervé de Vathaire est vite subjugué par la dame et en tombe follement amoureux. Après un mariage éphémère, la restauratrice s'installe dans le studio qu'occupe Vathaire depuis le décès de sa femme. Bernadette fait entrer son amant dans un monde qui lui était jusqu'alors complètement étranger. Elle lui présente des aventuriers, des hommes au passé chargé, comme Michel Gallembert, ancien du SAC, et son ami Jean Kay, accompagné de son amie Danièle Marquet. Les deux couples, Hervé/Bernadette et Jean/Danièle, deviennent intimes et vont passer en juin 1976 des vacances en Floride. Encouragé par Jean Kay, Hervé de Vathaire lui confie ce qu'il fait chez Dassault, y compris au sujet d'opérations qu'il n'approuve pas.

Jean Kay raconte dans son livre[1] comment est née l'idée de « partager » avec Marcel Dassault son immense fortune. Les deux hommes jouaient aux échecs. Kay évoque alors le survol de Cabinda par les Mystère de Dassault. Ils s'échauffent : « Comptable de Marcel Dassault, il veut balancer un pétard dans la soupe. Après trente années passées dans un bureau au milieu des chiffres et des maquettes d'avions de guerre, Hervé de Vathaire est saisi par la colère du juste. » Et d'évoquer les

1. In *Le Guerrier de l'espoir*, *op. cit.*

46 milliards de francs, montant estimé de la fortune personnelle de l'avionneur.

« Partage-t-il ? s'enquiert le croisé de l'Occident.

– C'est un capital de prestige, répond Hervé, une valeur de prestige... »

Jean Kay poursuit :

« – Nous allons mettre nos doigts dans le pot de confiture.

« – Vraiment ? fait Hervé.

« Nous venons de terminer une partie d'échecs... Il est surpris de me voir sauter aussi aisément dans le camp des chasseurs de trésor, des pilleurs de banque. Mais je suis pour la répartition des richesses, le juste équilibre, la chance comblant la malchance, la force comprenant la faiblesse. Qui ne l'est pas ?

– Vraiment, dit Hervé, qui ne l'est pas ? »

Quelques mois plus tard, Hervé de Vathaire, les accents romantiques en moins, confirmera largement les propos de son ami :

« J'ai rencontré Jean Kay et j'ai trouvé en lui une amitié inestimable. Au cours de nos longues conversations, je suis venu à lui parler de mes problèmes professionnels. J'avais constitué un dossier sur des opérations que je n'approuvais pas. Il m'a demandé à voir ce dossier[1]... »

La mécanique infernale est enclenchée. Au cours de ce même mois de juin, Jean Kay confie à un de ses amis lors d'un dîner à Bruxelles : « Je suis sur un coup d'un milliard.

1. Message d'Hervé de Vathaire confié à Bernadette Roels et remis à *France Soir* par ses soins, publié à nouveau dans le journal *le Monde* les 5 et 6 septembre 1976.

Ce n'est même pas moi qui irai chercher l'argent. On ne portera même pas plainte[1] ! »

Le basculement du chef comptable dans un tout autre univers ne s'opère pas sans états d'âme. À son retour des États-Unis, ses filles s'inquiètent de le voir fébrile et déprimé. La veille du vol, il passe la soirée et la nuit seul dans sa maison de campagne de l'Oise, à Blaincourt-sur-Crécy, petit village situé tout près d'Esches où j'habite. J'ai rendu visite à son voisin qui entretenait en son absence la demeure du chef comptable de chez Dassault et qui se souvient : « Il est venu seul, ce soir-là, le visage fatigué, soucieux ; il m'a paru préoccupé. Je lui ai demandé s'il était malade. Il m'a répondu : "Non, j'ai des soucis d'affaires ; mais ça s'arrangera, j'espère..." Il est rentré ; sa lumière est restée allumée toute la nuit. »

Une maison moderne construite en matériaux du pays peu après le mariage d'Hervé de Vathaire avec une femme originaire de l'Oise dont les voisins, vingt-cinq ans après, se souviennent fort bien : « Assez sauvage, un peu artiste, qui jouait du piano et aimait les fleurs. »

Le 6 juillet 1976, à bord de sa DS immatriculée dans l'Oise, le chef comptable se rend donc avenue de la Grande-Armée, à l'agence de la BNP. C'est un habitué des lieux, connu de tous, objet de toutes les attentions du directeur. Il présente une procuration de Dassault et un chèque de huit millions sur le compte personnel de l'avionneur. Il veut cette somme en liquide pour une opération secrète, manifestement un pot-de-vin, une opération de corruption urgente et délicate. Les agents de la BNP, dont certains connaissent de Vathaire

1. *Le Point* du 18 octobre 1976.

depuis son arrivée chez Dassault, 22 ans auparavant, trouvent son comportement inhabituel, même si ce n'est pas la première fois qu'il vient chercher de fortes sommes en liquide. Le directeur, inquiet, décide de suivre la DS immatriculée 60 qui remonte vers l'Arc de Triomphe, puis descend les Champs-Élysées. Celle-ci ralentit puis se gare derrière un taxi, sur la file centrale, devant le passage du Lido. La voiture du banquier se range derrière la DS. Assis sur une barricade installée là pour le défilé du 14 Juillet, Jean Kay observe la scène. Le comptable a extrait les deux sacs pesants de son coffre, frôle Jean Kay et s'engouffre dans le passage du Lido. Le directeur de banque ne comprend pas ce qui se passe…

Un peu plus tard, Jean Kay et Hervé de Vathaire se retrouvent dans le parc de Saint-Cloud. Les deux hommes ouvrent les sacs pour contempler le trésor.

« Si on avait demandé un milliard, je n'aurais pas pu le porter ! » commente le comptable en cavale.

Chacun garde un sac et regagne sa voiture. Ils se donnent rendez-vous dans le restaurant de l'hôtel Hilton-Orly. Jean Kay prétend que son compagnon de fortune appelle alors Marcel Dassault :

« Ici Hervé de Vathaire, je voudrais parler à Marcel Dassault !

– Marcel Dassault fait la sieste, répond aimablement son épouse.

– J'ai un dossier que je rendrai public si vous me poursuivez, dit le comptable.

– Quel dossier ? demande madame Dassault. De quoi parlez-vous, de Vathaire ? Pourquoi voulez-vous qu'on vous poursuive ? De quel dossier s'agit-il[1] ? »

---

1. Scène extraite du *Guerrier de l'espoir, op. cit.*

De Vathaire raccroche. Les deux hommes, accompagnés de Bernadette Roels et Danièle Marquet, prennent l'autoroute du Sud.

Si Marcel Dassault n'est pas encore prévenu de l'incroyable coup monté par son chef comptable (du moins si l'on en croit Jean Kay), son entourage est dans tous ses états. Dans un premier temps, le banquier qui suivait de Vathaire a été rassuré d'apprendre que ce dernier était passé à une agence du Banco di Roma pour y effectuer un dépôt. Puis, de nouveau inquiet, il appelle Bénouville :

– Non, de Vathaire n'est pas revenu, répond l'homme de l'ombre de l'avionneur.

– Alors il s'est enfui !

Bénouville joint M^e^ Paroni, l'avocat de Marcel Dassault. L'avocat n'est qu'à moitié étonné. Quelques mois auparavant, il avait en effet reçu la visite du comptable, lequel avait l'air soucieux et déprimé à cause de sa douce amie qui venait de rompre sans lui rembourser les 200 000 francs qu'elle lui devait… Pourtant, déclare-t-il, les choses se seraient dernièrement arrangées, de Vathaire aurait récupéré et son argent et son amoureuse…

La nouvelle se répand rapidement au Rond-Point. Jeannine, la secrétaire particulière de Dassault, se souvient d'avoir été appelée en fin de matinée dans le bureau de Gilbert Pottier, l'adjoint de De Vathaire, qui lui a annoncé la nouvelle : « Asseyez-vous, il faut que vous soyez assise…, me dit-il. Je suivis son conseil. Je n'arrivais pas à croire cette histoire… »

Le fils de Gilbert se rappelle aussi fort bien, 27 ans plus tard, cette fin de matinée. Il avait en effet rendez-vous avec son père au Rond-Point pour aller ensuite déjeuner avec lui : « Je le rejoignis à son bureau, il faisait très chaud. Il n'avait pas le temps de déjeuner avec moi. Mon père était fébrile, inquiet. Nous avons rapidement commandé un sandwich, puis nous nous sommes rendus à l'agence de la BNP où soufflait un vent de panique. » L'adjoint du chef comptable venait d'apprendre la double volatilisation : celle de son chef et celle, concomitante, d'une très importante somme en « Pascal ».

Les deux couples en fuite passent la première nuit à Beaune et doivent se retrouver le lendemain soir à Divonne-les-Bains, près de la frontière suisse. À partir de là, les versions de De Vathaire et de Kay divergent. Le premier affirmera que son ami Jean Kay l'a laissé tomber en emportant un gros dossier constitué de preuves accablantes sur les fraudes fiscales, les utilisations abusives d'argent public et les libéralités accordées par Marcel Dassault à certains hommes politiques. Que les huit millions qu'il avait volés devaient en réalité servir à racheter ce dossier à Jean Kay. Que ce dernier le menaçait… Le même Jean Kay affirme de son côté que chacun a gardé la moitié du magot, comme prévu au départ, et que c'est Hervé de Vathaire qui a filé à l'anglaise et n'était pas au rendez-vous de Divonne-les-Bains.

La vérité est probablement plus simple. De Vathaire a endossé un costume qui était bien trop grand pour lui. Il a pris peur quand il a appris, en téléphonant à Jean-Luc Simonin, son gendre, que Bénouville avait porté plainte, dans la soirée du 6 juillet, et que des mandats d'arrêt internationaux étaient lancés contre eux. Cette plainte déjouait tous les plans mis au point par les deux compères. Les deux hommes étaient en effet persuadés que Dassault ne prendrait pas le risque de voir mis sur la place publique ses secrets financiers, fiscaux et politiques… Dès lors, tel l'oiseau en cage, il va se heurter aux barreaux de manière désordonnée, s'évertuant à imputer le geste qu'il n'assume plus au seul Jean Kay. Physiquement et psychologiquement atteint, le fugitif rédige à la main un résumé du « dossier » en 17 feuillets qu'il confie à Bernadette, en même temps qu'une lettre la disculpant. La lettre contient des révélations sur ses relations avec Kay.

Les gendarmes arrivent à l'hôtel de Divonne où le couple était censé attendre Jean Kay. Trop tard ! La DS immatriculée 60 a déjà repris la route de Paris où, dans un premier temps, le chef comptable avait l'intention de se rendre pour se constituer prisonnier. Il téléphone à ses filles et leur dit que Jean Kay et des inconnus l'ont menacé. Puis il renonce finalement à se livrer et fonce vers Corfou où il achète un bateau…

Jean Kay cherche à comprendre l'attitude de son complice. Il a un numéro à utiliser en cas d'urgence, celui de son gendre. Lequel lui répond :

– Il m'est difficile de vous parler, d'autant plus que la police est ici !

Kay disparaît alors.

Bernadette Roels remet les 17 feuillets au gendre d'Hervé de Vathaire, lequel tente d'entrer en contact avec Marcel Dassault dans le but d'échanger ces feuillets explosifs contre un retrait de plainte déposée par Bénouville.

« Deux jours avant que je ne parte en vacances, mon concierge me dit qu'une personne avait téléphoné, lui disant : “J'ai un dossier très important concernant M. Dassault. S'il veut en prendre connaissance, il faut qu'il me téléphone à 9 heures du soir à tel numéro (qu'il a donné), et je lui montrerai ce dossier" », expliquera plus tard[1] l'avionneur, ajoutant que, « ne voulant pas entrer en relation avec un inconnu », il avait téléphoné à la Police judiciaire en lui demandant de téléphoner à l'heure dite au numéro indiqué. C'est comme cela que la PJ est entrée dès le 12 juillet en possession du fameux rapport.

C'est seulement le 2 août que Marcel Dassault porte plainte… avant de la retirer, le 8, explique-t-il, agissant ainsi en « souvenir des loyaux services rendus par son ancien employé et à la demande pressante de ses parents. Ceux-ci craignent un geste de désespoir de leur fils qui vient de perdre sa femme dans des circonstances tragiques[2] ».

Précisons que, pendant cette période estivale, Jean Kay, censé être recherché par toutes les polices de France et de Navarre, est tranquillement en France à la recherche de De Vathaire. Selon *Le Canard enchaîné*, le 29 juillet, deux inspecteurs de la brigade de recherche du banditisme « ont eu Jean Kay à portée de menottes et l'ont laissé filer[3] ». Jusqu'au 15 août, il a, semble-t-il, coulé des jours heureux dans les environs de Cannes.

Pourquoi Jean Kay n'est-il pas inquiété ? Est-il entré en contact avec l'avionneur pour lui parler du dossier explosif qu'il avait en sa possession ? Pourquoi Marcel Dassault a-t-il retiré sa plainte ? A-t-il demandé à son

1. Dans une interview à TF1, le 8 septembre 1976.

2. Déclaration de Marcel Dassault à la presse. L'épouse d'Hervé de Vathaire s'était suicidée, on l'a mentionné, quelques temps plus tôt dans sa salle de bains.

3. *Le Canard enchaîné*, 1er septembre 1976 : « Affaire Dassault : Un Kay qu'on n'accoste pas ».

ami Michel Poniatowski, habitué du Rond-Point, qui est alors ministre de l'Intérieur, de ne point faire de zèle dans la traque de Jean Kay ? Hervé de Vathaire est-il prévenu en Grèce que Marcel Dassault ne lui en veut pas et qu'il fera tout pour que la police et la justice le traitent avec indulgence ?

Le 8 septembre, en tout cas, Hervé de Vathaire revient en France et se constitue prisonnier.

Jusque-là, l'affaire a été traitée par la presse *a minima*, à l'exception du *Canard enchaîné* qui a notamment souligné la bienveillance policière dont bénéficiait Jean Kay. Le lendemain du retour de Vathaire en France, Marcel Dassault parle à TF1 ; il ne semble absolument pas aux abois, comme s'il maîtrisait tout à fait la situation : « Je pense que le rapport de M. de Vathaire a été rédigé dans un moment de dépression et que je rétablirai la vérité, le moment venu... », et il se paie le luxe de lâcher des choses gentilles sur son comptable, alors en prison : « Un chef de service de grande qualité, très intelligent, connaissant admirablement son métier. » Ce bel ordonnancement vole pourtant en éclats quand, le 18 octobre 1976, *Le Point* publie les 17 feuillets manuscrits de Vathaire qui sont autant de terribles accusations portées contre le système Dassault.

Trois journalistes, Jacques Duquesne, Jean-Marie Pontaut et Marie-Thérèse Richard, après enquête minutieuse, publient le rapport in-extenso.

1. *Des sommes considérables*, écrit Hervé de Vathaire, *ont été dissimulées dans la comptabilité des Avions Marcel Dassault, au détriment des Contributions Directs, du person-*

*nel au titre de la participation, des actionnaires et du ministère de l'Air.*

a) *Les travaux en cours ont été minimisés de 400 000 000,00 de francs. Procédé comptable : le prix de revient d'un avion est chargé d'éléments de prix de revient d'autres avions (matières, heures productives).*

b) *Par l'intermédiaire de Dassault International, la Société des Avions Marcel Dassault a payé à sa société (la Générale Immobilière Marcel Dassault) des droits de licences que l'on peut estimer à plus de 500 000 000,00 de francs pour les cinq dernières années.*

*Ces droits de licence reposent sur une fiction, les prototypes servant de prétexte à ces droits de licence datant de 1955.*

c) *La société Avions M.D. paye à la société mère des loyers exorbitants.*

*Elle paye en particulier des loyers pour des usines qu'elle a construites elle-même (qu'on lui a fait construire sur des terrains appartenant à la société mère).*

*Jusqu'au milieu de l'année 1974, ces loyers étaient indexés sur le SMIC, contrairement aux dispositions les plus expresses de la loi.*

*Coût : environ 80 000 000,00 francs par an.*

d) *La Générale Immobilière Marcel Dassault a vendu à la Société Avions M.D. des bâtiments qui n'existaient pas et d'autres qui étaient sans valeur. Les écritures passées dans l'une et l'autre sociétés ne correspondent pas. Il n'y a naturellement pas eu d'acte notarié.*

2. *Environ 30 000 000,00 de francs [...] :*

a) *[...] En décembre 1972, juin 73 et le 13 décembre 1973, la Générale Immobilière Marcel Dassault a des virements de 5 000 000,00 francs sur le compte 211.740 BNP, 24, av. de la Grande-Armée, à l'ordre de la société suisse Protection et Propagande.*

*Avec la complicité de* [NDLR : ici un nom et un titre], *ces sommes ont en fait été créditées au compte 8346 de Monsieur M. Dassault [...].*

3. *De nombreuses irrégularités ont été commises, dont voici quelques exemples :*

a) *Monsieur Marcel Dassault a acheté à la Société Avions M.D. des parts de la SARL Europe Falcon Service en les payant le 1/5*[e] *de leur valeur effective (3 000 000 au lieu de 15 000 000 : voir bilan à la date de la cession).*

b) *Monsieur M.D. a fait virer sur sa société Financière Terramaris (siège à Genève) des sommes considérables dont la Sté Avions M.D. disposait en Suisse. […] L'examen du compte BNP 211.740 révélerait des frais généraux injustifiés, de l'ordre de 30 000 000,00 chaque année […]. On y trouverait des frais de campagnes politiques dans le département de l'Oise dont Monsieur M.D. est député (aménagement d'un parc, construction d'une piscine à Beauvais, donnés à la ville ; construction tennis ; sommes versées à* Jours de France *pour la distribution gratuite de l'hebdomadaire aux électeurs, etc.). Sur le compte 212.628 de la Sté Avions M.D., on trouverait des prélèvements sans justification en espèces de 200 000 francs par semaine, ou de 400 000 francs d'autres semaines, et davantage. La moyenne totale annuelle des prélèvements en espèces non justifiés est de 40 000 000,00 de francs. […]*

f) *Par contre, sur le compte 8.346 personnel de Monsieur M.D., on ne trouverait aucun prélèvement en espèces pour ses considérables dépenses de maison […].*

h) *Monsieur M.D. s'est fait construire à Coignière une résidence secondaire qui est une copie du Petit Trianon : coût 50 000 000,00 francs. Cette résidence secondaire a été construite par la GIMD, qui en a fait apport à la Sté civile de Maison Rouge. La Sté de Maison Rouge loue cette résidence à Dassault International sous le prétexte que cette société y recevrait des personnalités étrangères […].*

k) *Les sièges sociaux de la GIMD et des sociétés immobilières ont été fixés fictivement à Cannes où le zèle des Contributions Directes est moins grand qu'à Paris. Pour la même raison, Monsieur M.D. dépose à Cannes sa déclaration personnelle de revenus […].*

m) *Lors de la dissolution, le 8 mai 1974, de la Société Financière Atlantique, 12 000 000,00 d'impôts ont été éludés (précompte non payé sur 30 000 000,00 de bénéfices ayant été exonérés provisoirement d'impôt sur les sociétés).*

n) *La SITA, siège à Genève au Crédit Suisse, rue du Mont-Blanc, a reçu des sommes très importantes d'origine inconnue.*

o) *Des virements ont été effectués du compte numéro [???] au profit de Financière Terramaris et SITA, et réciproquement [...]. Une équipe de comptables de confiance travaillent périodiquement dans un bureau discret, 46, av. Kléber, à Paris 16e. Au moyen d'une horloge à pointer, elle fabrique de fausses heures de production pour alourdir les prix de revient, et établit de fausses fiches.*

4. *Toutes ces irrégularités et ces détournements ont été possibles avec la complicité de deux hauts fonctionnaires des Contributions Directes. Monsieur* [NDLR : ici, un nom et un titre, une adresse, les numéros de téléphone du bureau et personnel] *a bénéficié auprès de la Banque commerciale de Paris d'un prêt dont le remboursement a été fait par des espèces prélevées sur le compte 12 628. Il a touché ensuite 5 000 francs par mois en espèces, puis 20 000,00 francs. Monsieur* [NDLR : ici un nom et un titre], *son supérieur immédiat* [NDLR : ici l'adresse du bureau], *a perçu aussi d'importants subsides et montré la même bienveillance. La Générale Immobilière Marcel Dassault et la plupart des sociétés du groupe n'ont pas été vérifiées depuis 1968.*

Précisons d'emblée que Vathaire a tout fait pour que son document ne soit pas publié. Son avocat en a demandé la saisie, et, faute d'y avoir réussi, rend publique une longue déclaration pour dire haut et fort que la publication a été faite sans son accord et qu'elle était destinée au seul Marcel Dassault. Ce qui est évidemment faux, mais Hervé de Vathaire n'est plus dans les mêmes dispositions que le 6 juillet 1976, jour où il a pris les huit millions à la BNP.

L'ancien chef comptable ne veut plus faire de peine à son ancien patron, mais le choc produit dans l'opinion publique et dans la classe politique par la publication des 17 feuillets est trop fort pour pouvoir être étouffé. *Le Canard enchaîné*, *Le Monde*, *L'Express* et *France-Soir* mènent à leur tour l'enquête et apportent des éléments complémentaires. Ce n'est pourtant ni du côté de la Justice (qui n'est saisie que du détournement des huit millions de francs), ni du fisc (qui a lancé plusieurs enquêtes), ni de celui du gouvernement ou de la presse, que l'incendie couve et menace l'empire Dassault. Déjà, le 2 octobre, soit seize jours avant la publication du *Point*, l'opposition parlementaire s'est sérieusement ébrouée. Gaston Defferre, François Mitterrand, Robert Fabre et quelques autres ont en effet déposé une proposition de résolution pour demander la création d'une « commission d'enquête parlementaire sur l'utilisation des fonds publics alloués aux sociétés du groupe Marcel Dassault ». Mais après la révélation des accusations contenues dans le bloc-sténo de Vathaire, l'affaire prend une tout autre tournure. Le syndicat général des Impôts de FO réclame à son tour la constitution d'une commission d'enquête parlementaire, puis d'autres syndicats prennent le relais. La CGT de Dassault porte plainte le même mois contre son patron pour détournement de fonds et dissimulation de bénéfices devant servir au financement de la participation des salariés. Claude Labbé, président du groupe UDR à l'Assemblée, peine à contenir ses troupes. Ses députés s'insurgent contre l'absence de Marcel Dassault et de Bénouville « qui devraient venir s'expliquer devant le bureau du groupe » lors de la réunion de rentrée parlementaire. Plusieurs journaux s'en prennent à l'ancien Premier ministre et titrent brutalement : « Coup dur pour Chirac ».

Dans le collimateur de Claude Labbé, le président Valéry Giscard d'Estaing et Michel Poniatowski, son ami, confident et ministre, qui prétend-il, soufflent sur les braises. Jacques Chirac, le plus réactif, prend les devants et demande à son tour, à l'instar des socialistes, la constitution d'une commission d'enquête parlementaire. N'entendant pas être laissé pour compte, Marcel Dassault donne son assentiment. Mieux : il demande que son groupe s'associe au groupe socialiste ! Le groupe gaulliste décide donc à l'unanimité de voter la résolution de Defferre et de demander « à monsieur Dassault de se disculper de toutes les accusations dont il est actuellement l'objet ».

Le groupe Dassault se trouve pour la première fois dans la tourmente. Le 3 novembre 1976, soit une quinzaine de jours seulement après le scoop du *Point*, l'Assemblée nationale discute des conclusions d'un rapport tendant à la création d'une commission d'enquête. La séance est agitée. À la lecture des débats, on peut imaginer que les deux semaines qui viennent de s'écouler ont été riches en conciliabules, pressions et recommandations aux députés de la majorité. Jacques Limouzy, ancien secrétaire d'État et député UDR, rapporteur de la commission des Lois, déploie toute son énergie et son intelligence à élargir le champ de la commission d'enquête pour qu'elle ne soit pas exclusivement axée sur l'utilisation des fonds publics par Dassault, mais étendue à l'ensemble des entreprises privées ou publiques de construction d'aéronefs. Mais, avant de s'incliner sous le poids du nombre, quelques députés de l'opposition déclinent et amplifient les accusations de Vathaire. C'est un tollé quand Pierre de

Bénouville prend la parole et commet un terrible lapsus en répondant à Robert Mondargent, député communiste d'Argenteuil :

« ... Deuxièmement, vous prétendez que nous avons, que la maison Dassault... *(Exclamations et rires sur les bancs des communistes et des socialistes et radicaux de gauche.)*

HENRI DESCHAMPS : Le *nous* est de trop !

PIERRE DE BÉNOUVILLE : Nous, les Français ! *(Nouvelles exclamations sur les mêmes bancs.)* »

Quelques minutes plus tard, Jean-Pierre Cot s'exclame : « J'ai aussi été profondément choqué par l'intervention de M. de Bénouville dont on ne savait pas, quand il disait "nous", s'il visait par là l'Assemblée nationale ou la maison Marcel Dassault ! »

Pied-de-nez de l'Histoire : c'est le propre fils de Pierre Cot, l'ancien ministre de l'Air du Front populaire, qui avait nationalisé les usines Dassault mais s'était bien entendu avec l'avionneur, qui mène ce jour-là le combat le plus argumenté et le plus vif pour contrer Jacques Limouzy et l'empêcher de vider la procédure de la commission d'enquête de tout son sens : « Lorsque mon groupe avait demandé la constitution d'une commission d'enquête sur le groupe Marcel Dassault, sa proposition avait d'évidence recueilli, dans l'opinion publique française, un accueil favorable, tant il est vrai qu'un certain nombre de faits posaient problème. Au demeurant, cette proposition avait reçu, semble-t-il, le même accueil favorable parmi tous les groupes de la majorité : on allait enfin faire la lumière sur l'affaire Marcel Dassault. Bien évidemment, c'était trop beau ! Depuis, on s'ingénie à vider la procédure d'enquête de tout son sens, on s'ingénie à couvrir Marcel Dassault ! »

La majorité parlementaire tient bon et élargit l'objet de la commission d'enquête à l'utilisation des fonds publics dans l'ensemble de l'industrie aéronautique. N'empêche : la représentation nationale a la possibilité de demander des comptes à Marcel Dassault…

Cependant que la commission se met au travail, Hervé de Vathaire est toujours en prison et le juge d'instruction ne met guère de zèle à compléter son enquête qu'il limite au seul vol des huit millions. Marcel Dassault a remplacé de Vathaire par Gilbert Pottier, son adjoint. La fille de celui-ci se souvient : « À la maison, tout va basculer, tout va changer. Vacances dans les grands hôtels de luxe, voyages magnifiques, train de vie royal. Mon père devient président de quatorze sociétés ! Il devient à son tour l'homme de confiance chargé des missions délicates, y compris de circonvenir le fisc. Et un agent fiscal, monsieur P…, venu passer trois ans dans les sociétés Dassault, s'est vu accorder toutes les prévenances, y compris l'affrètement d'un jet spécial pour permettre à sa femme un aller et retour à Londres à cette époque où la loi Veil n'était pas encore en application. De prévenances en prévenances, toutes scrupuleusement comptabilisées (TV, prêts pour l'achat et l'aménagement de la maison de campagne, petits et nombreux autres cadeaux pour entretenir l'amitié), monsieur P…, inspecteur du fisc, s'en retournera, bien des mois plus tard, en faisant un rapport ne formulant aucun grief, ne proposant pas de redressement fiscal, sans pour autant s'attirer de remarques particulières de son administration… Le fonctionnaire fit toutefois une grave dépression nerveuse. “Personne ne résiste à l'argent, monsieur Pottier...”, répétait souvent Marcel Dassault. »

Danièle Pottier se souvient également d'un voyage de son père à Téhéran, accompagné d'un cadre dirigeant de chez Dassault et du malheureux P..., pour acheter des tapis : « Vous vous rendez compte : onze tapis persans entassés dans le Mystère 20 ; on n'avait plus de place pour s'asseoir, racontait mon père [...]. P... et mon père étaient toujours ensemble, je pensais que c'était un ami d'enfance de papa... »

Quelques jours avant le début du procès qui doit s'ouvrir le 30 mars 1977 devant la 13e chambre du tribunal correctionnel de Paris, Jean Kay, toujours en cavale mais manifestement point trop recherché, fait parvenir au *Point* trois feuillets manuscrits pour le moins surprenants, dans lesquels il donne une version originale des faits : « Mon témoignage ne découle pas d'une culpabilité présumée [...]. Cependant, inculpé, mon témoignage sera reçu comme le témoignage d'un inculpé, et c'est la raison pour laquelle j'attendais que la lumière sur cette affaire soit donnée par monsieur Dassault lui-même... »

Il disculpe complètement Hervé de Vathaire, puis affirme : « Les huit millions de francs lourds que m'a remis Hervé de Vathaire ne proviennent pas d'un abus de confiance, d'une escroquerie ou d'une manière de chantage. Il résulte d'un don de Marcel Dassault au profit des causes pour lesquelles j'ai engagé ma vie et mon combat. [...] *Il y a eu l'impétuosité de M. de Bénouville* qui a déposé une plainte en ignorant que M. Dassault avait donné son accord et son visa pour débloquer les fonds remis à monsieur de Vathaire... Ce don couvert par le secret que nous étions tous convenus de respecter… Mais je ne peux révéler la destination de cette somme… L'usage qui en a été fait ne serait désapprouvé en rien par l'ensemble de ceux qui œuvrent pour la liberté et la paix… »

Tout le monde se perd en conjectures pour interpréter la démarche de Jean Kay. Vingt ans plus tard, il en donne lui-même la clé[1] : « Dans sa prison, Hervé est amer. A-t-il pensé que je l'avais abandonné ? Qu'a-t-il fait de sa part du magot ? Il raconte au juge une affaire de chantage et de menace. Il ment. Il se pose en victime et me montre du doigt […]. J'écris à un hebdomadaire : *De Vathaire est innocent… Les huit cents millions sont un don de Marcel Dassault au profit des causes dans lesquelles j'ai engagé ma vie et mon combat.* Dans une affaire où tout le monde ment, je tends une perche à Hervé. Mais il ne la saisit pas… »

Jean Kay met alors un océan entre lui et tous ceux qui, de près ou de loin, peuvent s'intéresser à lui. Il vogue sur l'océan Pacifique après avoir acheté un bateau en Angleterre et filé de Southampton à Panama…

Le procès de Hervé de Vathaire s'ouvre le mercredi 30 mars 1977 en l'absence de Jean Kay, alors que le rapport de la commission d'enquête n'est pas encore rendu public, et ce *timing* n'est certes pas fortuit. Le dossier d'instruction est incomplet. Il y manque évidemment le témoignage de Jean Kay et la destination des fonds dérobés. L'ambiance est plutôt détendue. Hervé de Vathaire et Marcel Dassault se sont joyeusement salués en entrant dans le prétoire et ont agité la main en signe d'amitié. À son tour, l'ancien chef comptable a

1. In *Le Guerrier de l'espoir*, *op. cit.*

dressé un portrait chaleureux de son complice : « C'était un homme du désert, un homme de foi qui avait été invité en Afrique par un maître qui lui avait transmis une conscience plus grande du monde, une vision que nous avons perdue. » Mais il garde ensuite la même ligne de défense : « J'avais confiance en lui, et c'est ainsi que je lui ai montré un jour le dossier que j'avais constitué sur des pratiques que je désapprouvais. J'ai eu tort, il y a des choses qu'on ne confie pas même à son meilleur ami. Il m'a dit un jour : "Je n'ai plus le dossier, il faut huit millions pour le récupérer." Il n'était plus le même. Au profit d'une cause, il était capable de sacrifier une amitié. Je ne comprends pas, mais je l'aime encore. »

Tous les acteurs du procès s'ingénient à miniminer les 17 feuillets rédigés de la main de l'ancien chef comptable et qui ont mis le feu aux poudres. Hervé de Vathaire : « Ce dossier n'a aucun intérêt. C'était pour moi le moyen de me délivrer d'émotions trop violentes. C'est le fruit d'une décharge émotive. Certes, j'ai eu des divergences de conception sur certaines affaires, mais je connaissais moi-même des difficultés. J'ai écrit pour me délivrer d'une ambiance pénible... » Pas à une contradiction près, il réaffirme : « Je voulais empêcher le scandale, le dossier ne devait pas tomber entre toutes les mains. Les faits qu'il contenait demandent à être interprétés, rien n'est ou noir ou blanc. Un scandale obscurcit les choses. Je le savais. J'ai voulu l'éviter. »

Quant au président de la 13e chambre, il n'a pas cessé de parler du « prétendu » dossier, alors que le substitut du procureur soulignait : « Ce dossier, on n'en sait presque rien. En effet, rien dans l'information et la procédure ne vient conforter l'existence de ce dossier. »

*Le Monde* titre son compte rendu d'audience par la phrase que les familles, déchirées sur l'affaire Dreyfus, prononçaient : « Nous n'en parlerons pas. » Les protecteurs de Dassault ont alors encore assez de poids pour museler la Justice.

Hervé de Vathaire est condamné le 5 avril à quatre ans de prison et à dix mille francs d'amende… Et Marcel Dassault, en dédommagement, reçoit la pleine propriété du joli bateau de plaisance toujours amarré dans le port de Corfou.

Le 21 avril, soit seize jours après le prononcé du jugement, l'Assemblée nationale décide de publier le rapport de la commission d'enquête qui a siégé 23 fois et procédé à 60 auditions du 10 novembre 1976 au 14 février 1977. Si Raymond Barre, le Premier ministre, a refusé de lever le secret fiscal, si Jacques Limouzy, le rapporteur de la commission d'enquête, a réussi à noyer le poisson Dassault en étendant l'investigation à l'ensemble de l'industrie aéronautique, il ne pouvait pas, en revanche, empêcher, sur Marcel Dassault et ses sociétés, les dépositions et questions incisives d'une opposition vigilante, les réponses des personnalités auditionnées, et des chiffres difficiles à contester. Il ne pouvait pas non plus faire l'économie d'une convocation de Marcel Dassault lui-même qui, pour la première fois, fut obligé, le 19 janvier 1977, de s'expliquer devant la représentation nationale. Une audition qui constitue la plus longue interview jamais donnée par l'avionneur.

À aucun moment le vieux monsieur de 85 ans – accompagné du général Gallois – n'a semblé en difficulté, au contraire. Il a plaisanté, pris avec bonne humeur les questions vachardes de Jean-Pierre Cot et Robert Montdargent, et même déclenché les rires quand, répondant à une question de Cot qui lui demandait s'il était exact qu'il avait « acheté à la société Marcel Dassault des parts de la SARL Europ Falcon Service au cinquième de leur valeur effective », il répondit :

– C'est extrêmement simple. C'est moi qui ai créé cette société qui marche d'ailleurs très bien. Pour des raisons de complémentarité, je l'ai vendue à la société des Avions Dassault-Breguet[1]. Par la suite, comme le groupe socialiste et le groupe communiste ont déposé une proposition de nationalisation de la société des Avions Dassault-Breguet, j'ai pensé que j'avais eu tort d'y associer Europ Falcon Service, c'est pourquoi je l'ai retirée et je l'ai rachetée. »

Pour rendre compte de cette séance, *Le Canard enchaîné* titre[2] : « Dassault avoue tout et rigole », et ouvre ainsi son papier : « Rigolard en diable, farceur, grand gamin vieilli sous les milliards, Pépé Marcel a reconnu qu'Hervé de Vathaire, son farfelu de comptable, n'avait rien inventé... » Il est vrai que, pas du tout gêné, il a confirmé que l'« État n'exerçait aucun contrôle » sur la Générale Immobilière, la société mère basée à Cannes, qui coiffe tout et est la propriété de Marcel et Serge Dassault. Et à la question : « Quclles fonctions cxcrccz-vous au scin dcs Avions Marcel-Dassault-Breguet ? », il a répondu : « Je n'en exerce

1. Sous l'impulsion de l'État, pour des motifs de restructuration industrielle, Dassault avait racheté la société Breguet Aviation en 1971.

2. Le mercredi 16 mars 1977.

aucune. Je ne suis ni président, ni directeur général, ni administrateur. Je ne touche aucune rémunération d'aucune sorte. Il est évident que, quand un bureau d'études crée un nouveau prototype, il me demande mon avis. » Alors que tout le monde sait que, malgré ses 85 ans, Marcel Dassault demeure le seul vrai patron. Insatisfait de la réponse, Jean-Pierre Cot a tenté de savoir pourquoi il n'occupait aucune fonction dans la société des Avions Marcel-Dassault. Réponse : « Je mérite depuis longtemps d'être à la retraite, puisque j'ai quatre-vingt-cinq ans ! »

Pendant toute la durée de l'audition, Marcel Dassault s'est ainsi gentiment moqué de ses collègues députés en invoquant son « oreille paresseuse » afin qu'on lui laisse un peu plus de temps pour répondre à une question embarrassante ; en confirmant qu'il était largement alimenté par les fonds publics ; qu'il s'était abstenu de rembourser une partie des avances faites par l'État ; qu'il sous-traitait une partie de ses avions à la SNIAS dans des conditions désavantageuses pour la société nationale (« Comme la SNIAS perd sur tout, elle peut aussi bien perdre sur ce qu'elle fait pour nous ») ; que Dassault International louait bien la résidence de Coignières (le « Petit Trianon »), ainsi que l'avait écrit de Vathaire. Mais il s'est bien gardé de répondre avec précision aux questions sur le « pantouflage » de certains proches collaborateurs, affirmant contre toute vérité : « Le personnel que je prends à l'État, ce n'est ni pour la direction générale ni pour la direction commerciale, administrative ou technique. Ce sont en général des généraux qui avaient des relations avec l'armée de l'air et connaissaient les besoins, et peuvent par exemple demander : “Êtes-vous contents de tel type d'avion ? que désireriez-vous ?" Ce sont des gens qui sont en relation avec l'armée de l'air pour servir l'armée de l'air. »

Quel aplomb que d'avancer une telle contre-vérité en présence du général Gallois !

La commission s'est attachée à démonter le fiasco du Mercure et à évoquer les fonds publics qui se sont envolés pour fabriquer un mauvais avion. « Le général de Gaulle voulait que la France ait une aviation de transport », se borne à expliquer Marcel Dassault. Il ne dit pas que lui-même, en 1965, alors que se développe le projet du Mystère 20, avion d'affaires, souhaite élargir la gamme de ses appareils et s'assurer une plus large indépendance en réussissant dans l'aviation civile. D'autant qu'associé un temps au programme Concorde avec Sud-Aviation et les Britanniques, il s'est retiré pour insuffisance d'atomes crochus avec les Anglais. Il voudrait tant construire l'avion qui succédera à la Caravelle et concurrencera le Boeing 737 ! Encouragé par la direction générale de l'Aviation civile, le prototype – 150 places pour un rayon d'action de 1 000 kilomètres – du Mercure 100 est alors lancé. Au mois d'avril 1969, Jacques Chirac, à l'époque secrétaire d'État au Budget, pronostique la commercialisation de 300 appareils dans les deux ans. Mais les soutiens s'effilochent. Une tentative d'exportation vers les États-Unis échoue. Sa conception, des normes inadaptées, son confort insuffisant handicapent lourdement le projet. L'arrière de l'avion est réputé trop bruyant : 10 décibels de plus qu'à l'avant de l'appareil. « On peut toujours placer les sourds à l'arrière de l'avion », raille *Le Canard enchaîné*. La stabilité de l'appareil n'est pas non plus satisfaisante.

Le premier vol d'essai, le 28 mai 1971, se déroule toutefois dans de bonnes conditions. Une formidable opération de lobbying destinée à convaincre les « leaders d'opinion » est lancée et puissamment relayée par Jean Chamant, ministre des Transports, et Alain Bruté de Rémur, un de ses conseillers techniques (Jean Chamant intégrera quelque temps plus tard l'entreprise Dassault !).

Le programme Mercure 100 est soutenu par une avance remboursable de l'État. « Conformément aux dispositions conclues entre le constructeur et l'État, les avances remboursables consenties pour ce programme (520 millions de francs) sont définitivement perdues. Pour apprécier la perte totale de l'État, il faut y ajouter les indemnités déjà versées à Air Inter pour compenser les coûts supplémentaires d'exploitation dus à la brièveté de la série de l'appareil », explique le rapport de la commission. Air Inter, contrôlée majoritairement par l'État, a été en effet obligée par celui-ci d'acheter dix Mercure à un prix très supérieur à celui de son concurrent américain, et a dû ensuite négocier avec le même État une subvention destinée à éponger le surcoût d'exploitation du Mercure 100.

La commission, pourtant majoritairement bien disposée à l'égard de Dassault, a reconnu « les inconvénients d'un partage du marché qui attribue à AMD-BA le quasi-monopole de la production d'avions militaires ». Et, si pour ce qui concerne l'emploi des deniers publics, elle n'a pas trouvé de scandale, elle a toutefois conclu qu'il y avait « un certain nombre de problèmes touchant au contrôle des prix de revient, aux surcoûts des programmes en coopération, au remboursement des avances et au paiement des redevances ». Faut-il pour autant nationaliser Dassault, comme le réclame depuis longtemps la gauche ? Jacques Limouzy, rédacteur du rapport, n'écarte pas d'un revers de main cette éventualité, s'agissant d'« une entreprise largement alimentée par les fonds publics dont la production, principalement orientée vers le secteur militaire, revêt un caractère d'intérêt national, et qui détient le monopole de fait de la fabrication d'avions d'armes ». Mais, en fin de compte, la nationalisation de Dassault « n'a pas paru à la majorité de la Commission conditionner de façon déterminante l'avenir de l'industrie aéronautique française », même si elle suggère, face à l'hégémonie américaine, l'instauration entre les industriels français, qu'ils soient publics ou privés, d'une authentique coopération. Ainsi, malgré les précautions de langage, le gouvernement ne laissera-t-il plus la bride sur le cou de Dassault. La voie est ouverte à une importante participation d'État.

Comme si cela ne suffisait pas, les commissaires socialistes et communistes ont ajouté au rapport un sévère *addendum* qui reprend *grosso modo* tous les soupçons et toutes les accusations contenus dans les 17 feuillets d'Hervé de Vathaire. Sous la plume de Jean-Pierre Cot, les socialistes affirment : « Nous estimons que quatre mois d'enquête ont confirmé le scandale permanent Dassault [...]. Jour après jour s'est construit le système Dassault. Admirablement explicité par son inventeur [...]. Le monopole Dassault sur la construction militaire le place en position supérieure de maître d'ouvrage face au sous-traitant obligé qu'est la SNIAS. Le rapport analyse les raisons pour lesquelles la SNIAS est obligée de traiter à perte avec

Dassault. Il ne souligne pas combien, de l'aveu même de Marcel Dassault, AMD-BA profite de la situation. La SNIAS perd de l'argent ? Pourvu que Dassault en profite ! Contrats léonins, exécution impitoyable des clauses, tarifications souvent excessives, des fournitures en sus de celles qui sont prévues officiellement au marché : les exemples ne manquent pas, qui soulignent tout le profit tiré par Dassault de cette situation de supériorité [...].

« L'audition de Marcel Dassault a mis en lumière le processus de transferts de la société AMD-BA vers la GIMD[1]. Il a été confirmé que AMD-BA avait versé à la GIMD pour environ 500 millions de francs de droits de licence au cours des cinq dernières années. Par ailleurs, Marcel Dassault n'a pas nié que la GIMD louait ses immeubles à un prix important et indexé. L'opération d'appauvrissement d'une société au bénéfice de l'autre prend tout son intérêt lorsque l'on sait que la GIMD échappe à tout contrôle gouvernemental. Le contrôle du commissaire du gouvernement, déjà limité (il n'est assisté d'aucun personnel), s'arrête aux portes d'AMB-BA.

« Or Marcel Dassault a confirmé qu'il faisait passer sur les frais généraux de la GIMD les sommes dépensées à des fins politiques dans l'Oise (construction de parcs, piscines, tennis, distribution gratuite de *Jours de France*

1. Générale immobilière Marcel Dassault : la sarl, créée après la guerre à l'abri des regards et surtout des contrôles de l'État, dont le seul gérant est Marcel Dassault lui-même, et dont le pilier administratif et comptable était Hervé de Vathaire qui convoquait lui-même les conseils d'administration et les assemblées générales. Et qui facturait droits de licence, loyers des usines ou des propriétés privées à la société des AMD-BA.

aux électeurs). Cette manne électorale facilite, à n'en point douter, l'élection du député Marcel Dassault qui vote chaque année le budget du ministère des Armées et prévoit donc les commandes de ses propres avions. »

Quand, le 21 avril 1977, le rapport de la Commission est rendu public, il y a beau temps que ses conclusions sont connues du gouvernement et que, dans le secret le plus complet, quelques hauts fonctionnaires de l'Élysée et de Matignon concoctent un plan aéronautique qui va surprendre l'avionneur privé et mettre provisoirement un point final à l'affaire de Vathaire.

Le 3 juin 1977, lors de l'inauguration du XXIII^e^ Salon de l'Aéronautique du Bourget, Valéry Giscard d'Estaing prend à part Marcel Dassault pour l'informer que l'État va prendre une importante participation dans les sociétés des AMD-BA. « Les deux hommes se sont isolés dans la maquette de la carlingue du Mystère 50 ; quelques minutes plus tard, Marcel sortait de la carlingue, remettait son chapeau et s'en allait tristement, encore plus pâlot que d'habitude[1]. » Marcel Dassault quitte immédiatement le Salon, le nez dans son cache-col. Ce sont Vallières et Serge Dassault qui continuent la visite…

Cinq jours plus tard, le Conseil des ministres décide de créer une société publique de participation (la SOGEPA) regroupant les actions que l'État possède dans la SNIAS et celles qu'il va acquérir dans Dassault. L'État ne va pas bourse délier, exigeant de l'avionneur la transformation de ses avances non remboursées en actions à hauteur de quelque 20 % du capital. Et, pour obtenir la minorité de

1. In *Le Canard enchaîné* du 7 juillet 1977.

blocage grâce à ces 20 %, il va exiger de surcroît que ces actions bénéficient d'un droit de vote double. Il s'agit en réalité d'une mini-nationalisation.

Le 11 juin, c'est au tour de Raymond Barre, Premier ministre, de visiter le Salon du Bourget. Il en profite pour rendre publique la prise de participation de l'État dans les AMD-BA. Le chef du gouvernement a été excédé par l'affaire de Vathaire et a confié à son entourage : « Cette situation n'est plus supportable, il est impératif de disposer d'un meilleur contrôle de Dassault[1]. » Marcel Dassault attend la mi-juillet pour exprimer sa colère devant la presse : « J'ai dépensé des millions et des millions pour soutenir la majorité. Maintenant, si la majorité gagne, je ne vais pas me laisser embêter dans mes affaires. J'ai droit à la reconnaissance. Si l'État tient à me mettre des administrateurs, soit ! Mais ils ne devront pas être là pour me surveiller pour le compte de l'État, ils devront plutôt surveiller l'État pour mon compte[2]. »

Non seulement l'État nomme quatre administrateurs au conseil des Avions Marcel Dassault-Breguet Aviation, mais, juste avant l'annonce de sa prise de participation, le gouvernement impose un « œil de l'État » à la direction même de la société en la personne d'Hugues de L'Estoile. Sup'Aéro, lui aussi spécialiste de la dissuasion nucléaire, avait été nommé en 1970 par Pierre Messmer directeur des affaires internationales à la direction militaire de

---

1. Cité par Pierre Assouline, *Monsieur Dassault*, éd. Balland.
2. Déclaration de Marcel Dassault à la presse dans la seconde quinzaine de juillet 1977.

l'Armement. Sa brillante réussite a hissé la France au deuxième rang mondial pour les ventes d'armes...

Marcel Dassault est réélu député de l'Oise en mars 1978 et ses amis politiques remportent les élections de justesse. Au Rond-Point, la vie a repris son cours, le « système Dassault » continue de fonctionner. Gilbert Pottier perpétue tranquillement les méthodes mises au point par Hervé de Vathaire. Sa fille se souvient : « Mon père retirait toujours beaucoup de liquide, après le départ de Vathaire ; toutes les primes du personnel étaient payées en espèces, par exemple. Il gérait les fonds à l'intérieur de l'Hexagone ; monsieur Gérard Limat gérait les fonds extérieurs en Suisse où il habitait. Limat et mon père se rencontraient souvent. Marcel Dassault avait une absolue confiance en eux. Car, après l'"affaire", il était devenu un peu paranoïaque et pensait que tout le monde le trahissait. Il avait recours à des cabinets de détectives privés et faisait suivre ses collaborateurs. En 1978, il fit venir mon père et Gérard Limat et leur donna à chacun entre 1,5 million et 2 millions dans un petit paquet pour les remercier de leur fidélité et de leur loyauté. Mon père acheta à Saint-Mandé un appartement de 300 mètres carrés et Gérard Limat fit refaire toute sa maison en Suisse, au-dessus de Genève. »

Mais l'idée de savoir son ancien chef comptable en prison gâche le plaisir du calme retrouvé après la tempête. « On est à la veille des vacances. Avec ce beau temps, on est mieux à la campagne qu'en prison[1]. » Au début de l'été 1978, Marcel Dassault implore la clémence d'Alain Peyrefitte, garde des Sceaux, qui n'a rien à lui

1. In *Monsieur Dassault*, cité par Pierre Assouline, *op. cit.*, p. 335.

refuser. À la fin d'août, Hervé de Vathaire quitte Fresnes. Bénouville est là pour l'accueillir. Il le « case » chez un ami expert-comptable à Ville-d'Avray, puis lui trouve une activité professionnelle en Amérique du Sud. Là-bas, il créera et dirigera une entreprise de parfums financée par Marcel Dassault. Tout s'arrange !

# Chapitre XX

## Le parti Dassault et le petit cahier d'écolier à spirales

Marcel Dassault n'a vraiment pas compris pourquoi ses amis de la majorité, pour qui il avait dépensé « des millions et des millions », lui ont fait tant de misères. Il décide donc de ne pas « se laisser embêter » dans ses affaires, au cas où ses « chers amis » remporteraient les législatives de mars 1978.

C'est Bénouville, l'esprit toujours aussi imaginatif, qui lui a suggéré les voies et moyens de ne pas se « laisser embêter ». Déjà, à la mi-1975, à la demande de Jacques Chirac, encore Premier ministre, Dassault a pesé pour que la banque Vernes, dont il possède 30 % des parts, aide Robert Hersant[1] à racheter *Le Figaro* afin que le quotidien ne tombe pas entre des mains giscardiennes. Le départ de Matignon de l'ami Jacques n'a pas été une bonne chose

1. Robert Hersant a été battu dans l'Oise aux élections cantonales de 1973 par Jean-Jacques Martin, et a fait depuis longtemps la paix avec Marcel Dassault.

pour l'avionneur et le comportement des députés de la majorité dans la création et les travaux de la commission d'enquête parlementaire ont démontré que le président de la République et le Premier ministre n'étaient plus aussi bien disposés à l'égard de Marcel Dassault. Pour remédier à ce nouvel état de choses, Bénouville pense introduire un nouveau rapport de forces à l'intérieur de la majorité de droite où les giscardiens prennent trop le pas sur les chiraquiens. Bénouville, qui a pris la précaution de se faire recevoir auparavant en audience par le pape, décide donc de créer un nouveau parti, la Démocratie chrétienne française, et demande à l'un de ses vieux copains du mouvement de résistance Combat d'en prendre la présidence : ancien procureur au tribunal de Nuremberg, Alfred Coste-Floret a été élu en 1946 à l'Assemblée nationale comme député MRP, et, de 1955 à 1960, il a été secrétaire général de l'Union internationale des démocrates-chrétiens ; il est alors maire de Luchon.

C'est évidemment *Jours de France* qui annonce en une, à la mi-mai 1977, le lancement du nouveau parti. Le général de Bénouville, directeur de l'hebdomadaire, consacre la page 38 à le définir. Objectif officiel : « le combat contre la gauche, contre le marxisme athée, contre le programme commun de gouvernement ». La Démocratie chrétienne française, « c'est le socialisme dans la liberté », affirme-t-il. Le siège du parti est situé à l'hôtel des Maréchaux, rue de Tilsitt, à Paris, propriété, on l'aura deviné, de la Générale immobilière Marcel Dassault.

Les quatre pleines pages réservées au lancement du nouveau parti développent quelques grands thèmes. La France est le seul pays de la Communauté européenne où les tenants d'une conception chrétienne de la vie ne soient pas groupés au sein d'une formation politique. « La Démocratie chrétienne se consacrera par tous les moyens à l'instauration de la justice sociale ; celle-ci est hautement réclamée par les exigences de l'Évangile comme les grandes encycliques pontificales [...]. Comment la DC entend-elle supprimer le chômage qui est la pire des injustices ? En relançant l'économie. » Bénouville rappelle ensuite que le pape a qualifié le communisme d'« intrinsèquement pervers », et il condamne sévèrement le Parti socialiste pour s'être associé avec lui. La Démocratie chrétienne française, « c'est en vérité, tel que l'ont conçu les encyclopédies pontificales, le socialisme dans la liberté. [...] Le socialisme léniniste, c'est le socialisme dans la contrainte, d'autant moins acceptable qu'elle est attentatoire à la plus importante de nos libertés : la Foi ».

Le numéro suivant de l'hebdomadaire poursuit la présentation du programme. Trois pages pour aborder l'enseignement, les entreprises, la concertation et la participation, l'industrie, le commerce et le droit des femmes à se consacrer à... leur foyer. « Mais, pour le temps où leurs enfants sont à l'école », Bénouville propose « de créer des clubs pour les femmes, en particulier pour les mamans, où elles se réuniront pour s'enrichir l'esprit en suivant des cours de littérature française ou de langues étrangères. Ces clubs seront assez nombreux pour éviter les difficultés de transport. On en créera un dans les petites villes et un par secteur dans les grandes villes. »

Derrière ce programme dont certaines propositions peuvent paraître pour le moins insolites se cachent en fait la volonté de créer un « parti Dassault » à l'Assemblée nationale.

Ce nouveau parti n'a évidemment rien à voir avec le Sillon de Marc Sangnier, ni avec la Jeune République qui adhéra au Front populaire en 1936, ni même avec le MRP d'après guerre. Dassault met pour l'opération beaucoup d'argent sur la table : il promet 150 000 francs aux candidats qui porteront sa bannière aux prochaines législatives. Quelques gaullistes en délicatesse avec le RPR et quelques centristes acceptent de rejoindre les deux premiers candidats de la Démocratie chrétienne française : Marcel Dassault, qui sollicite les suffrages des électeurs de la 1re circonscription de l'Oise, et Pierre de Bénouville, qui se représente dans le 12e arrondissement de Paris.

Dassault et Bénouville savent parfaitement que ces nouvelles élections ne se présentent pas comme gagnées d'avance pour la droite. Il faudra s'investir encore davantage que par le passé, eux les premiers. D'autant qu'en 1973 l'avionneur a déjà perdu 5 000 voix par rapport à 1968, et qu'il lui a fallu deux tours pour retrouver son siège. Même dans l'Oise, on apprécie de moins en moins son absentéisme au Palais-Bourbon. Beaucoup ont en mémoire un épisode survenu en octobre 1973 et qui a été méchamment commenté dans le département. L'avionneur avait alors décidé de se montrer au milieu de ses collègues. Le député de l'Oise commence à escalader les marches de l'hémicycle pour rejoindre sa place. Il ne sait plus exactement où elle est. Les députés présents sont distraits par cette arrivée inopinée. Ils n'écoutent plus Jean Tibéri, en train de parler à la tribune. Marcel Dassault regarde à droite, à gauche, et s'engage finalement dans une travée, mais s'aperçoit bientôt qu'il se dirige vers les bancs socialistes. Soudain, il fait volte-face. Il vient de voir Jean-Jacques Servan-Schreiber et s'aperçoit à nouveau qu'il fait fausse route. Des murmures montent dans l'hémicycle : « C'est Dassault qui cherche sa place. » D'autres députés se mettent à siffler en imitant le bruit d'un avion à réaction... Un député s'écrie : « Un Mirage passe ! » Bénouville vole à son secours et, le prenant par le bras, le conduit vers sa place – qu'il ne trouve pas non plus ! « Et le tandem erra un long moment sous les sifflements d'avions, avant de la dénicher », se moqua *Le Canard enchaîné* de la semaine suivante.

Pendant la dernière législature, les électeurs de l'Oise, plus encore que par le passé, ont été l'objet de toutes les attentions de l'avionneur. Nécessiteux et personnes âgées ont reçu en temps et en heure leurs colis expédiés directement du Bon Marché de Paris pour les fêtes de fin d'année. Cent mille exemplaires de *Jours de France* parviennent régulièrement dans tous les foyers du département. Mais cela ne suffit plus à gagner à coup sûr les prochaines élections. Que faire pour tenter d'inverser le mouvement qui a fait passer à gauche de nombreuses mairies lors des élections municipales de 1977 : Beauvais d'abord, dont le poids dans la circonscription est important, Breteuil, Clermont-de-l'Oise, Ribécourt et Méru (dont je devins alors maire, trois mois après mon élection au conseil général) ? Il faut frapper les imaginations. Et si on organisait un loto, avec de très importants cadeaux à gagner ?

Le choix du député de Beauvais se porte sur la petite commune de Grandvilliers, qui est aussi le chef-lieu de canton où son suppléant a été battu aux dernières élections cantonales par un jeune socialiste barbu, l'instituteur Jean-Jacques Martin. Le tirage du loto se déroulera après la remise par le député milliardaire des insignes de chevalier de l'Ordre national du Mérite à son suppléant. Tout le canton est invité. Il y a beaucoup de monde pour gagner les trois Renault 5 offertes par Marcel Dassault. Les joueurs se répartissent fébrilement autour des tables. Le tirage des numéros commence et se termine une demi-heure plus tard. Surprise : trente-trois mains, au lieu des trois prévues, se lèvent avec un numéro gagnant !

Le général Gallois se souvient : « Monsieur Dassault m'avait demandé de faire évaluer par le bureau d'études combien de numéros gagnants pourraient sortir, en supposant que 50 tables de six joueurs s'intéressent au jeu, et compte tenu du nombre de numéros. Simple calcul de probabilités. Résultat : entre 3 et 3,3. Trois cartons sortiront donc. Cela fera trois voitures. Le jour venu, tout se passe comme prévu, jusqu'aux résultats que, confiants, nous annonçons. Ce ne sont pas trois mains, cartons remplis, qui se lèvent, mais trente-trois ! Le bureau d'études avait fait une erreur de virgule. J'interviens auprès de Monsieur Dassault pour réparer l'incroyable bévue, et je suggère :

« – C'est ennuyeux, mais ce n'est pas grave. Nous allons procéder à un nouveau tirage au sort et faire gagner trois participants sur les trente-trois.

« – Mais vous n'y pensez pas, Gallois ! me répond monsieur Dassault. Annoncez-leur qu'ils ont gagné trente-trois voitures ! »

Les habitants de Grandvilliers en parlent encore. À côté, les kermesses organisées quelques années plus tôt par Robert Hersant n'étaient que jeux d'enfants…

Le petit cahier à spirale de Marcel Dassault reprend du service. Les maires sont invités à se rendre dans chaque chef-lieu de canton de la circonscription. Le député les reçoit, notant rapidement leurs demandes dans son cahier d'écolier à spirale. « Rougeauds, rasés de près, les maires attendent d'être appelés par ordre alphabétique », raconte un journaliste du *Nouvel Observateur.* Ils bavardent et patientent avant d'être introduits par le sénateur Natali auprès de l'avionneur et d'évoquer en tête à tête les besoins de financement de leur commune : une salle de classe supplémentaire, l'indispensable salle polyvalente, les sanitaires des bâtiments publics qui laissent à désirer, un court de tennis… Tout est scrupuleusement noté… Et quelques jours plus tard (les choses vont vite), un chèque de la Générale immobilière Marcel Dassault arrive à destination des élus, à l'ordre de la commune. « Lui, il a de l'argent, mais au moins il en donne », entend-on répéter dans la circonscription. L'équipe ne ménage pas non plus sa peine pour obtenir des décorations : Palmes académiques, Mérite, exceptionnellement Légion d'honneur.

Dans les mois qui précèdent les élections, deux grosses opérations vont retenir l'attention des médias. Avant les municipales de 1977, Marcel Dassault a décidé d'offrir une piscine à la ville de Beauvais, principale agglomération de sa circonscription, à la condition expresse qu'elle porte son nom. Une décision qui ne fait pas l'affaire de Walter Amsallem, nouveau maire socialiste de la ville. Son prédécesseur n'a pas prévu la moindre ligne budgétaire pour les raccordements d'eau, pas plus qu'il n'en a prévu pour les raccordements de gaz et d'électricité. À ces déficits annoncés doivent s'ajouter ceux, substantiels, du « Parc Dassault » aménagé il y a dix ans avec ses tennis, bassin de natation, patinoire, également offerts à la ville et dont la réhabilitation est par surcroît devenue urgente. « On ne peut même pas embaucher une secrétaire ! » gémit le nouveau premier magistrat dans les colonnes du *Monde*[1]. Un cadeau empoisonné pour le nouveau maire de Beauvais.

La seconde initiative – de dimension « nationale », celle-ci – lancée par une vaste campagne de publicité (page entière dans plusieurs quotidiens et bien sûr dans *Jours de France*) dénonce la « grande misère des petites églises de France » : « Pourquoi ne pas aider les communes rurales à entretenir leurs églises en leur affectant par exemple les revenus du Tiercé, ou le revenu du Loto, ou d'autre chose ? C'est au ministre de la Culture à prendre la décision. » Mais les petites églises de l'Oise, c'est évidemment Marcel Dassault qui s'en charge.

L'avionneur tient d'autant plus à être réélu député qu'il deviendrait doyen d'âge de l'Assemblée nationale, le député communiste Virgile Barel, qui assumait ce rôle dans la législature précédente, ne se représentant pas. Délivrer son message à la Nation du haut du perchoir le premier jour de la nouvelle législature est devenu son rêve.

À droite comme à gauche, les investitures ne sont pas accordées sans difficulté. Les militants socialistes décident d'opposer le nouveau maire de Beauvais au vieil avionneur. Dans la circonscription de Beauvais-Sud, le RPR

1. *Le Monde* du 14 mai 1977.

désigne Jean-François Mancel pour défendre ses couleurs. Jeune énarque de 30 ans, natif de l'Oise, conseiller municipal de Beauvais, c'est un protégé de Marcel Dassault. « Ma carrière politique est faite : mon père est un ami de Dassault », confia-t-il à Olivier Schrameck[1], un camarade de promotion, futur directeur de cabinet du Premier ministre Lionel Jospin. Le père de Mancel est en effet employé à l'imprimerie de *L'Oise Libérée*, le journal local de l'avionneur.

La campagne proprement dite est rude. Marcel Dassault ne fait pas dans la nuance pour cogner sur la gauche. Avec les « socialo-communistes », il n'y aura « plus de pain dans les boulangeries ». Et, pour illustrer cette prophétie, la première page de *L'Oise Libérée* publie une photo montrant une imposante file d'attente devant l'une des bonnes boulangeries-pâtisseries de Beauvais !

Quand les agents généraux d'assurances interrogent les candidats à la députation pour leur demander de prendre position par rapport à l'exercice de leur profession, Dassault leur répond : « Si la majorité est maintenue après les élections, rien ne sera changé. Si c'est l'opposition qui passe, vous savez parfaitement que votre profession sera supprimée, comme toutes les autres professions, que toute l'administration du pays sera entre les mains de l'État et que la France deviendra une démocratie populaire comme Cuba et le Cambodge, par exemple... »

Évidemment, Marcel Dassault n'est pas dupe de ses propres outrances, et, dans le même temps, il reprend son

1. Rapporté par *L'Événement du Jeudi*, 23 avril 1998, « Enquête sur le premier combinard de France », Daniel Bernard.

immuable couplet sur la nécessaire union nationale. Il continue à dire qu'il y a « du bon monde partout », et « des hommes éminents parmi les communistes et les socialistes », bref, qu'il faut que « tous les partis se retrouvent dans l'Union nationale ».

La majorité sortante l'emporte avec 290 sièges contre 201 à l'opposition ; par son score, l'UDF se rapproche du RPR. Marcel Dassault et son poulain Jean-François Mancel sont élus. L'avionneur peut être satisfait, puisque onze « députés Dassault » (Démocratie chrétienne française) vont siéger à l'Assemblée et qu'il va enfin pouvoir réaliser son rêve.

Pendant les quinze jours précédant l'événement, l'avionneur travaille beaucoup son discours avec le fidèle Bénouville. Au cours de deux week-ends à Coignières, tous deux se font aider par deux dirigeants de la Démocratie chrétienne française, Charles Cristofini, président du directoire de la SNIAS, et Robert Wirth, président de la Compagnie générale du béton. L'avionneur sollicite également les conseils de Léon Zitrone…

Le lundi 3 avril 1978, les gardes républicains présentent les armes à un Marcel Dassault intimidé qui se dirige vers l'hémicycle. Avant de monter à la tribune, il glisse un billet de 500 francs à l'huissier. « Il a dû le confondre avec le chasseur de Chez Maxim's », note *Le Canard* deux jours plus tard. De sa voix nasillarde, il commence sa courte intervention par un : « Je vais vous parler du chômage », déclenchant des sourires sur plusieurs bancs. On y retrouve dans son allocution le style de ses papiers de *Jours de France*. Simple, voire simpliste, gentil et un tantinet populiste :

> « L'augmentation du prix du pétrole, peut-être justifiée, a précipité la France dans une crise économique profonde…
>
> Il y a eu des chômeurs. Il y a eu des petits commerçants qui ont fait faillite, et des industriels qui ont perdu le goût d'entreprendre…
>
> Allons-nous pendant longtemps encore continuer d'acheter en Amérique 89 % de nos machines-outils ?…
>
> C'est que les industriels ne disposent pas des crédits nécessaires pour s'équiper…
>
> Il faut donc avoir recours à un moyen de financement parallèle, et ce ne peut être qu'un impôt de solidarité, un grand impôt sur la fortune, une fois pour toutes…
>
> Il faudrait un gouvernement capable d'organiser une Exposition universelle. Cinquante millions de clients étrangers viendront en France. Une Exposition universelle, c'est aussi la fête, les jeunes seraient heureux…
>
> Et alors la France, meurtrie par la guerre, l'Occupation, la déportation, les guerres coloniales et la crise, aurait là l'occasion de retrouver son sourire ! »

Une belle journée pour Marcel Dassault.

Son ami Jacques Chaban-Delmas, réélu président de l'Assemblée nationale, l'a ensuite remplacé au perchoir.

# CHAPITRE XXI

## 1981. Marcel Dassault : « Je n'ai jamais eu peur de la gauche »

Au soir du 10 mai 1981, l'ancienne halle aux grains attenante à l'hôtel de ville de Méru accueille de nombreux Méruviens venus attendre le résultat des élections présidentielles. Accroché au-dessus des têtes entre deux énormes piliers de chêne plane le modèle réduit du *Point d'interrogation*, l'avion qui, piloté jadis par Dieudonné Costes et Maurice Bellonte, l'enfant de Méru, traversa pour la première fois l'Atlantique d'est en ouest, le 29 septembre 1930, « pour rendre la politesse à Lindbergh », trois années après l'exploit de l'Américain qui avait traversé l'océan d'ouest en est sur le *Spirit of Saint Louis*, les 20 et 21 mai 1927. Il est 20 heures. Le portrait électronique se compose sur l'écran de télévision posé sur une étagère dans l'angle gauche de la salle. Le visage de François Mitterrand apparaît. L'ovation se répercute le long des couloirs et à l'extérieur de la mairie, sur la place où la population est rassemblée. Pour la première fois depuis vingt-trois ans, les Français ont choisi l'alternance. Et, ici, à une très large majorité.

Sur la place de l'hôtel de ville, entre la mairie et l'église Saint-Lucien, la foule s'organise. Entouré par mes adjoints dont certains ont à peine vingt-cinq ans, ceints de nos écharpes tricolores, nous entamons à travers la commune le « défilé de la victoire ». Quatre années se sont écoulées depuis que la liste que j'ai conduite l'a emporté aux élections municipales, ce qui m'a valu de recevoir une insolite et somptueuse corbeille de fruits de la part de Marcel Dassault. En élisant un maire socialiste, Méru avait déjà renoué en mars 1977 avec sa tradition ouvrière, encore fortement ancrée dans les consciences et les cœurs de nombreux Méruviens.

Sur le chemin du défilé, un vieux tabletier nous adresse des signes de tête, au carrefour dit du *coin Moulin*, lorsque nous redescendons des quartiers HLM vers le centre-ville. Ses yeux sont embués de larmes. Depuis plus de deux cents ans, l'histoire de la cité de Bellonte se confond en effet largement avec celle de la tabletterie, le travail de l'os, de l'ivoire et de la nacre. Les artisans de Méru étaient jadis réputés dans la fabrication des dés en os et des dominos. Sous Louis XIV, les éventaillistes de Paris trouvaient à Méru, Andeville, Amblainville et la région ceux qui allaient tailler, façonner, ouvrager les montants en ivoire ou en os des superbes éventails que l'on s'arrachait à la cour du Roi-Soleil. Puis, par commodité, ils vinrent s'installer eux-mêmes dans la région. En 1828, un artisan tabletier d'Andeville, à trois kilomètres de Méru, commença la fabrication des boutons et fut bientôt suivi par de nombreux autres. Pour fabriquer les « pions » qui, une fois percés, tournés, façonnés puis polis, devenaient boutons, il fallait importer des tonnes de coquillages qui arrivaient en gare de Méru. Ce qui restait des coquillages découpés était ensuite répandu sur tous les sentiers de la région.

À la fin du XIX^e^ siècle, la tabletterie est encore l'activité essentielle de Méru. Plus de 10 000 personnes travaillent la nacre au sein de 250 entreprises familiales ou industrielles, dans des conditions souvent très difficiles. En 1909, de longues grèves paralysent la région ; les troupes commandées par Joffre cantonnent dans la ville pendant deux mois. Méru acquit alors une « mauvaise réputation » et devint « Méru la Rouge ».

Des boutons, des grèves, un *Point d'interrogation* piloté par Bellonte : tels sont les principaux points de repère de la mémoire collective des habitants de Méru. Une ville décidément marquée par l'aviation et les avions, puisqu'elle est connue de (presque) tous les pilotes du monde qui, venant d'Amérique du Nord ou d'Europe septentrionale, doivent atterrir à Roissy-Charles-de-Gaulle ou au Bourget : Merue (avec un E, parce qu'un *reporting point* doit obligatoirement être composé de cinq lettres) est en effet la « porte d'entrée » dans le ciel d'Île-de-France : les aiguilleurs du ciel imposent aux pilotes de se mettre à la queue-leu-leu à partir de cette balise virtuelle située à la verticale de notre localité. Les Méruviens ne doivent pas être bien nombreux à savoir qu'ils sont situés à la verticale de l'accès à une très grande autoroute du ciel. Il faut dire que l'altitude encore élevée des avions de ligne nous préserve des décibels de leurs réacteurs.

Avant même notre élection, nous entendions bien resserrer les liens entre Méru et son fils aviateur, entre Méru et son passé. Jean-Louis Auduc, mon premier adjoint, historien et professeur au collège, s'était mis en relation avec Maurice Bellonte, avant mars 1977, pour lui proposer de renouer avec la cité de son enfance. Installés à la mairie, nous lui proposâmes d'inaugurer avec lui une plaque commémorative apposée sur sa maison natale, une bicoque en torchis dans une ruelle du centre-ville. Il y fut accueilli en grande pompe par le conseil municipal et les enfants des écoles (dont ceux de l'école Bellonte). Le célèbre aviateur, qui avait 13 ans en 1909, se souvenait de la grande grève des boutonniers, mais il avait davantage été frappé par la nouvelle, en juillet de la même année, de la première traversée de la Manche par Louis Blériot. Il avait aussi été fasciné par l'envol de l'énorme montgolfière, sur la place du Jeu-de-Paume, lors de la grande cavalcade du lundi de Pâques[1]. C'est ainsi que vint à l'adolescent, futur héros de la traversée de l'Atlantique, le goût des conquêtes du ciel, comme naguère Marcel Bloch découvrant « le Wilbur Wright qui doublait la tour Eiffel ».

Maurice revint à Méru en 1980. Pendant plus de deux heures, il conta ses exploits dans une classe de l'école Bellonte et proposa une aventure qui suscita l'enthousiasme de ses jeunes auditeurs : un baptême de l'air collectif dans un avion affrété par Marcel Dassault, avec qui il entretenait depuis longtemps des relations amicales. Le projet n'eut malheureusement pas de suite…

1. La cavalcade des fêtes de Pâques était chaque année, jusqu'à une date récente, le point culminant des festivités de la ville et la parade des chars attirait une foule considérable.

Pour les législatives de juin 1981, les militants socialistes m'ont désigné pour affronter Jean-François Mancel, le poulain de l'avionneur. Depuis trois ans, celui-ci sillonne en tous sens la circonscription de Beauvais-Sud dont il est l'élu depuis 1978, et qui, malgré les résultats du 10 mai, reste difficile pour la gauche. Plus ruraux qu'urbains, ses cantons sont restés majoritairement conservateurs. Au dynamisme du député sortant, à son verbe haut perché mais abondant et persuasif, s'ajoutent les puissants moyens déversés depuis la circonscription voisine de Beauvais-Nord : là où les tombolas sont miraculeuses et où les Renault tombent du ciel…

Folle et harassante campagne : 163 communes visitées en 15 jours ! Je croise journellement la route du député sortant qui court le même marathon. Le 9 juin, je suis élu député de l'Oise. « Divine surprise ! » commente *le Monde.* Les cinq circonscriptions du département élisent des députés de gauche. Sauf une : celle de Marcel Dassault.

Le 2 juillet, les élus de l'Oise reçoivent leur panoplie pour la nouvelle législature : une mallette en beau cuir marron contenant les insignes de la fonction : l'écharpe, la cocarde et les « baromètres »[1]. Marcel Dassault n'est pas là : il n'a nul besoin d'écharpe ni de cocarde… Nous allons tous le voir le lendemain, puisqu'il va présider la première séance : doyen d'âge, le discours d'ouverture lui revient cette fois encore…

L'hémicycle est plein à craquer, les tribunes du public débordent. Journalistes, anciens députés dans leur tribune

1. Insigne des parlementaires.

réservée, parents des nouveaux élus de la nation et des réélus. La famille Dassault est particulièrement bien représentée par madame Dassault, son fils Serge et son épouse.

Première séance : émotion rare de me retrouver assis dans l'une des travées rouges, même si ce n'est pas encore à ma place définitive. Pour entendre le discours du doyen d'âge, les députés, en effet, siègent par ordre alphabétique. Ensuite, l'hémicycle est réparti selon les groupes politiques constitués et les places des élus personnellement attribuées et numérotées.

Je ne puis contenir un sentiment de fierté d'avoir été élu représentant du peuple de l'Assemblée nationale de 1981. De participer ainsi à ce moment historique de l'alternance : « Vous n'en connaîtrez probablement pas d'autre de cette importance », nous a dit François Mitterrand, lui-même surpris par l'ampleur de la « vague rose » lors d'un dîner à l'Élysée auquel j'ai été convié avec quelques collègues. Dans le même temps, un sentiment d'irréalité flotte dans l'impressionnant hémicycle. Bonheur de lever le nez au plafond, de contempler un instant les couleurs tendres des frises d'Évariste Fragonard qui ornent les contours de la voûte.

Soudain, le silence. D'un pas mal assuré, Marcel Dassault gravit les marches moquettées de la tribune, s'installe dans le fauteuil de la présidence, assisté par un huissier prévenant. De son inimitable timbre de voix nasillard, assorti d'un léger accent de gouaille faubourienne, l'avionneur va prononcer son discours de doyen d'âge devant les 577 élus de la VII$^{e}$ législature, dont 282 socialistes. Parmi eux, 30 « barbus ». Et dire que Marcel Dassault ne supporte pas la moindre pilosité chez les collaborateurs de son entreprise ! C'est néanmoins souriant, manifestement d'humeur radieuse, que le doyen d'âge entame son adresse. Celle de 1978 n'en aura été qu'une sobre répétition, puisqu'elle commence de la même façon.

« Mesdames, Messieurs les ministres, mes chers collègues, le chômage étant toujours à l'ordre du jour, je vais vous parler du chômage *(Sourires).* »

L'entrée en matière étant identique, Marcel Dassault se contente de compléter ses propositions de naguère : « Je suggère différentes solutions pour y remédier, pour éviter la sortie du franc et favoriser l'entrée de devises étrangères [...]. Les motards qui escortent le président de la République utilisent des Honda japonaises ou des BMW allemandes. Il faut construire des motos[1] ; pour les appareils photo, c'est la même chose ; comme pour les meubles... Les Français construisent des meubles de luxe de réputation mondiale, il est étonnant qu'ils ne fabriquent pas de meubles courants pour les habitants des HLM. » Il recommande la construction « d'une grande usine produisant 100 000 à 200 000 ameublements dans le Jura [...], la plantation d'une immense forêt de sapins de très belle qualité. Ainsi créerait-on de nombreux emplois ! »

L'industrie automobile ? « Elle manque de robots, on construit trop cher ! »

« Artisans et ouvriers d'art sont oubliés ! Ainsi une exposition dans le genre de celle des Arts décoratifs de 1925 *(rires)* attirerait en France trois ou quatre millions d'étrangers qui dépenseraient leurs devises. »

1. Marcel Dassault avait pris, en mai 1980, une importante participation dans Motobécane à Saint-Quentin, dans l'Aisne.

Il rappelle toutes les expositions, chères à son cœur, qui permirent de construire le Trocadéro, la tour Eiffel – le bon temps de l'oncle Camondo ! « Si l'on en organisait une en 1983, 1984 ou 1985, il faudrait y joindre une sorte de Luna Park comme il en existait avant guerre. Les jeunes iraient s'y distraire au lieu de se battre dans les escaliers des HLM ! Les étrangers y viendraient aussi, car, dans leur pays, ce n'est pas beaucoup plus gai que chez nous. »

Le doyen d'âge loue les architectes français « qui ont transformé les deux ailes mauresques du Trocadéro par des ailes modernes, et la perspective vers le Champ-de-Mars, digne des architectes de Louis XIV. À l'époque déjà, on construisait des palais en se préoccupant de l'environnement ».

En terminant, il prie l'Assemblée de l'excuser « d'avoir adopté le ton de la conversation plus que du discours. Ce n'est pas dans les habitudes parlementaires. Mais je suis un ingénieur, et je ne pouvais vous parler que comme un ingénieur. Je suis aussi un Français qui souhaite que son pays sorte au plus vite de la crise mondiale après avoir supprimé le chômage et reconquis sa prospérité ! » *(Applaudissements sur de nombreux bancs.)*

L'ingénieur Marcel Dassault descend tranquillement du perchoir en baissant un peu la tête et distribue sur son passage quelques « Pascal » aux huissiers et, par inadvertance, au secrétaire d'âge qui l'accompagnait ! Les jeunes élus de la « vague rose » n'en reviennent pas. Où sont donc passées les empoignades idéologiques sous les préaux d'école, le lyrisme des grandes réunions publiques qui ont marqué la campagne, les mesures radicales du Programme commun ? Aujourd'hui, pour le premier discours de la législature, la rupture de ton est brutale. Une enveloppe matelassée arrivera bientôt dans les bureaux de chaque nouveau député socialiste. Un présent de bienvenue du président-doyen d'âge : son livre *Le Talisman.*

Quelques jours plus tard, Pierre Mauroy, nommé à Matignon, s'exprime sur les nationalisations en présentant le programme économique du gouvernement : « Les nationalisations donneront au gouvernement les moyens déterminants pour conduire sa politique économique [...]. J'invite les chefs d'entreprise concernés à se comporter à l'égard des pouvoirs publics en partenaires attelés à une même tâche. »

Onze groupes industriels sont concernés : en tête de liste, Dassault et Matra, puis suivent neuf autres[1].

Le projet ne date pas d'hier. Le doyen d'âge le sait. Dès 1964, dans une intervention à l'Assemblée nationale, François Mitterrand pointait du doigt la société de l'avionneur : « Mais, aujourd'hui, l'armée de l'air française, et, à sa suite, la Défense nationale tout entière sont devenues à nouveau tributaires de l'initiative privée. Avions militaires de type classique et engins destinés au transport des armes atomiques sont produits presque exclusivement en France par la Société générale aéronautique Marcel Dassault. Cette situation devient chaque jour dommageable[2]... »

1. Il s'agit de Usinor et Sacilor pour la sidérurgie, de la Compagnie générale d'électricité, de Pechiney Ugine-Kuhlman, Rhône-Poulenc, Saint-Gobain et Thomson-Brandt. Les autres groupes, CII HB, ITT France et Roussel-Uclaf, sortiront provisoirement du champ des nationalisations, comme le nouveau président s'y était engagé.

2. Intervention de François Mitterrand à la tribune de l'Assemblée nationale, en novembre 1964, citée par Pierre Assouline dans *Monsieur Dassault.*

Au moment où le processus de nationalisation se met en place, la société des AMD-BA réalise un chiffre d'affaires de 10,7 milliards de francs, dont 7,2 à l'exportation (bilan 1980). Ses effectifs sont de 15 850 personnes, ce qui est relativement peu par rapport à son chiffre d'affaires. Mais on sait que ses activités de sous-traitance régulières et systématiques, dévolues en particulier à des sociétés nationales, occupent entre 40 000 et 50 000 personnes.

Les négociations concernant Dassault et Matra sont confiées à Georges Lemoine, secrétaire d'État à la Défense. Georges Lemoine et Jean Peyrelevade, ingénieur en chef de l'aviation civile, assistés du contrôleur général Jacques Barthélemy, passeront l'été 1981 à Paris. Marcel Dassault aussi. Sans doute est-ce en l'occurrence ce qui le dérange le plus. Il ne pourra pas prendre ses quartiers d'été à Gstaad ni à Megève où il invite parfois ses proches collaborateurs. Plus que de l'issue des négociations, il est inquiet de la décision de François Mitterrand de présenter, au Salon du Bourget, les avions désarmés…

La première réunion de « cadrage » de la négociation a lieu le 7 juillet 1981 à Matignon. Y assistent, pour les AMD, Benno Claude Vallières, le président, Charles Edelstenne, secrétaire général, Pierre de Bénouville, et, pour le nouveau gouvernement, Charles Hernu, ministre de la Défense, et Georges Lemoine, son secrétaire d'État. Les premiers échanges se déroulent dans un « bon esprit ». La complexité du système Dassault, l'enchevêtrement des sociétés et des répartitions de capital ne vont toutefois pas faciliter la tâche des négociateurs qui, pendant l'été, vont se réunir tous les jours au Rond-Point. « C'est moi qui proposai à Marcel Dassault de me rendre au siège de sa société. C'était une marque de déférence vis-à-vis de l'ancien déporté de Buchenwald et d'un homme qui devait avoir de surcroît 89 ans à l'époque », se souvient Georges Lemoine. Une décision qui ne fut pas du goût de tous. Certains socialistes furent même choqués par une attitude qu'ils ne jugeaient pas conforme aux traditions républicaines ni à la déférence due au représentant de l'État, celui-ci se devant d'amener le chef d'entreprise à venir négocier sur son propre terrain. Ce ne fut pas la seule divergence à se manifester…

« Marcel Dassault nous recevait en compagnie du général de Bénouville, poursuit Lemoine. C'est avec ces deux seuls hommes que se déroula toute la négociation. L'avionneur tenait tous les autres à l'écart, y compris même son fils Serge. Il ne faisait venir des collaborateurs que si cela se révélait nécessaire. Tout au long des réunions, les deux hommes s'échangeaient des billets qu'ils écrivaient au fur et à mesure du déroulement des conversations.

« Je me retrouvais certains jours chez Matra avec Jean-Luc Lagardère et Tony de Graaf[1] (qui avait été secrétaire de Jean Moulin) et m'apercevais de certaines similitudes dans la présentation des arguments respectifs de Marcel Dassault et Jean-Luc Lagardère. En réalité, je m'aperçus que Marcel Dassault et Sylvain Floirat, le fondateur de Matra, se téléphonaient pour se concerter après chaque séance. Je le leur fis remarquer. »

Et Lemoine d'ajouter : « La chaleur de l'été 1981 était éprouvante. Cette négociation est un des grands souvenirs de ma vie politique, et fut à l'origine d'une de mes plus

1. Proche de Jean-Luc Lagardère chez Matra.

fortes émotions. Une après-midi, Marcel Dassault fut pris en effet d'un sérieux malaise et transporté hors de la salle où nous étions réunis. J'ai craint le pire et quittai les lieux en imaginant les titres de la presse du lendemain : *"Marcel Dassault avait résisté aux épreuves de la guerre et de la déportation ; pas à Lemoine et aux socialistes !"* Je passai une nuit d'angoisse, sans dormir, et fus heureusement rassuré, le lendemain matin, quand je pris de ses nouvelles. Il était tout à fait remis et nous poursuivîmes le jour même nos travaux. »

Après qu'on eut sorti les sociétés Dassault Export, Dassault Systèmes et la SCEMD (Société centrale d'études Marcel Dassault) du champ de la nationalisation, les conversations avancèrent plus rapidement. La SCEMD, société holding qui a remplacé la Générale immobilière Marcel Dassault (GIMD) après l'affaire de Vathaire et les conclusions de la commission d'enquête parlementaire, serait désormais actionnaire à 49 % des AMD à côté de l'État. Elle continuerait de percevoir le loyer des biens immobiliers (elle resterait propriétaire des murs des usines) et les royalties, et demeurerait détentrice des brevets. Les bénéfices des licences de production garantiraient à l'actionnaire principal, Dassault lui-même, 3 % de commission sur la vente de chaque avion. L'avionneur décida de céder gratuitement à l'État 26 % du capital des AMD-BA – soit l'équivalent de près de 2 milliards de francs venant en compensation d'avances ou de redevances impayées. Ces 26 % vinrent s'ajouter aux 20 % acquis depuis 1978 sous le gouvernement Raymond Barre. Le contrôle de l'État sur l'entreprise était donc théoriquement assuré si l'on ajoutait à ces 46 % le vote double de l'actionnaire public dont le principe était lui aussi retenu depuis 1978. Mais ce vote double allait faire l'objet d'une interprétation juridique différente, acceptée par les uns et contestée par les autres, et il n'entrerait pas dans les faits. Quant à la nationalisation complète mais « homéopathique » et progressive dans les cinq ans ? Nous sommes en 1981, les élections législatives suivantes auront lieu au plus tard en 1986 : Marcel Dassault ne l'ignore pas.

« Je n'ai jamais eu peur de la gauche », fait dire *L'Expansion* à l'avionneur. Il faut dire qu'en 1936 comme en 1981 les socialistes l'ont plutôt bien traité. Quand, le 8 octobre, Marcel Dassault, accompagné de Bénouville, franchit la porte du Premier ministre Pierre Mauroy et ressort de l'hôtel Matignon, il a toutes les raisons d'être satisfait du protocole d'accord qu'il vient de signer. Mais, contrairement à ce qui fut souvent écrit dans la presse, Pierre Mauroy me confirme qu'aucun arrangement n'intervint sur les droits de succession, au bénéfice des enfants Dassault, en échange des 26 % de parts gratuites. En revanche, la question du maintien ou non de Benno Claude Vallières à la tête des AMD fit l'objet d'une sérieuse empoignade entre Dassault, Pierre Mauroy et Charles Hernu. Ce dernier tenait en effet à ce qu'il soit remplacé afin qu'il y ait rupture dans la direction de l'entreprise. Le gouvernement avait choisi pour succéder à Vallières Roland Glavany, l'ancien général et pilote d'essai, devenu président de l'Office d'exportation des matériels d'armement (OFEMA) et proche du gouvernement. Pierre Mauroy confirme cette volonté qui est aussi celle de François Mitterrand. Mais les Dassault n'en veulent pas et tiennent bon. L'âge de Vallières, 71 ans, est néanmoins pris en compte et la succession, qui est censée revenir à Roland Glavany, reportée à deux ans… Vallières conservera en fait la direction de l'entreprise jusqu'à l'expiration de son mandat, en octobre 1986. « On fit, pour l'entreprise Dassault, le choix de la gérontocratie », commente, quelque peu amer, Roland Glavany. Et Marcel Dassault obtint le « titre cocasse » d'ingénieur-conseil…

Jean-François Dubos, ancien conseiller spécial de Charles Hernu, ne mâche pas ses mots : « En ce qui concerne la nationalisation de Dassault, l'équipe d'Hernu, avec Roland Glavany, était pour une véritable nationalisation des Avions Marcel Dassault. Tout comme les militaires, aussi surprenant que cela puisse paraître. L'équipe Bénouville-Attali (Attali était proche de Dassault), ainsi que le clan autour du général Mitterrand, alors président de l'Aérospatiale, étaient, au nom de la défense de l'industrie, contre la nationalisation. Le gouvernement avait confié la responsabilité de la négociation à Georges Lemoine, secrétaire d'État à la Défense, qui assurait directement les contacts avec Marcel Dassault. Cela aurait pu être Charles Fiterman, ministre [communiste] des Transports. On a choisi Lemoine pour éviter toute provocation, toute aspérité. Nous fûmes assez dépités par l'arbitrage de Pierre Mauroy, qui reflétait la position de François Mitterrand. Non seulement Dassault conservait la maîtrise du double droit de vote[1], mais l'État perdait pour deux ans la majorité. En réalité, ce fut pour beau-

1. L'État n'était pas en mesure d'appliquer juridiquement le double droit de vote lié, semble-t-il, aux actions dont il était déjà propriétaire depuis 1978.

coup plus longtemps... En refusant la nomination à la présidence de Roland Glavany, proposée par Hernu, Benno Claude Vallières restait en place, et Marcel Dassault conservait tout le contrôle de AMD-BA. »

En lui serrant la main à sa sortie de l'hôtel Matignon, Marcel Dassault lance à Pierre Mauroy cette désormais célèbre apostrophe : « Vous êtes bien gentil ! » Le personnel de Matignon reçoit sur-le-champ des preuves tangibles du contentement et de la générosité de l'avionneur dont l'entreprise, à 45 ans de distance, est nationalisée pour la seconde fois. « 500 francs pour l'huissier, 500 francs pour l'homme du vestiaire qui l'avait aidé à passer son manteau, 500 francs pour le porte-chapeau : 1 500 francs dépensés en trois minutes », se souvient, souriant, Georges Lemoine.

Le 9 novembre 1981, Henri Potez, l'associé, le complice, nationalisé jadis comme Marcel Bloch par le gouvernement de Léon Blum, s'éteint dans sa Picardie natale. La cérémonie des obsèques est organisée à Albert, près de Méaulte, dont Potez fut maire quelques années après son retrait de la construction aéronautique. Les honneurs militaires lui sont rendus. « La couronne envoyée par Marcel Dassault était si grande qu'elle n'entrait pas dans la basilique Notre-Dame de Berbières », écrit le journal local.

En 1982, la Société centrale d'études Marcel Dassault acquiert 20 % des parts de la station de radio Europe N° 1 – « Image et Son[1] », devenant ainsi le deuxième actionnaire

1. Ses parts, revendues en Bourse, furent rachetées par Sylvain Floirat en 1994.

après la SOFIRAD, société d'État. Ce que Valéry Giscard d'Estaing avait refusé à Dassault, s'agissant de RTL, le gouvernement de gauche y consent pour Europe N° 1. L'affaire s'est directement décidée à l'Élysée : « Par François Mitterrand lui-même, probablement sur l'insistance de Bénouville. L'affaire ne passa point par Matignon », me précise Pierre Mauroy.

Dans cette affaire comme dans le cas de la « nationalisation » de Dassault, tout s'est en réalité joué loin des regards des journalistes et des politiques, entre François Mitterrand et Pierre de Bénouville, au cours de leurs discussions du samedi matin à l'Élysée. Les deux hommes étaient très liés depuis les bancs de l'école des bons pères, à Angoulême, et leur amitié a survécu à leurs divergences idéologiques.

Le vieux Dassault pouvait répéter à juste titre qu'il n'avait jamais eu peur de la gauche. À 90 ans, il est un homme comblé… et en pleine forme. Lors de la grandiose réception organisée par ses fils au pavillon d'Armenonville pour célébrer son 90^e^ anniversaire (sept cents invités traités par Potel-et-Chabot, cinq cents kilos de caviar et un gâteau géant en forme de supersonique), à un général assez discourtois qui, après l'avoir remercié, lui lançait en prenant congé : « Et j'espère bien vous revoir l'année prochaine ! » il répondit : « Pourquoi, vous êtes malade[1] ? »

Les relations entre Marcel Dassault et le gouvernement socialiste vont se révéler harmonieuses jusqu'à la fin de la législature. Sur la question irakienne, nous avons vu comment la volonté de préserver les équilibres entre les

1. Propos rapporté par un ancien photographe de *Jours de France*. Entretien avec l'auteur.

deux pays belligérants, l'Irak et l'Iran, s'était traduite par une coopération sans faille entre les AMD-BA et le gouvernement socialiste. Aux « arguments stratégiques » s'ajoutaient d'ailleurs des raisons éminemment économiques. Un autre argument plus prosaïque est avancé par Jacques Attali dans son *Verbatim*[1] : « Chacun sait que l'Irak nous doit 17 milliards de francs et que nous n'avons, de ce fait, aucun intérêt à laisser un autre ayatollah prendre le pouvoir à Bagdad ; chacun sait que l'Iran est pour le moment le principal facteur de déstabilisation de la zone des tempêtes pétrolières… »

Une autre raison encore imposait le maintien de liens harmonieux entre le « conseiller » des Avions Marcel Dassault et le gouvernement : François Mitterrand entendait donner un nouveau souffle à la politique de défense européenne. Une position d'autant plus déterminée qu'elle se situait toujours dans le contexte de l'antagonisme Est-Ouest, d'une opposition affirmée à l'intervention soviétique en Afghanistan, du soutien sans faille à *Solidarnosč* en Pologne, enfin du choix de la dissuasion nucléaire et de l'installation des fusées Pershing en Allemagne de l'Ouest face aux SS 20 soviétiques. Car « les pacifistes sont à l'Ouest, mais les SS 20 sont à l'Est », résuma magistralement François Mitterrand.

Une première et longue mission à Moscou de la commission des Affaires étrangères, en octobre 1982, présidée par Maurice Faure et à laquelle j'appartenais, avait d'ailleurs fixé le cadre de nos relations parlementaires, cordiales mais sans concessions, avec nos homo-

1. Tome I, Fayard, 1993.

logues soviétiques. « Mais c'est après le sommet de Fontainebleau de 1984 que la politique européenne de Mitterrand prend toute sa dimension », me rappelle Pierre Mauroy. C'est alors que se repose avec acuité l'opportunité d'une politique de défense européenne et de la construction d'un avion de combat européen pour contrebalancer le poids des super-grands sur le marché mondial des armements. « Des pays comme le Pakistan achètent désormais exclusivement aux Américains Lockeed, Mc Donnell Douglas, General Dynamics et Northrop. [...] Quatre adversaires dans les avions de combat, c'est beaucoup ! Depuis quinze ans, Dassault exportait deux Mirage chaque fois que l'armée française en commandait un. Pourra-t-il maintenir l'écart ? », écrit alors *Libération*[1]. L'avionneur français est un industriel beaucoup trop avisé pour ne pas se poser la question depuis longtemps. De son côté, le nouveau gouvernement socialiste et tout spécialement Charles Hernu, européen convaincu, tentent alors de relancer ce projet d'avion de combat européen.

Pour mieux comprendre la partie qui va se jouer, il faut rappeler qu'en 1973 la France n'avait pas voulu entrer dans l'Eurogroup, organisme de coopération européenne de défense aérienne, aux côtés de la Grande-Bretagne et de l'Allemagne. Le Mirage FI dépassé, le « marché du siècle » perdu[2], le projet ACF – l'Avion de combat futur – à l'étude chez Dassault ne suscita pas l'enthousiasme, les pouvoirs publics jugeant son coût déraisonnable. De leur côté, les Européens – Allemagne, Grande-Bretagne, Italie –, associés

1. *Libération* du 21 avril 1986.
2. Voir *supra*, chap. XVI.

pour construire le MRCA, avion à géométrie variable, invitaient les Français à les rejoindre, mais sans succès, Marcel Dassault insistant pour proposer au niveau européen une répartition des rôles entre les deux avions de combat (un ACF version chasseur, un bombardier version MRCA). L'ACF fut définitivement abandonné en 1974. Beaucoup estimaient alors les avions dépassés au bénéfice des vecteurs balistiques (vitesse d'approche : Mach 14) des sous-marins nucléaires.

Après l'abandon du projet ACF, les AMD-BA lancent les études et ouvrent les chantiers des modèles Mirage 2000 et Mirage 4000 sur lesquels Valéry Giscard d'Estaing a rendu un arbitrage défavorable ; conscient de l'importance de la construction de l'avion européen Tornado, le président avait alors incité Marcel Dassault à renouer les relations avec les Anglais, les Allemands et les Italiens.

En 1981, le Mirage 4000 (biréacteur à ailes delta) n'a pas encore le moindre client à l'exportation, et l'armée se fait tirer l'oreille pour passer la première commande malgré l'optimisme affiché de Benno Claude Vallières, confirmé dans ses fonctions. Charles Hernu n'est pas plus séduit par le Mirage 4000 que VGE. Pour lui, le nouvel avion de combat doit s'intégrer dans le cadre européen. Il entend impulser une nouvelle orientation au moment où le remplacement des Starfighter est envisagé. Jean-François Dubos s'exprime sans la moindre ambiguïté à ce sujet : « Il y avait, de la part d'Hernu, une opposition frontale avec certains conseillers de l'Élysée, dont Attali, qui, pour des raisons stratégiques, était favorable quant à lui au Mirage 4000… Nous, nous ne croyions pas du tout au Mirage 4000. Quatre exemplaires seulement étaient construits, aucun financement n'était prévu. Dassault voulait l'imposer à l'armée de l'air, qui n'en voulait pas. Un financement de l'Arabie Saoudite, sur le papier, ne permettait pas de continuer. Le Mirage F1 était là pour vingt ans, ainsi que le Mirage 2000. C'est Dassault qui voulait fabriquer son avion, le Mirage 4000. Un biréacteur qu'il prétend exportable. Mais un bimoteur que les pays du golfe Arabo-Persique n'ont jamais acheté, et qu'ils jugent trop compliqué à piloter !

« Charles Hernu voulait un avion européen : le Rafale européen. Nous voulions construire l'aviation de défense européenne à partir d'une entreprise européenne. Les états-majors allemands se rapprochant de nous, Hernu, dans la préparation du budget 1982, et pour faciliter la coopération européenne, propose de participer à l'appareil expérimental ACE (Avion de combat européen), en y adjoignant un moteur 404 américain, et de relancer le M 88 à la SNECMA. »

Les conversations avec les autres Européens ne sont pas faciles, car l'arrivée des « avions furtifs » et des AWACS américains changent la donne, et les impératifs stratégiques ne sont pas les mêmes pour tous. Les états-majors allemand et français ont des intérêts convergents et des conceptions plutôt proches, comme me le confirme Émile Blanc, ancien conseiller technique au cabinet du ministre de la Défense : « La France et l'Allemagne ont besoin d'un avion de combat au rayon d'action limité, et recherchent la maîtrise du ciel, leurs positions géostratégiques par rapport à l'agresseur éventuel ne sont pas très éloignées. Pour la Grande-Bretagne et l'Italie, un rayon d'action plus vaste s'impose afin d'étendre leur protection respectivement sur la mer Baltique et la Méditerranée, de Malte à Chypre. Il faut donc deux avions de caractéristiques différentes. »

La volonté du ministre français de faire avancer la politique européenne de défense ardemment souhaitée par François Mitterrand se heurte à de véritables difficultés objectives. L'Allemagne rejoint ainsi l'Italie cependant que l'Espagne rejoint la France. La nécessité d'armer le porte-avions *Charles-de-Gaulle*, dont la construction, décidée par Valéry Giscard d'Estaing en 1980, sera confirmée en 1986, pose un problème et suscite des divergences supplémentaires. « Les uns ont besoin d'un avion de 7,5 tonnes, les autres de 10 tonnes : un avion se vend au poids... Nous offrons alors, pour arriver à un accord, de prendre à notre charge la différence de poids », expose Émile Blanc. Mais les bons offices des uns et des autres n'atténuent pas la force des courants contraires.

L'équipe des AMD-BA ne facilite pas non plus les rapprochements. Les relations entre les collaborateurs de Dassault et la partie anglaise sont exécrables, et ce, depuis fort longtemps. À la brutalité des « Dassault » répond le peu d'enthousiasme des Anglais à coopérer avec les Français : « La Grande-Bretagne souhaitait la maîtrise d'œuvre (qu'elle n'avait pas exercée depuis 1962) et voulait travailler avec les Américains. Margaret Thatcher multipliait les contacts pour entrer dans le golfe Persique avec l'avion Tornado, et neutralisait ainsi Dassault qui nouait, lui, des contacts étroits avec les Chinois et l'Arabie Saoudite », raconte Jean-François Bureau, ancien membre de cabinet de Charles Hernu.

Le 1er août 1985, à la conférence de Turin, la France et l'Espagne reçoivent un ultimatum des trois autres partenaires leur enjoignant de se rallier au projet de l'Eurofighter, défendu par la Grande-Bretagne, l'Allemagne et l'Italie. C'est la réunion de la dernière chance pour trouver un accord sur le futur avion européen. Devant l'échec prévisible, François Mitterrand, en accord avec Charles Hernu, lance une mission diplomatique conduite par le diplomate Arnaud (ancien ambassadeur en URSS). Peine perdue. Il reçoit partout un accueil détestable. Émile Blanc évoque cette tentative : « François Mitterrand ne se résolvait pas à abandonner la construction de l'avion européen, mais les fortes pressions exercées pour décider de la fabrication du Rafale le contraignent à gagner du temps. Celles-ci ne s'exercent pas seulement de l'intérieur de chez Dassault, mais également de la part des syndicats qui défendaient la construction du Rafale. La question de l'emploi était évidemment présente…

« Le Rafale est un appareil remarquable, il vole depuis huit ans, accomplit des performances remarquables, et ses équipements n'ont rien à voir avec ceux du début, alors que l'Eurofighter, lui, n'a pas encore volé. Avec 450 avions en ligne, les Rafale remplaceraient tous les autres avions de combat. Le président de la République était sensible à cet argument. »

Et chacun de nourrir le secret espoir que, compte tenu de l'avance et de l'efficacité de Dassault, l'Europe serait mise devant le fait accompli. « Avec Dassault, on recevait une réponse technique dans les 15 jours qui suivaient la demande ; ce n'était pas le cas des autres. Mais nous avons trop sous-estimé l'Eurofighter ; nous avons longtemps cru qu'il ne serait pas compétitif. C'était une erreur ! »

C'est avec un voile de regret dans la voix qu'Émile Blanc clôt notre entretien. La législature s'achève sans qu'aucune décision n'ait été prise au sujet du Rafale…

## CHAPITRE XXII

# La dernière bataille

> « Nous allons, avec la pompe officielle, enterrer un chétif héros baroque dont vous auriez fait une divinité inca ou un trophée de Jivaros s'il était né ailleurs. »
>
> Marcel JULLIAN[1].

2 avril 1986 : Jacques Chirac est le Premier ministre de la cohabitation, nommé par François Mitterrand depuis treize jours ; 291 élus de droite, dont 147 RPR, ont pris place sur les bancs de l'Assemblée nationale. Les électeurs de l'Oise ont envoyé une nouvelle fois l'avionneur siéger au Parlement, malgré ses 94 ans. Vers 15 heures 45, comme tous mes collègues, je gagne ma place dans l'hémicycle entre Jean Ueberschlag, député du Haut-Rhin, et Jean Valleix, de la Gironde, pour écouter le discours du

1. « Le dernier Indien », *Le Monde*, 20-21 avril 1986.

doyen d'âge, mais avec moins de gaieté que la dernière fois. Comme mes amis socialistes, je suis quelque peu « sonné » par notre échec, surtout par la présence dans l'hémicycle de Jean-Marie Le Pen et de 34 autres députés du Front national.

Le cérémonial n'a pas varié. Les ministres entrent derrière le nouveau Premier ministre. Les 577 députés sont encore rangés par ordre alphabétique, jusqu'à l'élection du président de l'Assemblée. À 16 heures 01, l'huissier annonce : « Monsieur le Président ». Surprise : ce n'est pas Marcel Dassault qui se dirige vers le perchoir, mais Édouard Frédéric-Dupont, vice-doyen d'âge et député de Paris depuis 1936, qui, cette fois, a été élu sous l'étiquette du Front national. Après avoir souhaité une prompte guérison au député de l'Oise, le « député des concierges[1] » lit le discours préparé par Marcel Dassault.

Comme pour ses deux premiers messages à la Représentation nationale, le thème principal en est le chômage. Il fait d'abord un rappel historique de « l'œuvre sociale » des présidents élus depuis 1958, de Charles de Gaulle à François Mitterrand. Il rend hommage au Léon Blum de sa jeunesse, défenseur de Dreyfus et leader du Front populaire, en citant une de ses phrases : « Il faut que la démocratie rentre à l'usine. » Et le vieux monsieur de commenter : « C'est fait. » Pour conclure, il rappelle

1. Élu contre Maurice Couve de Murville dans le 7e arrondissement en 1973, il avait dû son élection à sa popularité parmi les gardiennes d'immeubles, ayant utilisé le reproche que semblait lui faire son adversaire de « passer son temps à visiter les concierges » de l'arrondissement. Il avait en effet titré en une de son journal de campagne : « Frédéric-Dupont, le député des concierges. »

l'affiche qui l'avait marqué, à son retour de Buchenwald, et qui représentait un ouvrier disant : « Je relève mes manches pour relever la France. » Il termine par une exhortation : « Relevons nos manches pour faire la France unie qui fera disparaître le chômage ! »

Dès qu'il en a fini, Jean-Claude Martinez, député frontiste de l'Hérault, se lève pour un rappel au règlement. Guy Ducoloné se lève lui aussi et crie : « Il n'y a pas de discussion pendant la présidence du doyen d'âge ! » Le vice-président d'âge tente d'interrompre le député communiste pour laisser parler son collègue et ami du Front national. Les pupitres claquent. Les cris fusent. La législature commence dans l'agitation. Roger-Gérard Schwartzenberg, député du Val-de-Marne, lâche dans les couloirs, à propos du discours du doyen d'âge : « C'est le Café du commerce lu par le musée Grévin ! »

Marcel Dassault avait une nouvelle fois fait campagne dans l'Oise, et pas seulement dans la première circonscription. Quelques mois avant les élections de mars, les socialistes avaient en effet changé le mode de scrutin et imposé la proportionnelle à un tour. La droite avait placé Marcel Dassault, malgré son âge, en tête de sa liste départementale. À 94 ans, il bénéficiait toujours d'une très enviable popularité. Un sondage d'opinion paru dans le *Courrier picard* le créditait en effet de 59 % de bonnes opinions, 10 % de mauvaises, 31 % ne se prononçant pas. Et 97 % des sondés affirmaient connaître Marcel Dassault. L'avionneur était donc encore une si bonne « locomotive » qu'il pouvait se permettre de tirer, juste derrière lui, Robert Hersant contre lequel il s'était battu trente-cinq ans plus tôt. En 1986, aux côtés des gaullistes, il lui ouvre les portes de l'Assemblée nationale. Est-ce une dernière faveur demandée par Jacques Chirac à Marcel Dassault pour venir en aide au patron du *Figaro* ? La troisième position est occupée par Jean-François Mancel, député européen RPR et président du conseil général de l'Oise ; sous la bonne aile d'oncle Marcel, il était ainsi en situation de reconquérir son siège perdu en 1981. La liste de droite obtint finalement trois élus, le Front national un, la liste socialiste trois – dont l'auteur de ces lignes.

Marcel Dassault n'a pas eu le loisir de fêter l'accomplissement d'un de ses rêves, celui de la France unie, François Mitterrand et Jacques Chirac gouvernant ensemble, mais il a sûrement dû goûter ce clin d'œil de l'Histoire. Il était trop épuisé pour honorer le rendez-vous avec les représentants du peuple, auquel il aimait tant se rendre. Hospitalisé à l'Hôpital Américain de Neuilly, le doyen d'âge de l'Assemblée voit sa santé se dégrader ensuite rapidement. Il tente, depuis son lit, de diriger encore son entreprise. Une légère amélioration lui permet, le 4 avril, de recevoir quelques minutes Benno Claude Vallières pour régler diverses affaires courantes. Deux semaines plus tard, le 18 avril 1986 à 20 h 30, il s'éteint.

« Ce qui a tué mon père, c'est de vouloir à tout prix présider la séance de la première législature. Il serait peut-être vivant s'il ne s'était pas forcé, pour s'entraîner avant le grand jour, à monter les escaliers et à apprendre son texte par cœur, car il ne pouvait plus lire », confie son fils Serge à Patrick Poivre d'Arvor dans une interview au *Journal du dimanche*[1].

1. En date du 3 mai 1986.

Les obsèques sont célébrées, le 22 avril, à Saint-Louis-des-Invalides par le père Riquet, le prêtre de son baptême, assisté de trois autres officiants. Le Premier ministre, Jacques Chirac, prononce l'oraison funèbre dans la cour des Invalides, devant les plus hautes personnalités de la République, les corps constitués, des élus de tous les partis, de nombreux anciens ministres, collaborateurs et amis. Un détachement des trois armes rend les honneurs.

« Sa mort fait mal au pays… » Jacques Chirac rappelle le courage, la prodigieuse carrière et le patriotisme de Marcel Dassault. « Un homme généreux : ses amis, ses électeurs de l'Oise peuvent témoigner qu'ils ne firent jamais appel à lui en vain », ajoute-t-il.

Le cercueil est acheminé vers le cimetière de Passy pour être inhumé en bordure d'un petit rond-point, à proximité des sépultures de Konstantin Wladimir Rozanoff, Maurice Farman, Maurice Bellonte[1]. Sur la tombe, une inscription sobre, telle qu'il l'avait souhaitée : *Marcel Dassault. Ingénieur. Député de l'Oise.*

La presse unanime lui rend hommage. « On peut détester ou adorer Marcel, on ne saurait lui refuser un air de famille. Il appartient au particularisme français tout autant que la multiplicité de nos fromages et de nos vins[2] », écrit Gérard Dupuy dans *Libération.* Et chacun d'évoquer sa vie si longue, toujours mêlée à l'actualité, la plus tragique comme la plus heureuse, la plus fastueuse aussi. Tour à tour victime – ô

1. Rejoint aujourd'hui par Pierre de Bénouville qui repose depuis le 21 juillet 2002 au cimetière de Passy dans la même sépulture que ses amis Jehan de Castellane et Michel de Camaret, Compagnon de la libération.

2. « Dassault, histoire d'en France », *Libération* des 19 et 20 avril 1986.

combien ! –, mais, tel le phénix, ressuscitant de ses cendres, des nuits, des camps de la mort. Bâtisseur d'un nouvel empire industriel et d'une étonnante carrière politique alors qu'il aborde, physiquement diminué, la soixantaine.

Que lui reconnaissent les médias qu'il méprisait quelque peu ? Une certaine élégance chez le dandy curieux, joyeux, qui, au fond, s'amuse de tout ; qui épouse, après les avions, l'action politique, l'immobilier, le cinéma, la presse, et l'odeur d'encre de l'imprimerie : « Il adorait le journal et possédait un petit typomètre de poche pour aller au marbre. C'est lui qui tenait à faire la page de l'horoscope de *Jours de France* », raconte Philippe Alexandre.

S'amusait-il de tout pour ne jamais désespérer de ses congénères ni peut-être de lui-même ? La première émission qu'il accepta le 23 mai 1982 au *Grand Jury RTL* frisa la catastrophe.

« C'était pendant la guerre des Malouines, j'avais invité Marcel Dassault à venir faire l'émission *Le Grand Jury*, se souvient Philippe Alexandre.

« – On mettra des micros chez vous pour que vous n'ayez pas à vous déranger.

« – Non, je suis en forme, j'irai à RTL.

« Trois mois après, Marcel Dassault me rappelle, nous convenons d'un rendez-vous. Je me souviens, il faisait très beau, il n'avait pas son lourd pardessus habituel, mais un manteau de demi-saison. À la sortie de l'ascenseur, il confie avec un peu de réticence son vêtement à la jeune fille qui l'accueille (il n'aimait pas trop confier ses affaires) et la gratifie d'un billet de 500 francs. Pleine de confusion, elle refuse. Je glisse à l'oreille de Marcel Dassault :

« – Son père est aussi riche que vous.

« Il insiste. Et, finalement, la jeune fille accepte.

« Marcel Dassault était accompagné de Bénouville et de deux de ses petits-enfants. Autour de la table étaient présents Henri Marque, président de l'Aérospatiale, et, je crois, Jacques Isnard, journaliste au *Monde*.

« L'émission est en direct. Je m'adresse à lui. Très sourd, il n'entend pas mes questions. Je m'inquiète sérieusement. Pause de publicité. Soulagement. Je lui suggère de mettre un casque. Il refuse obstinément, craignant les photographes de plateau :

« – Je vais être ridicule.

« Enfin Bénouville le décide. Il met son casque. L'émission s'est ensuite déroulée comme dans un rêve. Nous avons terminé en évoquant sa nouvelle passion, le cinéma, avant qu'il ne fasse honneur au buffet en se précipitant sur les rondelles de saucisson, qu'il affectionnait, comme chacun sait. »

Au cours des quinze dernières années de sa vie, il a en effet été conquis par le cinéma primesautier et s'est régalé de *Sissi impératrice* et de *La Mélodie du bonheur*. *Le Dernier Métro*, il aura eu du mal à le regarder jusqu'au bout. En sortant, il s'est même senti un peu mal : pourquoi revenir sur un passé cruel ?

Ne pas avoir mal, du moins tenter de s'en empêcher. Il y a, chez l'oncle Marcel, un disciple d'Épicure. Le dinosaure industriel est un tendre cynique. À ceux qui le mettaient en garde contre l'idée de visiter les campagnes de l'Oise à bord de sa somptueuse Bentley blanche, il rétorquait : « Ils m'éliront parce que je suis riche[1]. »

1. Philippe Alexandre. Entretien avec l'auteur.

Mais ce dandy, homme politique, avionneur et homme de pouvoir, « savait faire oublier l'argent » qu'il distribuait pourtant à profusion. Philippe Alexandre, l'homme qui parle le mieux de lui, peaufine en ces termes son portrait :

« Il était très élégant et avait le souci de ne pas heurter, de ne pas choquer. Il était toujours à la recherche du consensus, d'une certaine harmonie… Il répétait souvent : "Je suis ingénieur." Il était certes tout cela et, de surcroît, un tyran débonnaire et prévaricateur, se laissant aller parfois à quelque trivialité. Amusé par les intrigues, fasciné par l'insaisissable pouvoir, il se voulait marchand de bonheur. Marcel Dassault n'était pas un homme de culture au sens de l'honnête homme du XVIIIe siècle. Ses classiques se limitaient à Jean de La Fontaine, et, s'il préconisait à son équipe de publier un feuilleton pour *Jours de France*, c'était un roman de Delly, un auteur de romans à l'eau de rose qui avait connu son heure de gloire dans l'entre-deux-guerres en publiant notamment *L'Infidèle*, *Laquelle*, *Ma robe couleur du temps*… De Proust il garde probablement davantage le souvenir de l'écrivain qui fréquentait le salon des Camondo dans ses jeunes années, de sa frêle silhouette dont la sienne épouse parfois l'allure, que celui de *La Recherche du temps perdu*… »

Lui, aimait les images d'Épinal… et les tableaux de maître ! Il collectionna les Dufy, Boudin, Pisarro, Utrillo, Renoir. Georges Lemoine et son équipe purent en admirer beaucoup dans les salons du premier étage de l'immeuble du Rond-Point, entre chaque séance de travail…

« Avec son teint de cire rose, sa silhouette de musée Grévin, ses petites mains d'ivoire qui dessinaient comme nulles autres le fuselage des mastodontes supersoniques, cet homme peu rancunier a passé sa vie à prendre des revanches : contre la droite de l'entre-deux-guerres qui insultait le petit Juif et ses “cercueils volants” ; contre la gauche qui trouvait immorale la réussite de ce capitaliste monopolistique ; contre la nature qui l'avait fait malingre, frileux et rêveur », écrit Pierre Bénichou dans *Le Nouvel Observateur* du 25 avril 1986.

« César frileux », résuma un jour à son propos François Mauriac.

Mais l'aventure à laquelle Marcel Dassault s'identifie pleinement au cours de ses quatre-vingt-quatorze années d'existence est la grande épopée de la conquête du ciel. « Le ciel qui n'a pas de limites », disait Maurice Bellonte. Il a vécu plusieurs vies, successivement et parallèlement, et connu beaucoup d'aventures. Chez lui, la création de « mastodontes » à réaction allait de pair avec des rêves de midinette.

Tout cela, le plus souvent, près de sa chère « madame Dassault » qu'il emmenait le dimanche après-midi au cinéma et qui jouait du piano. Enfin, tant que cela ne dérangeait pas trop le travail de son mari bien-aimé…

# Épilogue

« L'esprit européen n'existe pas. La préférence communautaire en matière de défense non plus. À partir du moment où les gouvernements ne veulent pas commander de matériel européen, le Rafale n'a aucune chance. Son marché est en France et à l'extérieur. Pas en Europe. »

Serge Dassault, l'homme qui me reçoit dans son superbe bureau du rond-point des Champs-Élysées-Marcel-Dassault[1], ne s'embarrasse pas de précautions oratoires. Les choses sont dites. Au cours d'une première rencontre assez brève en juillet 2003, il avait accepté de répondre à des questions précises que je lui poserais noir sur blanc et d'un rendez-vous à la rentrée. Mes questions reçurent des réponses. Et l'entretien eut lieu.

Le fils m'apparut moins grand que je l'imaginais, avec l'allure feutrée du père mais plus de robustesse. Sourire

1. Le rond-point des Champs-Élysées fut rebaptisé rond-point des Champs-Élysées-Marcel-Dassault le 22 janvier 1992 pour le 100e anniversaire de sa naissance.

débonnaire et amusé. Je l'avais regardé et écouté au cours d'une émission sur LCI avant l'été. Christine Mital, qui l'interrogeait avec un peu de pugnacité, fut aimablement qualifiée de socialiste, mais je dus me rendre compte, affirmant par provocation mon engagement politique au début de la rencontre, que ce n'était pas forcément un mot insultant pour le libéral de droite assumé qu'il était. L'échange fut agréable. Avec cet homme-là, on est assez loin du politiquement correct. Ce n'est pas déplaisant.

Il balaie d'un revers de main la question de l'appartenance de son père à la franc-maçonnerie tant de fois évoquée et dont j'étais convaincu[1]. L'entrevue du fils héritier était importante pour l'auteur que je suis, pas toujours très assuré, de la biographie libre de son père tout-puissant. Mais Serge Dassault, à soixante-dix-huit ans, probablement l'un des hommes les plus riches de France, consacre, me dit-on, la plupart de ses soirées à sa mairie de Corbeil-Essonnes. Il suit assidûment les conférences des ministres sur les politiques de la ville, hier chez Claude Bartolone, aujourd'hui chez Jean-Louis Borloo. C'est la preuve de son sens de l'intérêt collectif et d'un attachement à la *Res publica.* Il lui serait après tout loisible de fréquenter quotidiennement les terrains de golf… Bref, je ne découvre rien des traits rébarbatifs que l'on m'avait parfois tracés de lui.

Mais Serge Dassault, devenu le patron incontesté de l'empire, avec son franc-parler et sa détestation de la langue

1. Il s'agit probablement d'une méprise faite à la lecture des listes des maçons d'avant-guerre. Y figurent en effet deux Marcel Bloch dont l'un est bien ingénieur, mais né en Alsace en 1891 et non à Paris en 1892.

de bois est, comme l'illustre père, un homme à part. Il a conquis la tête du groupe des Avions Marcel Dassault-Breguet Aviation devenu Dassault-Aviation[1] non sans difficulté. André Giraud, le ministre de la Défense pendant la première cohabitation, s'y opposait. Il avait fallu le concours actif de Jacques Chirac, le soutien passif de François Mitterrand et la volte-face d'un représentant de l'État au conseil d'administration, proche de la gauche, pour que le fils, longtemps tenu à l'écart, fût élu à la présidence du groupe – contre l'avis du ministre. Le défi n'était pas aisé à relever. Depuis quelques années, les difficultés s'amoncelaient. La concurrence américaine était de plus en plus rude, entraînant la perte de nombreux marchés à l'exportation.

Serge Dassault prend alors rapidement des mesures de restructuration : bien que le groupe ne se soit jamais trouvé en péril, il ferme quatre sites et diminue fortement les effectifs en février 1987. Il rationalise l'outil de production. Le dernier-né des avions d'affaires, le Falcon 2000, est une réussite reconnue ; les Falcon volent dans tous les cieux du monde.

Et pour le Rafale quel avenir ? Le dernier-né de Marcel Dassault fascinait son inventeur. Le 14 décembre 1985, quelques mois avant sa mort, l'avionneur avait levé le voile et fait apparaître publiquement le premier prototype. « Il sera l'avion mondial », lança-t-il de sa voix tremblante[2]. De nombreuses simulations effectuées sur ordinateur pour

1. « Une des premières décisions que j'ai prises en prenant la présidence pour simplifier et mieux mémoriser le groupe », dit-il.

2. Cité par Pierre Bénichou, « Marcel Dassault s'est payé le siècle », *Le Nouvel Observateur*, 25 avril-1er mai 1986.

évaluer le profilé de l'aile de l'avion sur la table traçante laissèrent longtemps dubitatif le vieil ingénieur. « Alors c'est lui, raconte Émile Blanc, qui, d'un trait de crayon, traça d'un coup la courbe simulée trop incertaine. Les collaborateurs reprirent l'esquisse du profilé sur l'ordinateur : c'était la bonne ! » Ainsi se crée la légende.

Mais la légende n'a pas suffi à assurer au Rafale un succès commercial. Dix-sept ans après la décision de Jacques Chirac de le construire, six ou sept exemplaires seulement équipent l'armée de l'air française, 48 appareils ont été commandés et 56 seront opérationnels en 2008[1]. « Même si les commandes ont été retardées pour des raisons budgétaires, 297 Rafale Air et Marine sont prévus au programme d'équipement de nos armées de l'air et de l'Aéronavale. L'avion européen, c'est le F16 pour les anciens pays de l'Est encore tranquillisés par le parapluie américain, pour les autres l'Eurofighter[2], bien inférieur au Rafale et à ses multiples possibilités », déclare Serge Dassault. Le Rafale, l'avion de défense européen, n'est pas pour demain.

Le paysage aéronautique a beaucoup changé depuis la mort de Marcel Dassault. En favorisant la création de EADS, la Compagnie européenne de défense aéronautique

1. Le gouvernement de Lionel Jospin, en 1998, passa commande de 48 appareils. La loi de programmation militaire votée en 2002 prévoit le financement de 46 appareils en 2003 et 48 pour 2006. 57 Rafale équiperont deux escadrilles de l'armée de l'air en 2008, auxquels s'ajoute le « Dronne », l'avion furtif sans pilote, dont la commande a été récemment annoncée par le Premier ministre Jean-Pierre Raffarin.

2. Ou le JSFF35 américain construit par Lockheed Martin.

et spatiale, Lionel Jospin a changé la donne et installé Jean-Luc Lagardère, l'ancien voisin de table à dessin de Serge Dassault, comme l'homme fort des industries de défense et de la construction aéronautique sur le continent. Avant sa disparition brutale en mars 2003, il ne désespérait pas de convertir l'héritier de Marcel Dassault au nouveau groupe européen. « Je connais bien le groupe Dassault[1]. J'y ai débuté ma carrière, il y a près de cinquante ans. Nos deux groupes ont eu des stratégies diamétralement opposées, mais toutes deux efficaces. J'ai joué la coopération européenne dès le début, il y a plus de trente ans. Dassault Aviation a préféré développer ses avions seul et il a fabriqué des appareils de combat exceptionnels, le Mystère, le Mirage et le Rafale, liés désormais à l'image de la France. Mais aujourd'hui, Serge Dassault [Dassault Aviation] a deux actionnaires privés : la famille Dassault et EADS. Nous allons nous développer ensemble et nous contribuerons à lui faire prendre le virage de l'Europe », déclarait Jean-Luc Lagardère au journal *Le Monde* en 1999. Ces propos n'éveillèrent guère d'écho auprès du partenaire sollicité, et lorsqu'on l'interroge sur le rôle éventuel qu'il peut jouer aujourd'hui dans le groupe EADS, celui-ci réplique sans ambiguïté : « Aucun. EADS c'est 80 % Airbus, et l'avion de combat Eurofighter, commandé sans même avoir été comparé au Rafale par ses clients européens. L'EADS c'est aussi Eurocopter et quelques missiles… ».

Serge Dassault ne s'est pas comme son père installé au Palais-Bourbon, et s'il a subi un nouvel échec aux légis-

---

1. EADS possède 46 % du capital de Dassault Aviation dont Serge Dassault est devenu majoritaire.

latives de 2002[1], il a en revanche réussi là où son père avait largement échoué : devenir un homme de presse. Après le rachat du groupe Valmonde (*Valeurs actuelles*, *Le Spectacle du Monde*, *Le Journal des finances*) en 1998, l'entrée au capital de la Socpresse appartenant aux héritiers de Robert Hersant en 2002 lui permet d'afficher des titres aussi prestigieux que *Le Figaro* et ses magazines hebdomadaires ainsi que de nombreux titres de la presse de province.

La presse : « Trente pour cent du chiffre d'affaires du groupe », avance-t-il. Un rêve que Marcel Dassault caressait et n'aurait jamais imaginé réalisable.

Vous demandez ensuite à Serge Dassault quelle société du groupe il préfère et quels sont ses projets pour l'avenir. À la première question, il vous répond un ton en dessous, un ton teinté d'affection : Dassault Aviation et Dassault Systèmes. Pour répondre à la seconde il reprend le ton bonhomme et son sourire énigmatique. « L'avenir, c'est la voiture électrique, nous avons un gros projet. Les prototypes sont à l'essai. » Où ? Quand ? Silence !

Et aujourd'hui, dans l'Oise, quel héritage politique ?

Après la mort de son père, Serge Dassault ne se manifesta qu'une seule fois dans le département à l'occasion de l'inauguration de l'avenue Marcel-Dassault à Beauvais, en compagnie de sa mère et de son frère Claude. Il eut un tête-à-tête avec Pierre Chassigneux, à l'époque préfet du département : « Votre père, très généreux, a fait construire à ses frais la piscine de Beauvais qui porte son nom et

1. Dans l'Essonne, contre le socialiste Manuel Valls, maire d'Évry.

construit dans beaucoup de communes des équipements, salles de sport, salles de réunion. » Le visage de Serge s'assombrit...

« Il faisait envoyer gratuitement *Jours de France* à tous les foyers de l'Oise. » Le visage s'assombrit davantage.

« Les foyers de personnes âgées et les maisons de vacances étaient équipés par ses soins de postes de télévision. Serge Dassault, allez-vous continuer ? » Cette fois presque en colère : « Non ! »

Le 4 juillet 1986, il écrivait à Jacques Toubon, alors secrétaire général du RPR : « Je tiens à vous signaler que je n'ai pas l'intention de poursuivre l'action politique de mon père dans l'Oise, ni aucun membre de ma famille, et que je laisse à votre entière disposition le siège qu'il détenait. »

Mais Olivier Dassault, l'un des enfants de Serge, le fils désobéissant, est revenu. Appelé par son ami Jean-François Mancel, il a conquis en 1988 un siège dans de curieuses circonstances[1]... puis l'a perdu en 1997[2] et retrouvé en 2002. Pour ne pas avoir écouté le chef de la maison, Olivier fut licencié du poste de directeur adjoint d'Europe-Falcon Service : « J'ai considéré que la carrière politique d'Olivier ne pouvait être compatible avec ses

1. Le Conseil constitutionnel annula en juin l'élection de Jean-François Mancel et de Guy Dessessart dès le premier tour. En mauvaise posture, Mancel obtint l'annulation des bulletins socialistes pour un problème typographique dans les circonscriptions de Beauvais. Olivier Dassault prit la place au second scrutin, en septembre, du candidat Guy Dessessart, ancien suppléant de Marcel Dassault. Guy Dessessart, conseiller général de l'Oise, probablement assez mécontent, fut ensuite élu conseiller régional sur la liste du Front national.

2. Le siège fut conquis par le socialiste Yves Rome, maire de Bailleul-sur-Thérain et conseiller général.

activités dans la société, ne serait-ce que pour une question de temps[1]. »

Le député Olivier Dassault a cautionné par son silence les pratiques détestables de la droite de l'Oise emmenée par Jean-François Mancel qui n'a pas hésité à s'allier avec le Front national et l'extrême droite pour assurer sa réélection. L'affaire fit grand bruit. Philippe Séguin, alors secrétaire général du RPR, s'insurgea et prononça son exclusion du mouvement le 18 mars 1998. *Le Figaro*, *Libération*, *Le Monde* relaient l'information et *L'Événement du Jeudi* titre sans complaisance : « Mancel l'Embrouille. Le roitelet de l'Oise ne pouvait se résoudre à quitter son château. Pour s'y maintenir et continuer à faire vivre sa grande famille, rien n'était trop cher, pas même l'alliance avec le Front national – le FN – longtemps combattu. » Alors ?

« J'ai moi-même passé quelques mois à Drancy, sur une paillasse, quand j'avais dix-huit ans, avec ma mère et mon frère. J'ai vu partir les convois de ce camp et j'ai vu aussi partir mon père, qui a été déporté à Buchenwald au dernier moment, pour l'obliger à construire des avions allemands, ce qu'il refusa au péril de sa vie. C'est pourquoi tout ce qui concerne le racisme, les massacres d'innocents quels qu'ils soient parce qu'ils sont de religion ou de race différentes, me touche particulièrement et me révolte, et encore plus aujourd'hui où la montée des extrêmes doit nous faire réagir[2]. » C'est Serge Dassault qui parle ainsi, pas le fils. Le silence d'Olivier ne manque pas de surprendre.

1. Cité par Claude Carlier, *Serge Dassault, 50 ans de défi*, Perrin, p. 326.
2. Claude Carlier, *Marcel Dassault, 50 ans de défi*.

Sa situation est bien établie à Paris. En revanche, dans l'Oise, « l'héritage électoral » de son illustre grand-père, capté malgré l'opposition familiale, est sans doute plus incertain.

Aujourd'hui, Olivier préside le conseil de surveillance du groupe de *Valeurs Actuelles* et appartient au conseil d'administration de la Socpresse.

Et Marcel Dassault continue et continuera à faire parler de lui. Le 14 décembre 1999, *Le Parisien* publiait le palmarès des plus grands patrons du XXe siècle. Bill Gates, le très médiatique fondateur de Microsoft, se trouvait premier ex æquo avec l'homme des Mystère.

*Esches, le 4 septembre 2003.*

# ANNEXES

# I

## NOMBRE D'APPAREILS EN 1939[1]

En avril-mai 1940, le nombre d'appareils réalisés était de 3 455 dont :

Morane 406 : 1 050 appareils, soit 90 % des commandes passées.

Potez 63 : 1 050 appareils, soit 90 % des commandes passées.

Bloch 151 : 532 appareils, soit 100 % des commandes passées.

Bloch 174-175 : 122 appareils, soit 25,2 % des commandes passées.

Dewoitine 520 : 137 appareils, soit 19,3 % des commandes passées. Alors l'effort de guerre est sans doute insuffisant face à l'adversaire !

Les avions Marcel Bloch tiennent un rang honorable.

Le plan V, c'était la construction programmée de 4 939 appareils. Mais le nombre de commandes passées au fur et à mesure que se précise la menace de Hitler sera de 10 872 avions.

1. Audition de Guy La Chambre par la sous-commission du matériel du Sénat, le 9 juin 1940.

## II

## LES CRITIQUES DE MAROSELLI

André Maroselli, secrétaire de la commission de l'Air du Sénat, est très critique à l'égard de Guy La Chambre et Marcel Bloch et des constructeurs aéronautiques. Dans un petit ouvrage qu'il publiera en 1941, *Le Sabotage de notre aviation, cause principale de notre défaite*, il n'hésite pas à mettre gravement le ministre en cause.

Il reprendra aussi dans son livre les évaluations des rapports de la commission du matériel du Sénat et de la sous-commission. Son analyse de la défaite de 1940 est sévère. Les chiffres ne concernent pas seulement les avions de Bloch mais aussi les autres constructeurs :

« On prévoyait la sortie de 150 Amiot par mois à partir du printemps 1940. Cette cadence ne peut plus être envisagée avant 1941. Au 1er janvier 1940, 255 Amiot devaient être livrés à l'armée ; or, le 12 décembre, le fuselage n°13 était à Colombes, l'aile n°13 à Cherbourg. Au mieux, 15 appareils Amiot au lieu de 225 seront livrés au début de 1940. 432 avions de chasse Bloch 150 ou dérivés devaient être livrés en avril 1939. Il n'y en a que 100 environ à l'heure actuelle en escadrilles. Les 332 autres sont à Châteaudun parce qu'ils ne sont pas équipés.

« 55 avions Bloch 175 ou 174 devaient être livrés en juillet 1939. À la date du 13 décembre 1939, aucun n'était en service en escadrille.

« 100 Morane avaient été livrés en mai 1939. On n'en livrait plus que 79 en juin, 65 en juillet, 93 en novembre. Et nous avons dit plus haut qu'il restait à livrer, au 1er décembre, 143 appareils de ce type, prévus au marché qui devait être soldé dès le début du mois de novembre 1940. Je pourrais multiplier les chiffres, des détails analogues, tous aussi scandaleusement éloquents.

« Pas davantage il ne fut mis un terme à cette politique d'inertie que je combattais en accumulant les précisions, les suggestions, les chiffres. Et pourtant, il était visible que cette politique nous menait tout droit à la catastrophe. »

## III

## Le groupe de Cannes[1]

Le groupe de Cannes est constitué par le service technique de l'aéronautique à la fin de mars 1941 sous l'impulsion de l'ingénieur général Henri Mazer et dont l'objectif était de préparer l'après-guerre. Aucune relation particulière ne le lie à Marcel Dassault installé à Cannes à la même époque. C'est l'ingénieur Hurel qui en prend la direction générale et Boixeda la direction technique. Plus de 800 personnes, pilotes, ingénieurs, techniciens, vont y participer ; venus de la zone occupée, appartenant pour beaucoup aux entreprises nationalisées, ils passèrent par Châteauroux en 1941. Trois principales équipes se constituent :

– Le groupe Déplante-Parot qui travaille sur les avions SO 30 N et SO 30 R.

– Le groupe Béziaud sur le Languedoc 161.

– Le groupe Le Bihan avions SO 90 bimoteur, avions postaux et sanitaires, « un peu à tout faire ». C'est dans ce groupe que travaille Jean Cabrière à son arrivée à Cannes.

Les essais se font au nez et à la barbe des militaires italiens qui occupent la zone – « pendant la sieste », ironise Jean Cabrière. C'est aussi à Cannes que Lucien Servanty améliore

1. Texte rédigé par l'auteur après un entretien avec Jean Cabrière.

le MB 152 qui deviendra le SO 6000, premier avion français à réaction.

Le groupe de Cannes est investi par les armées allemandes en 1943. Une rafle eut lieu en 1943 dans l'usine. Hurel, sa famille et un jeune pilote, Jean Weil dit Jeannot, s'étaient envolés pour Alger à bord d'un SO 60 encore à claire-voie (il n'existait que la cellule), à peine équipé pour une telle traversée. Ils parvinrent à atterrir non sans encombre après une interdiction de poser l'avion, le train gravement endommagé. Leur escapade fut peu appréciée des membres du groupe de Cannes qui virent là un peu un abandon de poste du responsable de l'équipe. Fin 1943 et début 1944 les membres du groupe de Cannes s'en retournèrent à Paris. Ils furent hébergés dans les locaux des services techniques de l'aéronautique. Deux équipes se reconstituèrent, l'une avec Servanty qui continua ses travaux sur le SO 6000, l'autre avec Cabrière sur les liasses en série du SO 90.

« Trois jours après la libération à Suresnes, Courbevoie et Issy-les-Moulineaux nous commencions le montage des outillages pour travailler à la construction du SO 90. C'est à ce moment-là que Henri Déplante rencontre un Américain qui ressemble curieusement à l'officier allemand qui contrôlait la SNCASO pendant l'Occupation et le groupe technique de Cannes et dont chacun appréciait la mansuétude, un dénommé Vogel. En ces journées de Libération c'était bien le même Vogel. Avec l'uniforme US, son véritable uniforme cette fois. Vogel appartenait au réseau de contre-espionnage de l'amiral Canaris[1]. »

1. Jean Cabrière.

## IV

## Les « Stay Behind »

Les « Stay Behind » ou « ceux qui restent en arrière » commencèrent à être identifiés après la guerre, en 1945, et devinrent les futurs acteurs recrutés par les anciens belligérants dans différents pays d'Europe. En Allemagne d'abord où, dès 1942, Allen Dulles, en Suisse, commença à établir des contacts avec des universitaires allemands de l'école de Francfort et qui fut la première université fermée par Hitler pour avoir soutenu le Parti social-démocrate sous Weimar. Ils se nommaient Otto Kircheimer, Frantz Newman et Herbert Marcuse[1]. Il rencontra aussi (dont l'amiral Canaris) des dignitaires du IIIe Reich en rupture avec Hitler et ceux qui fomentèrent le complot contre lui. Certains responsables américains de l'OSS avaient en effet imaginé pendant la guerre sceller une paix séparée avec l'Allemagne pour mieux combattre l'URSS.

« Il s'agissait en quelque sorte de renverser la logique cynique du pacte germano-soviétique. La plupart des contacts eurent lieu à Berne, d'autres dans la péninsule ibérique. [...]

« Ce passage par la Suisse est décisif. Allen Dulles, qui dirigera la CIA avec un anticommunisme obsessionnel, est un

1. James Strodes, *Allen Dulles, Master of Spies*, 1327 (Herbert Marcuse émigra après la guerre aux États-Unis. Il devint l'illustre philosophe et « maître à penser » contestataire des années 1960-1968).

pivot du retournement d'alliance conduisant à l'enrôlement de collaborateurs, de fascistes et de nazis dans la lutte antisoviétique. Ce personnage clé profite de la neutralité helvétique pour travailler à la configuration politique de l'Europe de l'après-guerre. Il s'appuie sur la Grande Loge suisse Alpina qui, dans la franc-maçonnerie de rite anglo-saxon, a une position éminente sur le continent européen[1], et également des membres des loges du rite régulier en France.

Il semble que ce soit à partir des anciens militaires allemands appartenant à ce réseau organisé par Allen Dulles, ami du général de Bénouville et devenu patron de la nouvelle CIA, que furent récupérés les plans des avions à réaction utilisés par les Américains et qui inspirèrent les prototypes de Marcel Dassault en France après la guerre au moment de la construction de l'Ouragan.

« L'implantation du *stay behind* français fut négociée en 1947-1948, sous l'autorité du président du Conseil, Paul Ramadier, et de son ministre des Affaires étrangères, Georges Bidault, par les généraux Pierre Billotte et George Marshall. Il s'agit en quelque sorte de la face cachée du plan Marshall, l'octroi d'un droit d'ingérence permanent : selon les accords conclus, seul le président du Conseil est tenu informé de l'activation du *stay behind* local, d'abord dénommé "Mission 48", puis "Arc-en-Ciel[2]". »

---

1. François-Xavier Verschave, *Noir Chirac*, pp. 33-51, Les Arènes.
2. *Ibid.*

## V

## PRINCIPES D'EXPORTATION DES VENTES D'ARMES

Quatre principes essentiels régissent les conditions des ventes d'armes à l'exportation.

Il faut une autorisation de prospection accordée par le ministère de la Défense. Toute forme de publicité est soumise à son agrément.

Une autorisation de démarchage est également indispensable pour les pays acheteurs potentiels qui peuvent être soumis à embargo, ou insolvables, ou menaçants pour la sécurité nationale à court ou moyen terme. Il n'est pas inutile de connaître de rôle de la Commission interministérielle pour l'étude à l'exportation des matériels de guerre (la CIEEMG) présidée par le secrétaire général de la Défense nationale, assisté par la Direction des affaires internationales de la direction des matériels d'armement (DMA).

Puis un accord sur les quantités de matériel à exporter et leur prix de vente précédera l'autorisation elle-même d'exportation. Enfin le contrôle des douanes qui dépend du ministère des Finances auquel chaque exportateur doit se soumettre pour faire viser et obtenir le certificat international attestant du départ et de l'arrivée du matériel dans le pays importateur[1].

1. Cité dans *A… comme armes.*

Un tour d'horizon de l'Organisation nationale des exportations est utile pour mieux comprendre la complexe organisation des ventes d'armes à l'étranger et des avions de combat en particulier par les deux grands offices accrédités. Le rôle de l'OGA (Office général de l'air) et de l'OFEMA (Office français d'exportation aéronautique), deux sociétés chargées officiellement de trouver des débouchés aux exportations aéronautiques. Leur vocation se répartit le monde... Pays arabes pour la première. Amérique latine, Afrique du Sud, Israël pour la seconde.

Il existe une dizaine d'autres sociétés de ce type pour les autres types d'armements, sociétés privées ou de statut mixte. De ces deux sociétés chargées de l'aéronautique, l'une est mixte et constituée de capitaux privés et de crédits d'État : l'OGA. L'autre, l'OFEMA, Office français d'exportation aéronautique, est entièrement contrôlée par l'État, ou par des entreprises d'État (l'Aérospatiale et la SNECMA).

STOIRE VACHE

G.A.R.P.A. CÔTES-DU-NORD

NOUS CLOUONS AU PILORI

BLOCH

le vautour aux ailes brisées

Cot fût le démolisseur de l'aviation française, Guy La Chambre en fut le profiteur. Bloch fut leur exécutant docile.

Les âmes sensibles évitent de voir les responsabilités de Pierre Cot, et Guy La Chambre leur parait plus bête que méchant, mais les crimes de Bloch sautent aux yeux.

Bloch n'était pas un avionneur, c'était uniquement un marchand d'avions. Il ignorait tout des cellules, des moteurs et des problèmes posés par le plus lourd que l'air. Il ne voyait la question que du côté bénéfice.

Il vendait à un ministère une cellule dessinée par un ingénieur français. Ce ministère étant remplacé par un autre, il récoltait dans ce dernier un contrat pour des moteurs, bons en eux-mêmes, mais incapables de s'adapter à la cellule. Peu importait.

Un troisième ministère reprenait le pouvoir, Bloch se faisait accorder un marché pour des hélices. Et l'on mettait le tout ensemble.

Cela donnait les résultats tragiques que l'on sait : les fameux Bloch K14 qui ne volèrent jamais sans tuer leurs pilotes. Et pourtant ces avions étaient les seuls avions de bombardement sur lesquels comptait le ministère de l'Air !

Qui ne se rappelle les tragiques et mensuelles annonces d'accidents d'aviation qui paraissaient avant guerre dans nos journaux ! A Marignane, un Bloch K14 s'écrase au sol : cinq morts. Cinq aviateurs français trouvent la mort dans un accident d'un Bloch K14, etc., etc... Depuis six ans, tous les ans, plus de soixante-dix aviateurs français furent tués par des Bloch, assassinés par Bloch.

On dit retarder le châtiment de certains coupables de Chazeron pour attendre que les haines politiques se soient calmées

ES DE RIOM

ttre dans le dossier ard Barthe

ITE JUIVE

TIR BARI

Annexe VI : Extrait du *Pilori*, 18 septembre 1942.

L'OISE LIBÉRÉE

QUOTIDIEN D'ACTION NATIONALE

Pour votre Dauphine

Répondant à l'appel de ses amis du département

Marcel DASSAULT

Candidat de Rassemblement Rural

pose sa Candidature

A L'ELECTION SÉNATORIALE DU 7 AVRIL

Entente cordiale

Les conversations Mollet-Mac Millan ont permis de dégager une politique commune

Les divergences qui subsistent à propos du marché européen feront l'objet d'une discussion ultérieure

Week End sportif

EDITORIAL DU LUNDI

Voyage aux Etats-Unis

La visite de Marcel Dassault à Chambly...

...et à Songeons

"La production betteravière est gravement menacée"

Le prix payé pour la betterave a baissé de 7 % depuis 3 ans, alors que les frais de production ont augmenté de 40 %, et les salaires de 18 %,

déclare M. LEFÈVRE

NASSER RESTE sur ses positions

- A Suez, qui voudra passer paiera à l'Egypte
- Contre le sionisme, le monde arabe est uni

Les belles fêtes du Bois-Hourdy

Procès Montesi

Le cygne noir a bien nagé

Annexe VII : La une de *L'Oise libérée*, 12 mars 1957.

LES PRÉVISIONS MÉTÉOROLOGIQUES

# L'OISE LIBÉRÉE

QUOTIDIEN D'ACTION SOCIALE ET RURALE

## MM. MARCEL DASSAULT, FRANCOIS BÉNARD, ET LE GÉNÉRAL DE BÉNOUVILLE ACCLAMÉS A MARSEILLE-EN-BEAUVAISIS

M. DASSAULT : JE ME PRÉSENTE A VOS SUFFRAGES SOUS LE SIGNE DE L'UNION

Grâce au progrès on a pu téléviser dans le monde entier des usages de la Renaissance :

## LE PAPE JEAN XXIII A CEINT LA TRIPLE COURONNE D'OR...

LES REBELLES ONT DÉLIVRÉ SIX CIVILS

IL ÉTAIT SEUL CONTRE ESTRÉES-SAINT-DENIS

Bien que les listes soient ouvertes en Algérie depuis quatre jours, aucun candidat ne s'est fait inscrire

## LA "BATAILLE" SE LIMITE AUX COULISSES POLITIQUES

Les concurrents seront tous "intégristes"

Mardi à Compiègne

C'EST A 15 H. QUE M. R. COTY ARRIVERA AU CARREFOUR DE L'ARMISTICE

LE PAYS VEUT UNE "CHAMBRE TROUVABLE"

DANS LA LOIRE, UN CANDIDAT SE RETIRE

LE GÉNÉRAL DE BÉNOUVILLE : "VOICI CE QU'A ÉTÉ LE 13 MAI"

"DOCTEUR JIVAGO" ENTRERA CHEZ LES SOVIÉTIQUES, MAIS CLANDESTINEMENT

par Pierre JEANCARD

A Chepoix, près de Breteuil

## 3 voyous volent une femme âgée

après l'avoir rouée de coups

MILLE CARTOUCHES DANS UN ÉGOUT A MARSEILLE

PARIS

ARRESTATION D'UNE CENTAINE DE CHEFS F.L.N.

TROP DE CONSCIENCE EST NUISIBLE

Drame dans une modeste famille

## UN OUVRIER MÉRUVIEN TROUVE LA MORT SUR UN TALUS DE LA ROUTE

Le malheureux était père de 4 enfants et sa femme attend des jumeaux

Annexe VIII : La une de *L'Oise libérée*, 5 octobre 1958.

## B-VII. — AUDITION DE M. MARCEL DASSAULT

### (19 janvier 1977.)

M. Roger PARTRAT, *président*. — Monsieur Dassault, je vous remercie d'avoir bien voulu répondre à l'invitation de notre Commission d'enquête. Cette Commission a jugé essentiel de vous entendre, du fait même des raisons qui ont conduit l'Assemblée nationale à adopter la résolution que vous connaissez. Je ne rappellerai pas au parlementaire que vous êtes les conditions dans lesquelles s'est déroulé le débat sur cette résolution à l'Assemblée.

La société qui porte votre nom et à laquelle vous avez fourni l'impulsion nécessaire est la principale société aéronautique du secteur de l'aviation militaire en France. C'est pour cette raison que nous prendrons beaucoup d'intérêt à vous entendre.

Vous avez souhaité vous faire accompagner du général Gallois, en raison même de l'audience qui s'attache à son nom dans le domaine militaire. Je lui souhaite également la bienvenue.

Le Président de la Commission d'enquête se doit aussi de vous dire le secret qui s'attache à nos délibérations. Je n'y insisterai pas, vous le savez certainement mieux que moi.

Vos déclarations seront prises en sténographie par des sténographes des débats de notre Assemblée. Elles pourront être utilisées, en tout ou en partie, dans notre rapport. Dans cette hypothèse, le texte de votre audition vous sera communiqué de façon à vous permettre de formuler toutes les explications complémentaires que vous jugeriez opportunes. La Commission examinerait alors la possibilité de joindre en annexe à son rapport les observations complémentaires que vous auriez faites.

Mon cher collègue, je vous demande aussi de bien vouloir m'excuser de ne pouvoir présider la séance jusqu'à sa levée : je devrai partir vers 17 heures. J'ai demandé à M. Crespin de me remplacer.

Monsieur Dassault, avez-vous une déclaration liminaire à nous faire ?

M. DASSAULT. — Non, monsieur le Président.

M. LE PRÉSIDENT. — Dans ce cas, je donne la parole à M. Limouzy, rapporteur.

M. Jacques LIMOUZY, *rapporteur*. — Mes chers collègues, je voudrais poser à M. Dassault un certain nombre de questions destinées à l'information de notre Commission.

Je les grouperai sous trois rubriques.

La première touche à la compétence de notre Commission. Elle est d'une nature plutôt juridique et va peut-être vous surprendre.

Nous vous demandons de vous situer vous-même dans votre société qui porte votre nom en même temps que celui de Breguet. Notre Commission aurait d'ailleurs porté aussi votre nom si elle avait été conçue suivant les premiers souhaits.

Nous avons entendu le président-directeur général de AMD-BA. Par conséquent, je ne vous interrogerai pas sur les points dont il a traité.

A plusieurs reprises, nos collègues se sont demandé à qui appartenait la société Dassault-Breguet et quels étaient les rapports entre cette société et l'Immobilière Marcel-Dassault. Nous savons que vous avez fait de l'aviation. Vous en faites encore. Vous avez aussi fait de l'immobilier. Il suffit de lire votre livre *le Talisman*. Ces deux préoccupations ont marqué votre vie. Par conséquent, il serait intéressant pour la Commission de savoir exactement comment ces différentes vocations ont pu se conjuguer et se conjuguent encore actuellement.

— 348 —

La société des Avions Dassault-Breguet est cotée en bourse. Nous voudrions savoir ce qui est distribué parmi le public et comment cela se passe sur le plan boursier. 20 ou 30 % du capital sont-ils détenus vraiment par des particuliers ? Tout Français actuellement peut-il devenir actionnaire de la société ? Voilà une question qui nous intéresse, aussi bien que vous.

En fait, nous voudrions connaître l'ensemble patrimonial que vous représentez.

Dassault, il y a quelques années, a absorbé Breguet ou plutôt Breguet a absorbé Dassault. L'avez-vous accepté de gaieté de cœur, délibérément ou sous la pression des Pouvoirs publics ? Toutes ces questions ont trait à l'ensemble des sociétés qui portent votre nom, ou que vous dirigez ou que vous avez dirigées.

Vous êtes rédacteur en chef de *Jours de France*. Puisque notre compétence s'étend aux filiales, nous voudrions savoir si *Jours de France*, filiale d'une de vos sociétés, est indépendant.

Toujours sur le plan juridique, la Commission voudrait savoir quelle est exactement la rémunération intellectuelle de vos productions. Y a-t-il des brevets — je ne le crois pas —, y a-t-il des licences ? Comment cela se passe-t-il ?

M. Jean-Pierre COT. — Le Rapporteur pourrait-il nous indiquer les différentes parties de l'audition afin que nous ne posions pas nos questions à tort et à travers ?

M. LIMOUZY. — La deuxième partie comprend le reste des questions touchant non pas aux avances — cela concernait plutôt le P-DG d'AMD-BA — mais à l'ensemble des interventions de l'Etat.

Le troisième ensemble inclut les questions de principe. Je voudrais en effet demander à M. Dassault ce qu'il pense de l'action de l'Etat en matière aéronautique, ce qu'il pense d'une nationalisation éventuelle.

Je reprends les différentes parties :

La première touche aux structures juridiques des différentes sociétés qui ont pour nom Dassault, que M. Dassault contrôle ou qu'il ne contrôle plus.

La deuxième comprend les questions particulières liées à la mission d'investigation de notre Commission.

La dernière partie touche à ces questions générales de principe : que doit être finalement l'industrie aéronautique dans notre pays à l'heure actuelle ? Que pense M. Dassault lui-même des nationalisations, de l'action de l'Etat dans le domaine de l'aéronautique, *et caetera*.

M. DASSAULT. — Au départ, il y a une société holding. C'est une société qui possède des actions d'autres sociétés. La société-mère s'appelle aujourd'hui Générale immobilière Marcel-Dassault. Elle a porté d'autres noms par le passé. Pour 95 %, elle appartient à moi-même et pour 5 % à mon fils Serge Dassault qui, vous le savez, sort de Polytechnique et qui est ingénieur de l'aéronautique. Il a démissionné et il est aujourd'hui président de l'Electronique Marcel-Dassault.

La société holding a différentes filiales. La plus importante est la société Marcel-Dassault - Breguet. Personnellement, j'ai 4 % des actions de AMD-BA et la Générale immobilière en a 94 %. En dehors de la société Marcel-Dassault - Breguet, il y a donc l'Electronique Marcel-Dassault. Personnellement, j'ai 70 % des parts, mon fils 10 % et le codirecteur général M. Daugny, qui sort de l'Ecole supérieure d'électricité, en a 10 %.

En dehors de ces deux sociétés aéronautiques, il y a de nombreuses autres filiales. Il y a *Jours de France*, dont vous avez parlé monsieur le Rapporteur, dans laquelle je suis associé avec le général de Bénouville. Quand nous avons été élus députés, comme tous les députés nous voulions avoir un petit journal. Nous avons commencé à faire un journal politique. Nous nous sommes rendu compte que pour qu'un journal politique ait de l'influence il fallait qu'il soit lu et, pour qu'il soit lu, il ne fallait pas parler de politique. Après cette expérience, nous avons décidé de faire un magazine qui compte aujourd'hui 550.000 ventes mais 4.000.000 de lecteurs, d'après ce qui ressort des enquêtes de l'OJD et du CFSP.

Annexe IX : Fac-similé de l'audition de Marcel Dassault (extrait).

M. Dassault pille les fonds publics

l'Humanité

ORGANE CENTRAL DU PARTI COMMUNISTE FRANÇAIS

JEUDI 20 FEV. 1975

1,20 F

Voici la preuve apportée hier par : Etienne FAJON à FR 3 :

Cinq milliards d'A.F. gagnés sur les ventes d'armes s'envolent en Suisse

(Page 4)

DIVORCE

LE PROJET DE LOI GOUVERNEMENTAL :

*une modification qui s'arrête à mi-chemin*

(Page 13)

*Les députés communistes :*

Convocation de l'Assemblée pour voter des mesures urgentes contre le chômage

● Les travailleurs sans emploi doivent obtenir la garantie de leurs ressources

(Page 3)

Avec un siècle de retard

M. GISCARD D'ESTAING ...

Portes closes à la préfecture du Val-de-Marne, où les jeunes communistes étaient venus protester contre le chômage.

Les forces de l'ordre ont matraqué ceux qui avaient réussi à s'infiltrer : c'est la concertation musclée.

(Page 7)

Polémique et vocabulaire

*KISSINGER-GISCARD :*

La conférence sur l'énergie mise au goût américain

(P. 8, Jacques COUBARD)

RENAULT

● Les syndicats C.G.T. demandent la reprise des négociations.

(Page 6)

Annexe X : La une de *L'Humanité*, 20 février 1975.

INDEX DES NOMS DE PERSONNES

# Bibliographie


AGLAN Alya, *La Résistance sacrifiée*, Flammarion, 1999.

Amicale des déportés d'Auschwitz, *Drancy, l'antichambre d'Auschwitz, 1941-1944*, supplément après Auschwitz n° 269.

ANGELI Claude, MESNIER Stéphanie, *Notre Allié Saddam*, Orban, 1992.

ARANDA Gabriel, *L'État piégé*, Stock, 1972.

ARENDT Hannah, *Les Origines du totalitarisme*, Calmann Lévy, 1973.

ASSOULINE Pierre, *Le Dernier des Camondo*, Gallimard, 1997.

ASSOULINE Pierre, *Monsieur Dassault*, Balland, 1983.

ATTALI Jacques, *Verbatim*, T. I, Fayard, 1993.

AURIOL Vincent, *Mon Septennat : 1947-1954*, Gallimard, coll. Témoin, 1970.

BARZAHAR Michel, *Ben Gourion*, Fayard, 1986.

BELLONTE Maurice, *Le Premier Paris-New York (Costes et Bellonte)*, Plon, 1976.

BÉNOUVILLE Pierre de, *Le Sacrifice du matin*, Laffont, 1983.

BÉNOUVILLE Pierre de, *Avant que la nuit ne vienne*, entretiens avec Laure Adler, Grasset, 2002.

BERNET Jacques, *Annales historiques compiégnoises*, Études picardes modernes.

BERNET Jean, BESSE Jean-Pierre, *L'Oise : deux siècles d'histoire*, Ancrage, 1998.

BLEUSTEIN-BLANCHET Marcel, *Mémoires d'un lion*, Plon, 1998.

BORDEAUX Henry, *Le Chevalier de l'air*, Plon, 1940.

BOUCHERON Jean-Michel, *Projet de loi de finance 2002. Défense*, Assemblée nationale.

BOUCHERON Jean-Michel, *Paix et défense*, Dunod, 2002.

BREDIN Jean-Denis, *L'Affaire*, Fayard/Julliard, 1993.

BROZZU-GENTILE, *L'Affaire Gladio*, Albin Michel, 1994.

CARLIER Claude, *Serge Dassault, 50 ans de défi*, Perrin, 2002.

CARLIER Claude, *Marcel Dassault, la légende d'un siècle*, Perrin, 1991 et rééd. en 2002.

CHADEAU Emmanuel, *Histoire de l'aéronautique en France*, Fayard, 1987.

CHAIGNEAU Jean-François, *Le Dernier Wagon*, Julliard, 1981.

CHASTENET Patrick et Philippe, *Citizen Hersant*, Le Seuil, 1998.

CHAVANCE Pierre, BOUVIER Pierre, *Ces armes qui mènent le monde*, Éditions du Lieu-Restauré, 2003.

CHEVRIER Pierre, *Antoine de Saint-Exupéry*, Gallimard, 1949.

CHIMÈNE Miryam, MASSIP Catherine, *Portrait de Darius Milhaud*, BNF, 1998.

COLOMBANI Jean-Marie, *Le Résident de la République*, Stock, 1998.

COT Pierre, *Le Procès de la République*, ELM, 1944.

CRÉMIEUX-BRILHAC Jean-Louis, *Les Français de l'an 40*. T. I-II, Gallimard, 1990.

DASSAULT Marcel, *Le Talisman*, coll. « J'ai lu », 1970.

DECLERQ Jean-Michel, *Albert et ses environs*, Alan Sutton.

DELIGNY Henri, *Chirac, la fringale du pouvoir*, Alain Moreau, Cible, 1977.

DÉPLANTE Henri, *À la conquête du ciel*, Édisud, 1988.

DRONNE Raymond, *La Libération de Paris*, Presse de la Cité, 1970.

DUBOS Jean-François, *Ventes d'armes politiques*, Gallimard, coll. L'air du Temps, 1974.

DURAND Pierre, *La Résistance des Français à Buchenwald et Dora*, Messidor, 1991.

ERLANGER Philippe, *La France sans étoile*, Plon, 1974.

FOCCART Jacques, *Tous les soirs avec de Gaulle*, Fayard/Jeune Afrique, 1997.

FONTENELLE Sébastien, *Des Frères et des affaires*, Denoël, 2002.

FRANC Régis, *Tonton Marcel*, Casterman, 1981.

FROSSARD André, *La Maison des otages*, nouv. éd., Fayard, 1983.

GALLO Max, *Le Grand Jean Jaurès*, Robert Laffont, 1984.

GALLOIS, Pierre-Marie, *L'Adieu aux armes*, Albin Michel, 1976.

GASC Nadine, MABILLE Gérard, *Le Musée Nissim de Camondo*, Musée de France Édition, 1999.

GEE Jack, *Le Mirage, arme secrète de la politique française*, Albin Michel, 1971.

GERDAN Éric, *A... comme armes*, Alain Moreau/Confrontation, 1975.

GISBERT Frantz-Olivier, *Jacques Chirac*, Le Seuil, 1987.

HAMON Hervé, ROTHMAN Patrick, *Génération, Les années de poudre*, Le Seuil, 1987.

INGRAND Louis, *Le Chemin de croix de l'aviation française*, La nouvelle Édition, 1941.

JULITTE Pierre, *L'Arbre de Goethe*, Presse de la Cité, 1965.

KAY Jean, *Le Guerrier de l'espoir*, Fixot.

LACOUTURE Jean, *Léon Blum*, Le Seuil, 1978.

LACOUTURE Jean, *De Gaulle, le rebelle*, Le Seuil, 1984.

LACOUTURE Jean, *Pierre Mendès France*, Le Seuil, 1981.

LACOUTURE Jean, *Mitterrand, une histoire de Français*, t. II, Le Seuil, 1998.

LAPIERRE Dominique, COLLINS Larry, *Paris brûle-t-il ?*, Robert Laffont, 1964.

LAURENT Patrick, *L'Orchestre noir*, Stock, 1978.

LAURENT Patrick, *Livre Blanc sur Buchenwald*, Les éditions de la Déportation et de la Résistance.

LEGENDRE Jean, *Propos d'un homme de droite*, Daelman & Daelman, 1984.

LEGRAND Jacques, *Chroniques du XX^e^ siècle*, Chroniques, 1985.

LEVI Primo, *Si c'est un homme*, Julliard, 1987.

MADELIN Philippe, *Les Gaullistes et l'argent*, L'Archipel.

MALBRUNOT Georges, CHESNOT Christian, *Saddam Hussein. Portrait total*, Editlon, 2003.

MARION Pierre, *Le Pouvoir sans visage*, Calmann Lévy, 1990.

MAROSELLI Jean, *Le Sabotage de notre aviation, cause principale de notre défaite*, Gedalge, 1941.

MICHEL Henry, *Amiral Darlan, amiral de la flotte*, Hachette.

MILLAU Christian, *Paris m'a dit. Années 50. Fin d'une époque*, Édition de Fallois, 2000.

MIQUEL Pierre, *La Seconde Guerre mondiale*, Fayard, 1994.

MIQUEL Pierre, *Annales historiques compiègnoises*, Études picardes modernes et contemporaines.

MITTERRAND François, *Politique*, Fayard, 1977.

MOCH Jules, *Une si longue vie*, Laffont, 1976.

NOTHOMB Paul, *Malraux en Espagne*, Phébus, 1999.

NOUZILLE Vincent, SCHWARTZBROD Alexandra, *L'Acrobate. Jean-Luc Lagardère ou les armes du pouvoir*, Le Seuil, 1998.

OTTENHEIMER Ghislaine, LECADRE Renaud, *Les Frères invisibles*, Albin Michel, 2001.

PÉAN Pierre, *Les Deux Bombes*, Fayard, 1982.

PÉAN Pierre, *La Menace*, Fayard, 1987.

PÉAN Pierre, *L'Homme de l'ombre*, Fayard, 1990.

PÉAN Pierre, *Le Mystérieux Docteur Martin*, Fayard, 1993.

PÉAN Pierre, *Vies et morts de Jean Moulin*, Fayard, 1998.

PERES Shimon, *La Force de vaincre. Entretiens*, Le Centurion, 1998.

PHILIPPE Jean-Paul, *Les Dessous du marché du siècle*, Jacques Grancher, 1998.

POMPIDOU Georges, *Pour rétablir une vérité*, Flammarion, 1982.

PONIATOWSKI Michel, *Cartes sur Table*, Fayard, 1972.

REYNAUD Paul, *Carnets de captivité*, Fayard, 1997.

RIQUET Michel, BAYLOT Jean, *Les Francs-maçons. Dialogue entre Michel Riquet et Jean Baylot*, Beauchesne, 1968.

SARKOZY Nicolas, *Georges Mendel, le moine de la politique*, Grasset, 1994.

SCHWARTZEBROD Alexandra, *Dassault, le dernier round*, Olivier Orban, 1992.

SIRINELLI Jean-François, *Histoire des droites en France*, Gallimard, 1992.

TILLON Charles, *On chantait rouge*, Robert Laffont, 1977.

VALDIGUET Laurent, *Notre Honorable Président*, Albin Michel, 2002.

VERSHAVE François-Xavier, *Noir Chirac*, Les Arènes, 2002.

VIVIER Thierry, *La Politique aéronautique militaire de la France, janv. 33-sept. 39*, L'Harmattan, 1997.

WELLERS Georges, *Un Juif sous Vichy*, édition Firésas, 1991.

YOUNG-BRUEHL, *Hannah Arendt. Biographie*, Calmann Lévy.

# Remerciements

Pierre Péan, mon ami depuis plus de cinquante ans, m'a vivement encouragé dans mon projet, conseillé dans mes recherches et apporté son aide dans la rédaction du manuscrit. Après des débats parfois vifs, il n'a pas hésité à oublier ses divergences d'appréciation sur un certain nombre de points. Un grand merci.

Je remercie également tous ceux qui ont bien voulu témoigner et ceux qui, d'une manière ou d'une autre, m'ont assisté dans ce long et passionnant travail de recherche sur Marcel Dassault.

Philippe Alexandre, Jean-Louis Auduc, Jean Anciant, Michaël Batalla, Pierre Bénichou, Mme Bernès Paul, Jean Besse, Émile Blanc, Jean-Michel Boucheron, Jean-Claude Bureau, Jean Cabrière, Gérard Desseigne, Mme Dubaut-Bellonte, Guy Ducoloné, Jean-François Dubos, Jean-Claude Facon, Mme Marie-José Feuillade, Pierre-Marie Gallois, Roland Glavany, Mme Jeannine Grandin, Mme Hayoun, Mme Yvonne Kreicher, Georges Lemoine, Jean-Claude Loyer, Pierre Marion, Pierre Mauroy, Jean Ranger, Amédée Renault, Mme Danièle Schreyer-Pottier, Mme Louve de Vathaire, André Vantome, Renaud Vincent.

Messieurs les administrateurs des archives de l'Assemblée Nationale, de la bibliothèque et Messieurs les administrateurs des archives du Sénat. Les archives du département de l'Oise. Les personnels du SHAA (Service historique de l'armée de l'air) et du SHAT (Service historique de l'armée de terre).

Les archives du *Canard Enchaîné*.

Les nombreux journaux dans lesquels j'ai puisé les informations en particulier *Le Figaro*, *France Soir*, *L'Humanité*, *Le Monde*,

*Le Parisien.* Les magazines *L'Express, Le Nouvel Observateur, Le Point, Marianne, Sciences et vie,* et aux éditions Larivière, la collection Minidocavia.

L'ami Jean-Yves Lechertier pour avoir participé à mes recherches à la BNF.

Ainsi que Frédérique Vadepied-Reynier, ma fille, première et attentionnée lectrice à qui ce livre est dédié.

# Table des matières

Cet ouvrage à été composé
par Paris PhotoComposition
75017 Paris

*Impression réalisée sur CAMERON par*
*BRODARD ET TAUPIN*
*La Flèche*

*pour le compte des Éditions Fayard*
*en octobre 2003*

*Imprimé en France*
Dépôt légal : octobre 2003
N° d'éditeur : 37018
ISBN : 2-213-61337-0
35-57-1537-6/01